Namgyal Lhamo Taklha wurde 1942 in Lhasa geboren. Ihre Familie war eine der einflussreichsten der tibetischen Hocharistokratie. Die Autorin verbrachte eine unbeschwerte Jugend, bis die Chinesen Tibet 1950 besetzen. Im Dezember 1950 floh sie zusammen mit ihrer Mutter und ihren Geschwistern über die Pässe des Himalaya nach Sikkim. Nach Aufenthalten in der Schweiz und den USA kehrte sie 1978 nach Indien zurück.

Von Namgyal Lhamo Taklha sind bei Bastei Lübbe
Taschenbücher außerdem lieferbar:

61546 Geboren in Lhasa

Namgyal Lhamo Taklha

Die Frauen von Tibet

Aus dem Englischen von
Ursaula Bischoff

BASTEI LÜBBE TASCHENBUCH
Band 64236

1. Auflage: Juni 2009

*Tibetische Begriffe sind im Text
bei der Ersterwähnung kursiv gesetzt und werden
im Glossar auf den Seien 284-286 erklärt.*

Vollständige Taschenbuchausgabe
der bei nymphenbuger erschienenen Hardcoverausgabe

Bastei Lübbe Taschenbücher in der Verlagsgruppe Lübbe

© 2005 by Namgyal Lhamo Taklha
Titel der indischen Originalausgabe:
»Women of Tibet«
Originalverlag: Songston Library, Dehra Dun
Für die deutschsprachige Ausgabe:
© 2007 by nymphenburger
in der F.A. Herbig Verlagsbuchhandlung GmbH, München
Lizenzausgabe: © 2009 by Verlagsgruppe Lübbe GmbH & Co. KG,
Bergisch Gladbach
Titelbild: © Süddeutsche Zeitung Photo/Scherl
Umschlaggestaltung: Wolfgang Heinzel
Satz: C. Schaber Datentechnik, Wels
Gesetzt aus der Garamond BQ
Druck und Verarbeitung: GGP Media GmbH, Pößneck
Printed in Germany
ISBN 978-3-404-64236-6

Sie finden uns im Internet unter
www. luebbe.de
Bitte beachten Sie auch: www.lesejury.de

Der Preis dieses Bandes versteht sich einschließlich
der gesetzlichen Mehrwertsteuer.

Inhalt

Vorwort 7

Auf dem Lingkor 9

Frauen in Tibet 11

Dawa Penzom – Leben in einem Dorf 40

Ani Gomchen – von der Nomadentochter zur Yogini 66

Gyalyum Chenmo – die Große Mutter 98

Acha Lhamo – Bauersfrau aus der Provinz Amdo 120

Sonam Deki – Schwiegertochter eines Premierministers 164

Samthen Dolma – Bauersfrau aus der Provinz Kham 191

Lady Lhalu – Adelige aus Lhasa 213

Ngawang Choezin – Nonne aus Mi-Chung-Ri 232

Tashi Dolma – Nomadenfrau aus Woyuk 263

Töchter Tibets 275

Literatur 283

Glossar 284

Vorwort

Es freut mich sehr, dass dieses Buch veröffentlicht und einer großen Leserschaft zugänglich gemacht wird. Es herrscht kein Mangel an Literatur über Tibet. Doch Bücher, die sich ausschließlich mit dem Leben tibetischer Frauen befassen, gibt es nur wenige. Das mag an den patriarchalischen Strukturen Tibets liegen. Dennoch gelang es vielen tibetischen Frauen, sich zu emanzipieren und in zahlreichen Lebensbereichen beachtliche Freiräume zu schaffen. Sie waren in der Lage, ihr Schicksal selbst in die Hand zu nehmen und somit auf beispielhafte Weise an der Entwicklung ihrer sozialen Gemeinschaft mitzuwirken.

Was mich an den Erzählungen dieses Buches besonders beeindruckt hat, ist das breite Spektrum der gesellschaftlichen Schichten, die sie repräsentieren. Sie bieten uns die einmalige Möglichkeit, etwas aus erster Hand über die Lebensumstände, Herausforderungen und Erlebnisse tibetischer Frauen unterschiedlichster Herkunft zu erfahren, von der Adeligen bis hin zu Bäuerinnen, Nonnen und Nomadenfrauen, deren Alltag wenig spektakulär, aber nicht minder inspirierend erscheint. Daher bereichert dieses Werk den kleinen, aber wachsenden Bestand an authentischen Berichten über tibetische Lebensart, Kultur und Geschichte aus der Sicht des »Volkes«.

Dass dieses Buch von Namgyal L. Taklha stammt, ist für mich ein weiterer Grund zur Freude. Sie ist nicht nur für ihr Engagement und den Eifer bekannt, mit dem sie jedes ihrer Projekte in Angriff nimmt, sondern vor allem auch für ihre kompromisslose Aufrichtigkeit. Selbst diejenigen, die nicht das Privileg hatten, mit Namgyal-la zusammenzuarbeiten, werden diese Eigenschaft in den Geschichten widergespiegelt finden. Jeder andere Mensch wäre vor der Schilderung der weniger erfreulichen Aspekte des alten Tibet zurückgeschreckt, auch wenn einige dieser Unzulänglichkeiten in jeder Gesellschaft zu finden sind. Doch Namgyal Takhla zögerte nicht, ein authentisches Bild entstehen zu lassen, ohne die Realität zu schönen, weil das der einzige Weg ist, eine bessere Zukunft zu schaffen.

Ich hoffe, dass dieses Buch dazu beiträgt, das Interesse an der tibetischen Kultur und Lebensweise zu vertiefen, um zu einem nachhaltigen, differenzierteren Verständnis des tibetischen Kulturraumes zu gelangen.

Dr. Tashi Samphel
Director Songtsen Library

Auf dem Lingkor

Der rituelle Rundgang auf dem Pilgerweg, der um eine heilige buddhistische Stätte führt, gehört zu den Gewohnheiten, die mir lieb und teuer sind. Er verkörpert eine physische, mentale und spirituelle Übung zugleich. Ein Mantra zu summen, die Perlen der Gebetskette zwischen Daumen und Zeigefinger gleiten zu lassen und vor einem *Chörten* oder einer heiligen Statue zu beten sind religiöse Verrichtungen, denen etwas zutiefst Bedeutungs- und Friedvolles anhaftet. Außerdem begegnet man dabei vielen interessanten Menschen.

Während meines Aufenthalts in Dharamsala habe ich den Rundgang um dem Haupttempel und den Palast Seiner Heiligkeit des Dalai Lama kein einziges Mal versäumt. Er dauerte ungefähr eine halbe Stunde, wenn ich gemächlich ausschritt, und länger, wenn mich meine Enkelsöhne begleiteten. Schlägt man ein schnelles Tempo an, kann er sehr beflügelnd wirken.

Auf drei Seiten des Hügels sah man sich hohen Bergen gegenüber, ein herrliches Panorama, vor allem, wenn sie mit Schnee bedeckt waren. Im Süden fiel der Blick in das weitläufige Kangra-Tal hinab, das im Frühjahr, zur Zeit der Apfel- und Kirschbaumblüte, wie verzaubert wirkte. Vögel in sämtlichen Farben und Größen flogen umher und nisteten in Kiefern, Rhododendron, Heckenrosen und anderen Bäumen und Sträuchern des Himalaya. Kühe, Schafe und Ziegen drängten sich mit den Pilgern auf dem schmalen Pfad. Blumen aller Art schmückten die mit saftigem grünem Gras bewachsene Anhöhe, doch zu meinen liebsten gehörten die scharlachroten Alpenrosen und eine winzige blaue Blume, deren Blüte einer Glocke glich.

An den Wochenenden nutzte ich die Gelegenheit, während meines Rundgangs hin und wieder stehen zu bleiben, um mit Pilgern ins Gespräch zu kommen, denen ich dort immer wieder begegnete. Es waren überwiegend ältere Frauen, die an dieser Tradition festhielten. Viele hatten ein faszinierendes Leben hinter sich, wie sich im Laufe der Unterhaltung herausstellte. Damals kam mir der Gedanke, ihre Erinnerungen an das alte Tibet, vor der Zeit der chinesischen Okkupation, aufzuzeichnen.

Die Geschichten schlugen mich in ihren Bann. Ich bin in Tibet geboren, doch einige Aspekte, die meine Heimat und mein Volk betreffen, stellten eine mir unbekannte, längst vergangene Welt dar. Die Erzählungen dienten der Rückbesinnung auf meine Wurzeln. Sie sind ein unschätzbar wertvolles Geschenk für die tibetische Generation, die im Exil geboren wurde, eingebunden in eine fremde Kultur. Und sie bieten den jungen Menschen in Tibet, die im Gefüge einer modernen chinesischen Kultur aufgewachsen sind und das eigene kulturelle Erbe nicht kennen, einen Einblick in ihre Vergangenheit.

Ich bin diesen Frauen, von denen einige unsere Welt bereits verlassen haben, zutiefst dankbar für die Bereitschaft, ihr Wissen weiterzugeben. Ich habe unvergessliche Stunden mit ihnen verbracht und jede Minute ihrer Gesellschaft genossen. Ihre Lebensgeschichten zusammenzutragen und zu übersetzen war mir eine Freude.

Namgyal Lhamo Taklha

Frauen in Tibet

Eine mächtige Gebirgskette, die Tibet im Norden, Westen und Süden umschloss, bildete eine natürliche Barriere zur Außenwelt. Das Land war dünn besiedelt und unwegsam infolge der zahlreichen hohen Pässe und schlechten Straßen. Eigentlich waren es keine richtigen Straßen, sondern tückische schmale Trampelpfade. Die harsche, unzugängliche Landschaft stellte eine zusätzliche Erschwernis für Reisende nach oder in Tibet dar. Die einzigen Transportmittel, die vor der chinesischen Okkupation im Jahre 1950 zur Verfügung standen, waren Pferde, Maultiere, Esel, Yaks und Kamele.

Die Bewohner lebten in ihrer eigenen abgeschirmten Welt und misstrauten Fremden, vor allem den »Gelbköpfen« (Weißen). Die Regierung war mehr oder weniger eine feudale, theokratisch geprägte Institution. Die Mönche, die ihr angehörten, und einige konservative Regierungsmitglieder fürchteten, dass der Buddhismus durch den Einfluss der Außenwelt in seiner reinen, ursprünglichen Form beeinträchtigt werden könnte. Ausländischen Besuchern wurde ebenso misstraut wie Auslandsstudien der Tibeter. Der Argwohn war durchaus begründet, denn die ersten Fremden, die nach Tibet kamen, waren christliche Missionare, deren ehrgeiziges Ziel darin bestand, die Bewohner mit allem Nachdruck zum Christentum zu bekehren.

Großmächte wie China, Großbritannien und Russland, Tibets Nachbarn, akzeptierten diese Politik der Isolation nur allzu bereitwillig, da ihnen daran gelegen war, Tibet als Pufferstaat und Friedenszone zu erhalten.

Wir lebten abgeschottet, bis das Land 1950 vom kommunistischen China besetzt wurde. 1959 kam es zu einem Volksaufstand, weil die Chinesen die Freiheit und Religionsausübung der tibetischen Bevölkerung nachhaltig einschränkten. Sie waren bestrebt, die Kontrolle über die Regierung des Landes zu gewinnen und den Kommunismus in den Köpfen der jungen Generation zu verankern. Die Tibeter wurden Schritt für Schritt mit der chinesischen Sprache, chinesischen Ernährungsgewohnheiten, chinesischen Verhaltensrichtlinien und chinesischen Lebensanschauungen indoktriniert. Darüber hinaus hatte der massive Zustrom von Angehörigen der Volksbefreiungsarmee zur Folge, dass die Preise für die Güter des täglichen Bedarfs in diesem ökonomisch schwachen Land durch die Verknappung beträchtlich stiegen und das Volk unter der Inflation litt.

Die Bewohner der Provinzen Kham und Amdo waren die Ersten, die sich gegen die Chinesen zur Wehr setzten. Am 10. März 1959 brach in Lhasa ein Volksaufstand aus; nach den blutigen Unruhen (die zahllose Todesopfer forderten) flüchteten 80 000 Tibeter in die freie Welt. Heute leben 130 000 Tibeter im Ausland, über die ganze Welt verstreut. Die entwurzelten jungen Exiltibeter verinnerlichen die Sprache und Kultur ihrer Gastländer und diejenigen, die in ihrer Heimat geblieben sind, passen sich den Chinesen an und verlieren das Gefühl für ihre eigene Identität.

Mit dem Aussterben der älteren tibetischen Generation geht unschätzbar wertvolles Wissen verloren. Die jungen Tibeter sind kaum noch mit ihrer Vergangenheit vertraut. Doch gerade in unserer heutigen Zeit gilt es, unsere Sprache und Kultur zu bewahren. Wir gehören zu den vom Aussterben bedrohten »Arten« und deshalb ist es wichtig, althergebrachte Lebenswelten und Lebenswege zu dokumentieren.

Über die Frauen Tibets wurde wenig geschrieben. Es gibt einige wenige mündlich oder schriftlich überlieferte Biografien von Frauen, die den Status einer Heiligen erlangten, doch das Leben der gewöhnlichen Sterblichen blieb weitgehend unbeachtet. Erst in neuerer Zeit findet man Bücher über dieses Thema und deshalb freut es mich umso mehr, diese Projekte durch meinen eigenen Beitrag ergänzen zu können.

Den Frauen, die sich nach reiflicher Überlegung entschließen konnten, mir ihre Geschichte zu erzählen, schulde ich großen Dank. Tibeter sind in der Regel sehr verschlossen und auf Privatsphäre bedacht. Es erforderte viel Zeit und Geduld, die Frauen zu bewegen, offen über ihr Leben zu sprechen. Erst nach mehreren Treffen und der Zusicherung, dass ihre Erfahrungen sowohl für die junge tibetische Generation als auch für andere Frauen in aller Welt sehr aufschlussreich seien und das Verständnis unserer Wurzeln, unserer Kultur und unserer Traditionen fördern würden, fassten sie langsam Vertrauen und gewährten mir Einblick in ihr Leben.

Zu den Frauen, die mir ihre inspirierende Geschichte erzählten, gehört Ani Gomchen, eine Nomadin, die von Kindesbeinen an den Wunsch hegte, Nonne zu werden. Sie begab sich auf eine lange Pilgerreise und starb als Achtzigjährige, nach einem friedvollen und erfüllten Leben. Sie trat nie in ein Nonnenkloster ein, sondern wurde Eremitin und erhielt ihre religiösen Belehrungen und Unterweisungen von verschiedenen Lehrern. Sie lebte abgeschieden, verbrachte ihre Tage in Gebet und Meditation, in *Retreats* und auf Pilgerreisen zu heiligen buddhistischen Stätten. Sie war eine

Yogini und tiefgläubige Frau, die ihre Spiritualität bis zum letzten Atemzug lebte. Sie beklagte sich nie und war stets voller Freude. Ein einfaches, karges Leben kann ein guter Lehrmeister sein und das Gefühl des inneren Friedens und der Harmonie fördern. Ihr zahnloses Lächeln war strahlend und alle, die sie kannten, empfanden es als großes Glück, ihre Schlichtheit, Herzlichkeit und Güte erleben zu dürfen.

Die Geschichte meiner Freundin Samthen Dolma aus der Provinz Kham ist gleichermaßen faszinierend; sie lief als junges Mädchen gemeinsam mit einer Cousine von zu Hause weg, um sich zu Fuß auf eine Pilgerreise nach Lhasa zu begeben. Nach ihrer abenteuerlichen und beschwerlichen Flucht quer durch den unwegsamen Südosten Tibets gelangte sie nach Indien ins Exil.

Dawa Penzom, eine Bäuerin aus der Provinz Ü-Tsang, gewährt uns einen Einblick in den Alltag der tibetischen Landbevölkerung. Wir begegnen auch Lhamo, einer hart arbeitenden, beherzten Bauerstochter aus Rikon in der Provinz Amdo, und Lady Lhalu aus Lhasa, einer Angehörigen des tibetischen Hochadels, klug und geistreich, eine Grande Dame. Die Lebensgeschichten der anderen Frauen sind nicht minder interessant und spannend.

Ich arbeitete gerade an der Übersetzung und Niederschrift des letzten Beitrags für dieses Buch, als ich auf eine alte Tonbandaufnahme stieß. Sie enthielt die Aufzeichnung eines Gesprächs, das mein verstorbener Mann in den 1960er-Jahren mit seiner Mutter geführt hatte, als sie uns in Genf besuchte. Sie war eine einfache Bäuerin, die in einem kleinen Dorf in der Provinz Amdo lebte und zur Mutter des Vierzehnten Dalai Lama wurde, zur Gyalyum Chenmo, was Große Mutter bedeutet. Sie war eine ganz besondere Frau und beschenkte alle, die ihren Weg kreuzten, mit ihrer grenzenlosen Liebe und Anteilnahme. Niemand konnte es an Weisheit mit ihr aufnehmen. Sie war das kostbarste Juwel unter den Frauen Tibets.

Sir Charles Bell, ein britischer Offizier, der achtzehn Jahre lang an der indo-tibetischen Grenze stationiert war und Tibet mehrmals besuchte, schrieb in seinem 1928 erschienenen Buch *The People of Tibet*: »Wenn ein Reisender aus den Nachbarländern China und Indien nach Tibet gelangt, gibt es nur wenige Dinge, die ihn nachhaltiger oder tiefer beeindrucken als die Stellung der tibetischen Frauen. Sie werden nicht abgeschottet wie die Inderinnen. Lebenslang an den Umgang mit dem anderen Geschlecht gewöhnt, fühlen sie sich wohl in Gesellschaft von Männern und können einem Vergleich mit gleich welchen Frauen auf der Welt durchaus standhalten.«

Die Tibeterinnen genossen größere Freiheiten als die Frauen der benachbarten Länder. Sati, die in Indien praktizierte Witwenverbrennung auf dem Scheiterhaufen des verstorbenen Ehemannes, gab es bei uns genauso wenig wie das Kastensystem oder die gebundenen Füße der Chinesinnen, die gewährleisten sollten, dass Frauen in ihrem Wirkungskreis auf Heim und Herd beschränkt blieben. Dennoch waren die gesellschaftlichen Strukturen Tibets patriarchalisch. Obwohl Frauen in ihrer häuslichen Sphäre und in ihrer unmittelbaren sozialen Gemeinschaft beträchtliche Macht und Freiräume hatten, beugten sie sich den Wünschen der Älteren und wichtige Entscheidungen blieben den männlichen Familienmitgliedern vorbehalten, die als Familienoberhaupt fungierten, wie Großvater, Vater oder ein älterer Bruder. Frauen spielten eine zweitrangige und passive, wenngleich bedeutsame Rolle. Eine Tibeterin erklärte: »Der Vater ist die Hauptperson in der Familie, aber das Fundament des häuslichen Lebens ist die Mutter.«

Frauen verrichteten den Großteil der Hausarbeit, doch

stellten sie diesen Lebensentwurf weder infrage noch begehrten sie dagegen auf. Sie waren zufrieden damit und akzeptierten ihn als unabänderlich. Es gab gleichwohl einige Frauen, die diese nachgeordnete Stellung in der Gesellschaft als Herausforderung betrachteten, einen eigenen Hausstand außerhalb der Großfamilie gründeten, sich im Geschäftsleben versuchten oder als Händlerinnen von Ort zu Ort reisten – mit dem Einverständnis der Ehemänner.

Doch die meisten Frauen waren ans Haus gebunden. Nur in den großen Städten trugen einige wenige Frauen durch aushäusige Tätigkeiten, zum Beispiel als Geschäftsführerin, Schneiderin oder Straßenhändlerin mit dem Verkauf von Brot, Gebäck und *chang*, zum Lebensunterhalt bei, während alle anderen gemäß dem traditionellen Rollenverständnis die Hausarbeit besorgten, Kinder großzogen und die übrigen Mitglieder der Großfamilie betreuten. Die Nomadenfrauen kümmerten sich um Haushalt und Herden und in den ländlichen Regionen bestellten sie außerdem noch die Felder. Aber es gab auch Frauen, die sich emanzipierten und ihr Zuhause verließen, um eine lange Pilgerreise zu unternehmen, in ein Kloster einzutreten, sich als Einsiedlerin in eine abgeschiedene Hütte oder Höhle zurückzuziehen oder innerhalb des Familienverbandes das Leben einer Nonne zu führen. Eine kleine Anzahl von Frauen arbeitete als Prostituierte.

Es gab auch Ärztinnen, die sich der Traditionellen Tibetischen Medizin verschrieben hatten und sehr gut in ihrem Metier waren, wenngleich ihre Anzahl gering war. Die Großtante meiner Mutter war Nonne und eine hervorragende Ärztin, wie ich von Dr. Tenzin Choedhak, dem Leibarzt Seiner Heiligkeit des Vierzehnten Dalai Lama, erfuhr. Sie hatte ihm sogar einmal ihren Medizinbeutel gezeigt. Da meine Großeltern mütterlicherseits zwei Töchter hatten, war es einer bestimmt, Nonne zu werden. Wie ich gehört habe, lebte in Lhasa eine weitere Nonne, die als Ärztin die Traditionelle Tibetische Medizin praktizierte und sich auf Augenoperationen (grauer Star) spezialisiert hatte.

Die Ehefrauen von ranghohen Regierungsmitgliedern nahmen oft regen Anteil am politischen Geschehen und dienten ihren Männern oder Söhnen als Beraterin. Etliche Frauen taten sich auch im spirituellen Bereich hervor, obwohl sie ihr Wissen weder veröffentlichten noch eine offizielle Lehrtätigkeit innehatten, mit Ausnahme bei ihren eigenen Schülern. In Tibet war es üblich, nur dann als buddhistischer Lehrer zu fungieren, wenn man ausdrücklich darum gebeten wurde.

Die Frauen Tibets sind stark, mutig, eigenständig, intelligent und begabt. Doch von klein auf wurden sie darauf gedrillt, bescheiden, demütig, still und fügsam zu sein. Wenn eine Frau nicht Nonne wurde, erwartete man von ihr, dass sie heiratete und ihr Leben als Hausfrau und Mutter fristete. Als kleines Mädchen war ich sehr vorwitzig, forsch und selbstbewusst. Meine Kinderfrau drohte mir oft: »Du bist ungezogen! Wenn du so weitermachst, wirst du nie einen Ehemann finden!« Ich musste also lernen, den Mund zu halten, demütig und willfährig sein, wenn ich dem gängigen Rollenmodell für junge Mädchen folgen und heiraten wollte.

Tibeter leben in Großfamilien und die älteste Frau stand dem Hauswesen vor. Mein Großvater und mein Vater, Angehörige der tibetischen Regierung, waren den größten Teil des Tages außer Haus. Meine Großmutter führte mit Unterstützung langjähriger Bediensteter wie Sekretär und Verwalter, die ebenfalls zu den wichtigen Familienmitgliedern zählten, die Aufsicht über alle häuslichen Belange. Sie hatte das Regiment und meine Mutter ging ihr nur dann zur Hand, wenn sie ausdrücklich dazu aufgefordert wurde. Bisweilen kam es vor, dass die rangälteste Frau des Hauses ihre Pflichten in die

Hände der neu vermählten Ehefrau legte, um ihr Leben Gebet und Meditation zu widmen.

Ich erinnere mich, dass meine Mutter meiner Großmutter (väterlicherseits) mit der größten Ehrerbietung begegnete. Die Beziehung zwischen der Frau meines Onkels und meiner Großmutter mütterlicherseits war ähnlich. Sie waren wie Freundinnen. Respekt gegenüber Älteren war unabdingbar und niemand hätte gewagt, ihnen zu widersprechen. In den meisten Familien wurden die neu vermählten Ehefrauen von den älteren Frauen des Hauses wie eine Tochter behandelt und man brachte ihnen Freundlichkeit und Achtung entgegen. Das Familienleben verlief friedvoll und harmonisch. Natürlich war das nicht immer der Fall, aber im Allgemeinen ist die gegenseitige Achtung in unserer Kultur verankert und die jüngeren Frauen zollten den älteren Respekt und Aufmerksamkeit.

Die tibetische Bevölkerung bestand in der Mehrzahl aus Bauern und Nomaden. Männer und Frauen verrichteten gleichermaßen alle Tätigkeiten unter freiem Himmel, oft gemeinsam. Die Frauen kümmerten sich darüber hinaus um Haushalt und Kindererziehung, wuschen die Wäsche und kochten. Auf ihnen lastete das Gros der Arbeit, da sie zusätzlich noch die Felder bestellten, die Kühe molken und das Vieh versorgten. Nur wenige Männer halfen bei der Hausarbeit, weil ein solcher Rollentausch in der tibetischen Gesellschaft verpönt war. Kein Mann wäre auf den Gedanken gekommen, in seinen eigenen vier Wänden das Essen zuzubereiten, obwohl die professionellen Köche ausnahmslos Männer waren. Männer übernahmen traditionsgemäß Arbeiten, bei denen große Körperkraft erforderlich war. Sie mussten beweisen, dass sie das stärkere Geschlecht waren und Macht über Frauen und Dienerschaft hatten.

In der Provinz Ü-Tsang fertigten die Männer beispielsweise die Sohlen der Stiefel, was physische Stärke voraussetzte, während Feinarbeiten wie das Nähen und Besticken von den Frauen besorgt wurden. Im Kongpo-Distrikt war das Krempeln der Wolle und Spinnen Frauenarbeit, das Weben hingegen, anders als in den Provinzen Kham oder Amdo, den Männern vorbehalten. Dafür überließen sie es den Frauen, das Unkraut auf den Feldern zu jäten. Die Männer wollten keinesfalls den Anschein erwecken, verweichlicht zu sein, ein Charakterzug, der in Kham und Amdo besonders ausgeprägt war.

Die tibetische Gesellschaft war in meiner Jugend reich an Traditionen und Aberglauben. Die Religion spielte eine wichtige Rolle in unserem Leben. Doch stützte sich diese bei einem Großteil der Bevölkerung auf Gewohnheit und blinden Glauben statt auf fundierte Kenntnisse und die Praxis des Buddhismus. Das galt auch für viele Mönche und Nonnen. Das höchste buddhistische Ziel besteht darin, Erleuchtung zu erlangen, einen Zustand der vollkommenen Glückseligkeit und Freiheit, in dem alle negativen Gefühle und Formen der Selbsttäuschung ausgelöscht sind und der von Männern und Frauen gleichermaßen erreicht werden kann. Frauen wurden im Buddhismus und auf dem Vajrayana-Pfad – einer Hauptrichtung des Buddhismus – geachtet, doch meistens vergaß die Gesellschaft, dass auch sie das Recht hatten, den Weg der Erleuchtung zu beschreiten und nach Buddhaschaft zu streben. Es gab sogar Gebete, in denen man um eine Wiedergeburt als Mann bat.

Bestimmte Tempel verschlossen Frauen ihre Türen. Vor einigen Jahren besuchte ich ein Kloster in Ladakh, wo ich feststellen musste, dass hier die gleichen Sitten und Gebräuche wie in Tibet und allen anderen buddhistischen Gemeinschaften der Himalaya-Regionen herrschten. Ich wollte in der Kapelle von Palden Lhamo beten, weil sie die Schutzgöttin unserer Familie ist, doch als Frau wurde mir der Zutritt zu diesem heiligen Raum verwehrt. Eine Buddhistin erhielt keinen Einlass, während ein muslimischer Fremdenführer das Innere des Tempels betreten durfte, nur weil er ein Mann war! Wahrscheinlich wurde diese Regel aus Indien eingeführt und abgewandelt: Dort müssen Frauen während der Menstruation auf den Besuch eines Hindu-Tempels verzichten. Doch angesichts der Fortschritte auf dem Gebiet der weiblichen Hygiene wäre es an der Zeit, diese Gepflogenheit zu ändern und Frauen das Recht zuzugestehen, wann auch immer im Tempel zu beten.

Regeln, die Frauen den Zutritt zu bestimmten Gebetsräumen untersagten, wurden nicht immer streng gehandhabt. Und einige wenige privilegierte Frauen waren von dieser Bestimmung auch ausgenommen.

Im Kloster Ganden bei Lhasa gab es einen der Schutzgöttin des Klosters geweihten Tempel. Frauen der Familie Shata durften ihn betreten und dort beten, weil diese Familie zu Lebzeiten des Gründers Je Tsongkapa zu den größten Wohltätern des Klosters gehört hatte.

Unlängst besuchte ich im Rahmen einer Pilgerreise Lhasa und einige heilige Stätten in der Umgebung. Auch dort gab es eine Reihe von Kapellen, die meiner weiblichen Fremdenführerin und mir verschlossen blieben. Im Kloster Ganden war meine Cousine bei mir, die aus der Familie Shata stammt und meine *Khata* und andere Opfergaben in die berühmte Choegyal Kapelle mitnahm. Ich war überrascht, dass diese archaische Regel immer noch existiert, zumal in einem kommunistischen Staat.

Frauen galten als unrein und deshalb war es ihnen auch verboten, bestimmte Sakralgegenstände in einem Kloster oder einer Kapelle zu berühren. Diese Regel trug zu einem Gefühl der Minderwertigkeit und Erniedrigung bei. Einem

Lama oder Mönch war es jedoch erlaubt, mit diesen Gegenständen den Kopf einer Frau zu berühren, um sie zu segnen – was die Frage aufwirft, ob Kopf und Hand nicht Teil desselben Körpers sind. Diese Gepflogenheiten wurden nie angezweifelt, alle akzeptierten ihre jeweiligen Rollen und die überlieferten Sitten und Gebräuche. In Kham durften die Frauen beispielsweise nicht an den Rauchopfer-Ritualen teilnehmen; und der Staatsdienst im alten Tibet war ebenfalls eine reine Männerdomäne.

Nonnen hatten in Tibet einen niedrigeren Status als viele ihrer nicht ordinierten Schwestern; sie lebten in Klöstern, Einsiedeleien oder einer eigenen bescheidenen Behausung. Im alten Tibet war es ihnen nicht gestattet, gemeinsam mit der Kongregation der Mönche am Großen Monlam-Gebetsfest teilzunehmen, das nach Lhosar, dem tibetischen Neujahrsfest, stattfand. Sie mussten sich zu den Zuschauern gesellen, die außerhalb der Versammlungshalle standen und beteten. In ihren Klöstern gab es keine Möglichkeit, ernsthafte buddhistische Studien zu betreiben. Sie verbrachten ihre Tage damit, Gebete für andere zu verrichten, sich in Retreats zu begeben und Aufgaben zu übernehmen, die dem Erhalt des Klosters dienten. Wenn sie in der Familie lebten, beteiligten sie sich an der Hausarbeit, nahmen jedoch selten an gesellschaftlichen Aktivitäten oder Ausflügen teil. Man muss fairerweise erwähnen, dass sie öffentliche religiöse Ansprachen besuchen durften, diese fanden allerdings nicht oft statt.

Bei Gebetsversammlungen oder religiösen Unterweisungen mussten Nonnen ihrer nachgeordneten Stellung entsprechend hinter den Mönchen Platz nehmen, obwohl viele gebildeter waren und ihren Glauben bewusster lebten. Warum konnten sie nicht auf gleicher Höhe zu beiden Seiten der Gebetshalle sitzen? Sie hielten sich oft selbst für minderwertig und fügten sich. Selbstbescheidung ist eine erstrebenswerte Tugend in den buddhistischen Lehren und deshalb waren alle Nonnen bemüht, sich in Demut zu üben. Die Mehrzahl dieser Frauen war gleichwohl so unterwürfig, dass sie keinerlei Selbstvertrauen besaßen und genötigt wurden, bei öffentlichen Veranstaltungen oder in der eigenen Familie die niederen Arbeiten zu übernehmen. Ein altes tibetisches Sprichwort besagt: »Wenn du einen Herrn brauchst, sorge dafür, dass dein Sohn Mönch wird; wenn du eine Dienerin brauchst, sorge dafür, dass deine Tochter Nonne wird.« Und eine weitere Redewendung lautet: »Nonnen sind die Dienstboten der Nachbarn und Mönche ihre Führer.«

Unter dem Strich blieben den Tibeterinnen gleichwohl einige leidvolle Erfahrungen erspart, denen sich Frauen in anderen Ländern und Kulturen gegenübersahen. Wenn in Tibet ein Mädchen geboren wurde, hieß man es in der Familie willkommen. Die Geburt eines Sohnes wurde freilich bevorzugt, weil dieser den Erhalt der patrilinearen Abstammungslinie und des von einer Generation zur nächsten vererbten Landbesitzes sicherte, während Töchter in der Regel heirateten, das Haus verließen und Mitglied einer anderen Familie wurden. In Ermangelung eines leiblichen Sohnes konnte ein männlicher Verwandter an Kindes statt angenommen werden und in manchen Fällen fand sich ein Ehemann für die älteste Tochter, der im Haus ihrer Familie lebte, ihren Namen annahm und schließlich Familienoberhaupt wurde, auch wenn die patrilineare Abstammungslinie nicht fortgesetzt wurde.

Die Ehen waren überwiegend arrangiert und monogam, aber Polygamie war ebenfalls weit verbreitet. Eine Frau konnte gleichzeitig mit zwei oder drei Brüdern und ein Mann mit zwei der drei Schwestern verheiratet sein. Solche Vielehen wurden überwiegend aus wirtschaftlichen Gründen geschlossen, damit das Land und der Besitz einer Familie ungeteilt blieben. In solchen Hauswesen kam es selten zu Auseinandersetzungen, weil alle einander mit dem gebotenen Respekt begegneten und zufrieden mit dem Arrangement waren.

Im Falle einer Scheidung kehrte die Frau in ihre Familie zurück oder lebte allein; als Abfindung erhielt sie den Schmuck, den sie als Heiratsgut mitgebracht hatte, und einen bestimmten Anteil vom Besitz der Familie ihres Mannes. Die Söhne blieben grundsätzlich beim Vater, während die Töchter der Mutter zugesprochen wurden, sodass es keine Kämpfe um das Sorgerecht gab. Viele Frauen, die zum Zeitpunkt der Trennung älter waren und erwachsene Kinder hatten, wurden Nonne und errichteten ihre eigene Retreat-Hütte oder traten in ein Kloster ein. Scheidungen kamen selten vor, da die älteren Familienmitglieder das Paar berieten und drängten, ihre Probleme zu lösen und beisammenzubleiben. Es gab auch Liebesheiraten und junge Leute, die miteinander durchbrannten, weil ihre Verbindung nicht gebilligt wurde. Gingen Frauen nach einer Scheidung oder dem Verlust des Ehemannes in jungen Jahren zum zweiten Mal eine Ehe ein, wurde dieser Schritt nicht missbilligt, sondern von Verwandten und Freunden begrüßt.

1950 wurde Tibet vom kommunistischen China besetzt, unter dem Vorwand, Tibet zu modernisieren und die Lebensumstände der Menschen zu verbessern; die neuen Machthaber versicherten, das Land nach getaner Arbeit wieder zu verlassen.

Sie ermutigten die tibetischen Frauen, Schulen zu besuchen, sich der Tibetischen Frauenorganisation und dem Jugendrat anzuschließen. Frauen erhielten Chancengleichheit, was Studium und Beruf betraf. Sie fanden im Bildungssektor, Kunstbereich und im Gesundheitswesen Beschäftigung und hatten die Möglichkeit, sich in China fortzubilden. Viele junge Mädchen und Frauen verließen ihr Zuhause, um die Bildungsangebote in Tibet und China wahrzunehmen. Ich muss den Chinesen zugestehen, dass sie den Bildungsstandard der tibetischen Frauen verbessert und sie motiviert haben, eine aktivere Rolle in der Gesellschaft zu übernehmen.

Die Chinesen konnten einige namhafte Frauen als führende Mitglieder der Tibetischen Frauenorganisation gewinnen. Sie wurden mehr oder weniger dazu gedrängt, genossen vermutlich jedoch auch bis zu einem gewissen Grad den damit verbundenen Freiraum und ihre neue Rolle in der Gesellschaft. Sie hatten eine Aufgabe außerhalb des Haushalts und entpuppten sich als die aktiveren Mitglieder der Organisation.

Interessanterweise hatten alle diese Frauen, die aus Adelsfamilien stammten, einige Jahre die Schule besucht, obwohl das in der damaligen Zeit eher selten vorkam. Ihre Familien hatten Indien und China bereist und sie waren aufgeschlossene Menschen. Außerdem hatten sie Zeit im Überfluss, da Bedienstete die Hausarbeit verrichteten und Kinderfrauen sich um ihre Sprösslinge kümmerten.

Rinchen Dolma Taring war die erste Tibeterin, die in Indien studierte, und als sie nach mehrjähriger Ausbildung zurückkehrte, erteilte sie mir, meiner Schwester und einigen Cousinen Englischunterricht, bevor wir selbst eine Schule in Indien besuchten. Sie brachte auch meiner Mutter und mehreren Tanten Tibetisch und Englisch bei. Sie war mit Leib und Seele Lehrerin und übte schon vor der chinesischen Besatzung einen Beruf aus.

Einige Mitglieder der Frauenorganisation fuhren Motorrad, zum Missfallen der älteren, konservativen Bevölkerung von Lhasa. Ein solches Verhalten war in Tibet beispiellos und die Öffentlichkeit nahm Anstoß daran. Man war an stille, gefügige Frauen gewöhnt, die sich unsichtbar im Hintergrund hielten. Die älteren Frauen der Mittelschicht boykottierten die Frauenorganisation, doch viele jüngere traten ihr bei. Darüber hinaus nahm man ihnen die Kooperation mit den Chinesen übel und so kam es, dass sie oft zur Zielscheibe verbaler Angriffe oder sogar mit Steinen beworfen wurden, wenn sie auf ihren Motorrädern unterwegs waren.

Ende der Fünfzigerjahre verstärkten die Chinesen ihren Zugriff auf die Regierung und das tibetische Volk, bis die Grenze der Leidensfähigkeit erreicht war. Wut auf die Besatzer, heimlicher Groll und Unruhen waren die Folge. In dieser Zeit machte sich auch ein nachhaltiger Wandel im Status der tibetischen Frauen bemerkbar. Sie wuchsen über ihre submissive Rolle in der Gesellschaft hinaus, entdeckten ihre verborgene innere Stärke und übernahmen beherzt eine führende Rolle bei den Demonstrationen gegen die chinesische Missregierung in Tibet.

Am 10. März 1959 standen viele Frauen Seite an Seite mit den Männern vor dem Norbulingkha Palast, um die Sommerresidenz Seiner Heiligkeit des Dalai Lama zu schützen und gegen die chinesische Okkupation und Fremdherrschaft zu demonstrieren. Kundeling Kunsang-*la*, eine unerschrockene Tochter Tibets war eine von ihnen; sie sorgte für die Verbreitung des Aufrufs, dass sich am Morgen des 12. März alle Frauen der Stadt auf dem Drebu Lingka, einem Platz unterhalb des Potala Palastes, zu einer Protestkundgebung versammeln sollten.

Am 12. März 1959 fanden sich Tausende von Frauen vor dem Potala Palast ein und ihre Wortführerin, Kunsang-la, rief in einer Ansprache zum gewaltlosen Widerstand gegen die Chinesen auf, mit dem Ziel, sie zum Verlassen des Landes zu bewegen. Sie schlug vor, die ausländischen Gesandtschaften in Lhasa als Augenzeugen des friedvollen Bemühens um eine Befreiung Tibets von der chinesischen Okkupation und

Fremdherrschaft einzuschalten und sie um die Unterstützung dieses Anliegens zu bitten. Es gab eine indische Handelsmission mit Repräsentanten aus Nepal und Bhutan.

Berichten zufolge fanden zwischen dem 12. und dem 18. März drei große Demonstrationen statt, an denen mehrere tausend Frauen aus allen Regionen Tibets teilnahmen. Viele wurden festgenommen, gefoltert und jahrelang eingesperrt; ihre Anführerinnen, Kunsang-la, die Nonne Galingshar Choela, Tsokhang Meme-la und Pekong Pendol-la starben an den Folgen der schweren Misshandlungen. Die Nonne Ani Yonten-la, die tibetische Muslimin Nyi Masur-la, Dhemo Chemi-la, Resoor Yangchen-la und zahlreiche weitere tapfere Frauen, deren Namen unbekannt sind, erlitten das gleiche Schicksal.

Palmo Kunsang-la war die Nichte meines Großvaters väterlicherseits. Als ich ein junges Mädchen war, besuchte sie uns oft im Hause Tsarong. Sie kam immer allein, in Begleitung einer jungen Dienerin. Sie war mittelgroß, kräftig gebaut, aber nicht füllig. Sie hatte ein rundes Gesicht, einen hellen Teint und große strahlende Augen. Sie trug stets dunkle, unauffällige Kleidung. Sie wirkte nicht besonders liebenswürdig und ich fand sie ziemlich ernst und streng.

Als ich an diesem Buch arbeitete, wollte ich mehr über sie in Erfahrung bringen und fragte meinen Vater nach ihr. »Kunsang-la und ihre jüngere Schwester Rigzin-la wohnten oft mehrere Monate in unserem Haus in Lhasa, wenn sie mit ihrer Mutter und ihrem Vater von ihrem Landgut Lhey-nga in Ü-Tsang kamen. Als Kind gebärdete sie sich wie ein Junge. Sie war redegewandt, kämpferisch und immer unsere Anführerin, wenn wir miteinander spielten.

Als sie älter wurde und heiratete, besuchte sie meinen Vater. Sie war immer bereit, zu schlichten, wenn es Meinungsverschiedenheiten in der Familie gab. Natürlich hatten wir unseren Sekretär und die langjährigen Bediensteten, die sich mit solchen Aufgaben befassten, und brauchten sie nicht, um unseren Standpunkt zu verfechten, aber sie war gewillt, es mit jedem aufzunehmen.«

Sie war mehrmals verheiratet. Eine ihrer engsten Vertrauten erklärte: »Sie verbrachte die meiste Zeit damit, Freunde in ihrem Haus zu empfangen, oder besuchte sie, um *Mahjong* mit ihnen zu spielen.« Das war vor der chinesischen Invasion.

Llamo Yangchen, eine andere couragierte Frau, die an der Protestkundgebung auf dem Dribu Lingka teilnahm, sagte in einem Interview in *Voice of Tibetan Religion and Culture* über Kusang-la: »Ihre althergebrachte Rolle als Ehefrau eines unbedeutenden Regierungsbeamten und Mutter strafte die Zielstrebigkeit und das Charisma Lügen, die sie als Wortführerin der Bewegung erkennen ließ. Augenzeugen der Protestkundgebungen erwähnten immer wieder ihr kühnes und entschlossenes Auftreten, ihre Kleidung im traditionellen Khampa-Stil, ihren gestrickten Wollhut, die Pistole in ihrem Gürtel und ihre Gabe, immer die richtigen Worte zu finden, um die Gefühle der Frauen anzusprechen.«

Nach dem Volksaufstand brachte China Tibet vollends unter seine Kontrolle und sämtliche Dissidenten waren im Gefängnis oder ermordet worden. Nun war es nach allgemeiner Auffassung an den Tibeterinnen in der freien Welt, die Arbeit fortzusetzen, die von den Frauen in Lhasa im März 1959 begonnen wurde. Chuki Palmo Maja erklärte: »In Kalimpong richteten Ala Cherpa Rinpoche aus der Provinz Amdo, Jamyangkyi Khenchung, ein Mönch und Mitglied der tibetischen Regierung, und mein verstorbener Mann Maja Ngawang Thuthob die Bitte an Jamyangkyi Gawa Yudon-la, eine tibetische Frauenorganisation ins Leben zu rufen, um die Initiative der beherzten Frauen in Tibet aufzugreifen. Gayudon-la setzte sich mit Donla Lhalungpa, Jamyangkyi Kungoes Schwester Phuntsok Dolma-la und Dupok Deki-la in Verbindung; wir fünf Frauen beteten, brachten Rauchopfer dar und nahmen Zuflucht zu den *Drei Juwelen* und den Göttern und Schutzgeistern Tibets, baten um ihren Beistand für unsere Mission im Herbst 1959. Ich erinnere mich, dass ich Gayudon-la fragte, wie wir ein dermaßen gewaltiges Projekt auf den Weg bringen sollten. Sie erwiderte: ›Du sprichst deine Freundinnen an und ich meine und dann beginnen wir mit der Arbeit.‹ Mein Mann und ich siedelten kurze Zeit später nach Dharamsala über, wo er eine Tätigkeit am Tibetan Institute of Performing Arts übernahm.«

Gawa Youdon-la sagte: »Phari Ama Choezom-la und einige andere Frauen aus Phari waren sehr patriotisch und spornten mich an, die Tibetische Frauenorganisation zu gründen und zu leiten. Ich besaß keinerlei Erfahrung in solchen Dingen, aber sie ließen nicht locker. Eine Reihe von Frauen arbeitete eng mit mir zusammen. Wir suchten Ratoe Rinpoche und Tewo Khagyur Rinpoche auf. Sie empfahlen uns, die *Kagyur-Schriften* zu drucken. Wir hielten eine Rauchopfer-Zeremonie ab und begannen mit dem Aufbau der Tibetischen Frauenorganisation (TWA, Tibetan Women's Association).«

Dey-nyer-tsang Tashi Yangzom-la sagte: »Meine Schwägerin Seythoe Dolma-la, meine Freundin Dupok Deki-la und ich suchten Phari Ama Choezom-la und Noryon Dewang-la auf, um sie zu bitten, an der Gründung einer Tibetischen Frauenorganisation mitzuwirken. Wir trafen uns meistens in meinem Haus und zogen auch viele männliche Berater hinzu, Mitglieder der tibetischen Regierung inbegriffen, die damals in Kalimpong wohnten und bei den Gründungsformalitäten behilflich waren. Solche Aktivitäten waren völlig neu für uns. 1960, am zehnten Tag des zweiten Monats nach dem *tibetischen Kalender*, waren sechzig bis siebzig Frauen zu einer Rauchopfer-Zeremonie zusammengekommen und an jenem Tag fiel die Entscheidung, das Werk unserer beherzten, patriotischen Schwestern in Tibet fortzuführen, die ihr Leben für die Freiheit ihrer Heimat geopfert hatten. Es gab keine einzelne Vorsitzende für unsere Organisation: wir wollten die Führung gemeinsam übernehmen und waren ein gutes Gespann.«

Dewang Noryon berichtet in ihrem Buch, dass sie mit ihrem Mann im Frühjahr 1960 über Sikkim nach Kalimpong, Indien, kam. Wenige Tage nach ihrer Ankunft erhielt sie Besuch von Tashi Yangzom-la, Dupok Deki-la und Seythoe Dolma-la. Sie erklärten ihr, wie wichtig es sei, sich in dieser kritischen Phase der Geschichte für die Belange Tibets einzusetzen, und baten sie um ihre Mitarbeit bei der Gründung einer Tibetischen Frauenorganisation in der freien Welt. 1960, am zehnten Tag des zweiten tibetischen Monats, hatten sich annähernd sechzig tibetische Frauen in einem buddhistischen Kloster in Kalimpong versammelt, um Rauchopfer darzubringen und Buddhas, Götter und Schutzgeister zu bitten, dem tibetischen Volk in der Stunde der Not beizustehen. Bei dieser Zusammenkunft erfuhren die Teilnehmerinnen der Zeremonie von der geplanten Gründung einer Frauenorganisation, die sich dem Ziel verschrieben hatte, das Werk der heldenhaften Frauen fortzusetzen, die 1959 in Lhasa für die tibetische Sache gekämpft und ihr Leben verloren hatten. Die Anwesenden wurden gefragt, ob jemand Einwände gegen diese Initiative hätte. Alle begrüßten sie. Sie baten die Hauptsprecherinnen, einen Vorstand zu wählen, und versprachen, die Amtsinhaberinnen nach Kräften zu unterstützen. Und so wurde die Tibetische Frauenorganisation im Jahre 1960, am 12. Tag des zehnten tibetischen Monats, offiziell in Kalimpong gegründet.

Eines der ersten Projekte dieser patriotischen Frauen im Exil war die Teilnahme an einer Demonstration in Neu-Delhi während des Staatsbesuchs des chinesischen Ministerpräsidenten Zhou Enlai in der indischen Hauptstadt. Gemeinsam mit den männlichen Vorstehern der kleinen tibetischen Gemeinden in Kalimpong, Darjeeling und Gangtok ersuchten sie den Repräsentanten der tibetischen Exilregierung in Kalimpong, einen Mönch namens Kungoe Thupten Nyima, bei den Behörden eine Reiseerlaubnis nach Neu-Delhi zu beantragen. Die indische Ortspolizei weigerte sich. Die Frauen waren gleichwohl entschlossen, sich nach Delhi zu begeben, mit oder ohne Genehmigung. Sie fuhren nach Siliguri, einem wichtigen Eisenbahnknotenpunkt. Die Männer folgten ihnen, doch viele wurden an der Bushaltestelle in Kalimpong und unterwegs abgefangen.

Die Frauen hatten für den Assam Postzug Fahrkarten nach Neu-Delhi gekauft, doch die Polizei hinderte sie am Einsteigen. Diejenigen, die es geschafft hatten hineinzugelangen, wurden wieder herausgezerrt und mit dem lathi, einem Schlagstock, der zur Ausrüstung der indischen Polizei gehörte, niedergeknüppelt. Viele Frauen klammerten sich an die Gitterstäbe der Zugtüren und Fenster und ein paar Todesmutige legten sich auf die Schienen, um zu verhindern, dass der Assam Postzug ohne sie abfuhr. Zwanzig Minuten lang hielten sie den Zug auf. Dann tauchte der zuständige Polizeioffizier an der Bahnstation auf, um die Tibeter zur Rückkehr nach Kalimpong zu bewegen. Er hielt ihnen vor Augen, dass dieser Zwischenfall für Schlagzeilen in den Tageszeitungen sorgen und die Aufmerksamkeit der Medien in weit höherem Maß wecken würde als die Teilnahme an gleich welchen Demonstrationen in Delhi. Außerdem stünde es ihnen frei, eine gewaltlose Protestaktion in Kalimpong zu organisieren. Kungoe Thupten Nyima-la und sein Assistent Phala Shithoe (Shithoe = jemand, der von dem Landgut stammt) waren inzwischen ebenfalls in Siliguri eingetroffen und alle kehrten in die kleine Ortschaft Kalimpong zurück, wo noch am selben Tag eine friedliche Demonstration stattfand.

Ein weiteres wichtiges Projekt der Tibetischen Frauenorganisation war der Druck der gesammelten Buddha-Belehrungen, Kagyur-Schriften oder Tipitaka genannt. Zu diesem Zweck sammelten sie Spenden. Am 4. Juli 1964 fuhren rund dreißig tibetische Frauen aus Kalimpong, Gangtok und Darjeeling nach Dharamsala, um dieses wichtige Sammelwerk dem Dalai Lama zu überreichen. Frauen aus Mussoorie, Dehra Dun und Dharamsala schlossen sich der Gruppe an. Während der Audienz sagte Seine Heiligkeit, er habe von indischen Beamten erfahren, dass einige tibetische Frauen in indischen Großstädten gezwungen wären, der Prostitution nachzugehen; man müsse versuchen, sie ausfindig zu machen und ihnen wieder zu einer achtbaren Arbeit zu verhelfen. Es sei eine lobenswerte Aufgabe, auch anderen Frauen in Not zu helfen und dafür zu sorgen, dass alle jungen tibetischen Mädchen eine angemessene Ausbildung erhielten. Er schlug vor, den Hauptsitz der Frauenorganisation nach Dharamsala zu verlegen und Zweigstellen in anderen tibetischen Ansiedlungen zu eröffnen, um die Aktivitäten besser organisieren zu können.

Kurz darauf entstand in Dharamsala die Hauptgeschäftsstelle, zu deren Leiterin die älteste Schwester Seiner Heiligkeit des Dalai Lama, Takhla Tsering Dolma, gewählt wurde. Die Frauen verbrachten mehrere Tage in Dharamsala und erörterten ihre Zukunftspläne. Sie beschlossen, Ortsgruppen der Frauenorganisation in Indien und Nepal zu gründen, und alle Anwesenden versprachen, zur Verwirklichung dieser Ziele beizutragen.

Im Lauf der Jahre engagierten sich die federführenden Mitglieder jedoch zunehmend in Beruf und Familie, sodass die Tibetische Frauenorganisation in der Versenkung verschwand. Die Vorsitzende war zugleich Leiterin des Tibetischen Kinderdorfes und allein mit dieser Aufgabe voll ausgelastet. Die anderen Vorstandsmitglieder waren ebenso unabkömmlich.

1984 wurde die Tibetische Frauenorganisation wieder zum Leben erweckt. In Dharamsala fand eine Generalversammlung aller tibetischen Organisationen statt und im Rahmen einer Audienz, die der Dalai Lama den Mitgliedern gewährte, schlug Seine Heiligkeit eine Neugründung der TWA vor. Wir können uns glücklich schätzen, ein so weises und weitsichtiges Oberhaupt zu haben, dem die Rolle der Frauen in der Gesellschaft am Herzen liegt.

Die Tibetische Frauenorganisation ist inzwischen sehr aktiv und unterhält Zweigstellen in allen tibetischen Ansiedlungen in Indien und im Ausland. Die Frauen helfen bei der Entwicklung des Gemeinwesens im Exil, in Bereichen wie Gesundheits- und Bildungswesen, Umweltschutz, Sozialarbeit und Administration. Sie haben sich auch politisch profiliert und sind nach wie vor bestrebt, die weltweite Aufmerksamkeit auf die Situation in Tibet zu lenken.

Ein weiteres wichtiges Ereignis für die tibetischen Frauen war die Gründung der Assembly of Tibetan People's Deputies, des tibetischen Exilparlaments, am 2. September 1960, die auf Anraten Seiner Heiligkeit des Dalai Lama erfolgte. Bei der zweiten Wahl der Volksvertreter waren drei Sitze Frauen vorbehalten. Chamdo Yaptsang Dechen Dolma-la wurde Abgeordnete für die Provinz Kham, Takhla Tsering Dolma, die älteste Schwester des Dalai Lama, vertrat die Provinz Amdo und Taring Rinchen Dolma repräsentierte die Provinz Ü-Tsang.

Während der siebten Sitzungsperiode der Assembly of Tibetan People's Deputies im Jahre 1975 wurden die Frauen vorbehaltenen Sitze abgeschafft. Nur einer Frau gelang der Sprung ins Parlament und danach gab es lange Zeit keine weiblichen Abgeordneten mehr, bis unlängst abermals zwei Sitze reserviert und sechs Frauen als Vertreterinnen der drei oben genannten klassischen tibetischen Provinzen ins Parlament gewählt wurden. In der elften Sitzungsperiode waren bereits acht Frauen Parlamentarierinnen.

Zum ersten Mal wurde auch eine Frau, Dolma Gyari, zur Parlamentssprecherin ernannt. 1990 fand eine weitere Premiere in der tibetischen Geschichte statt, als Jetsun Pema, die jüngste Schwester Seiner Heiligkeit des Dalai Lama, Ministerin der tibetischen Exilregierung wurde, gefolgt von zwei weiteren Frauen, die sich in der nachfolgenden Legislaturperiode als Kabinettsmitglieder profilierten. Inzwischen haben mehrere Frauen eine aktive Rolle in der tibetischen Exilregierung inne.

Unsere Schwestern in Tibet setzten ihren Kampf gegen die chinesische Unterdrückung und Diskriminierung der tibetischen Bevölkerung fort. 1969 rief Trinley Choedon, eine junge Nonne aus dem Kloster Nyemoru, eine Guerilaorganisation ins Leben und führte eine Demonstration in ihrer Heimatstadt Nyemo an. Sie wurde gemeinsam mit sechzig weiteren Teilnehmerinnen von den Chinesen festgenommen, schwer misshandelt und inhaftiert. Später wurden die Frauen nach Lhasa überstellt und dort auf dem Bhakor, der Hauptstraße, die rund um den Zentralen Tempel Lhasas verläuft, vorgeführt, bevor man sie öffentlich hinrichtete.

Zur gleichen Zeit wurde die sechzehnjährige Nonne Pemba Choela aus Shar Pemba in der Provinz Kham Anführerin einer Gruppe von dreißigtausend Freiheitskämpfern, die gegen die Chinesen zu Felde zogen. Neun Jahre lang konnten sie die Besatzungsarmee daran hindern, in ihre Heimatstadt einzumarschieren, bis diese bombardiert wurde. Die chinesischen Truppen hatten die Anweisung, kurzen Prozess zu machen, und viele Tibeter (Zivilisten eingeschlossen) wurden gefoltert und umgebracht. Pemba Choela wurde verhaftet und öffentlich hingerichtet.

Viele Frauen kämpften Seite an Seite mit den Männern für Tibet und die Freiheit des tibetischen Volkes. Ani Pachen, Tochter eines Khampa-Stammesführers und Nonne, übernahm nach dem Tod ihres Vaters eine Gruppe von Männern, die sich in Kham gegen die Chinesen zur Wehr setzte. Nach ihrer Verhaftung verbrachte sie zweiundzwanzig Jahre lang im Gefängnis. Sie überlebte die Härten durch ihre Unerschrockenheit, verlor nie den Lebensmut und konnte nach Indien entkommen. Sie hat ihre Geschichte in einem Buch niedergeschrieben. Auch Ama Ade, eine weitere couragierte Frau aus Kham, hat ihre Erfahrungen als Freiheitskämpferin zu Papier gebracht.

Ngawang Sangdol aus dem Kloster Garu war erst dreizehn, als sie sich im Sommer 1990 einer kleinen Gruppe von Nonnen anschloss, die eine Protestkundgebung vor dem Norbulingkha Palast in Lhasa organisiert hatten. Dort fand gerade eine kulturelle Veranstaltung statt, möglicherweise die Opernfestspiele, die von zahlreichen Zuschauern besucht wurden. Dreizehn Nonnen aus Garu skandierten: »Befreit Tibet! Lang lebe Seine Heiligkeit der Dalai Lama!« Die Frauen wurden umgehend von der chinesischen Polizei festgenommen, in einen Transporter gepfercht und in ein Gefängnis in Gutsa verbracht, wo man sie folterte und neun Monate lang eingesperrte.

1992 nahm Sangdol abermals an einer Demonstration teil, die ihr drei Jahre Haft eintrug. 1994 wurde sie gemeinsam mit dreizehn weiteren Nonnen beschuldigt, im Gefängnis

Lieder über ihre Leidenszeit, die Liebe zu ihrer Heimat und ihre Sehnsucht nach Freiheit komponiert und heimlich aufgenommen zu haben. Die Kassette konnte aus dem Gefängnis geschmuggelt werden und wurde ziemlich bekannt. Die Chinesen fanden heraus, wer die Urheberinnen waren, und ahndeten das Vergehen mit Hafterschwernis und Haftverlängerung.

Ngawang Sangdols unermüdlicher Kampf gegen die Zwangsherrschaft der Chinesen in Tibet und ihr Glaube an Menschenrechte und Gerechtigkeit für ihre Landsleute hatten zur Folge, dass sie zur längsten Haftstrafe verurteilt wurde, die jemals gegen eine Frau verhängt worden war. Ihre Freilassung hätte im Jahr 2013 erfolgen sollen. Nach einem Massenappell tibetischer Sympathisanten im Ausland erhielt sie die Genehmigung der chinesischen Regierung, im März 2003 zu einer medizinischen Behandlung in die USA auszureisen. Endlich ist sie frei.

Im Februar 2004 wurde die siebenunddreißigjährige Nonne Phuntsol Nyidrol, eine Dissidentin, die ebenfalls zu einer langen Haftstrafe verurteilt worden war, durch den Druck einflussreicher ausländischer Organisationen und Persönlichkeiten des öffentlichen Lebens vorzeitig (ein Jahr früher) aus dem Gefängnis entlassen. Sie hatte im Oktober 1989 an einer friedlichen Protestkundgebung in Lhasa teilgenommen, die Tibets Unabhängigkeit forderte, und gehörte zu den Nonnen, die gemeinsam mit Ani Sangdol die bereits erwähnten Lieder komponiert, gesungen und im Gefängnis auf Kassetten aufgenommen hatten.

Im September 1995 interviewte ein Paar aus dem Westen, das Tibet besuchte, eine Gruppe von Nonnen am Stadtrand von Lhasa. Sie hatten gegen die Chinesen demonstriert und waren gerade erst aus der Haft entlassen worden. Das Paar bat um die Erlaubnis, sie zu fotografieren, und sie erwiderten: »Sie dürfen gerne Fotos von uns machen; wir haben unser Leben dem Kampf für das Recht des tibetischen Volkes auf Unabhängigkeit verschrieben und fürchten die Chinesen nicht, auch wenn sie herausfinden sollten, dass wir uns dem Demonstrationsverbot abermals widersetzen.«

Die Anzahl der Frauen in Tibet, vor allem der jungen Nonnen, die sich an Protestaktionen gegen die Zwangsherrschaft der Chinesen beteiligt haben, ist groß. Zwischen 1987 und 1994 wurden mehr als 450 Dissidentinnen ohne Gerichtsverhandlung inhaftiert und gefoltert. Der Kampf geht unermüdlich weiter.

Heute leben ungefähr 130 000 Tibeter im Exil; als der Massenexodus im Jahre 1959 begann, belief sich die Anzahl auf etwa 80 000 Flüchtlinge. Am 12. Juni 1998 wurde erstmals eine demographische Erhebung unter den Exiltibetern durchgeführt. Aus der Anzahl der erfassten Haushalte geht hervor, dass zu diesem Zeitpunkt 9867 Tibeter in Indien und Nepal Asyl gefunden hatten, darunter 55,79 Prozent Männer und 44,2 Prozent Frauen. Interessant war, dass 44,05 Prozent der Frauen in der Altersgruppe zwischen 25 und 29 Jahren unverheiratet waren. Sie studierten oder übten einen Beruf aus.

Der Gelehrte Tethong Rakra Thupten Choethar, 1925 in Tibet geboren, erklärte in einem Artikel für die Frauenzeitschrift *Yu Tso*: »Was das Thema Gleichberechtigung betrifft, so haben tibetische Frauen, verglichen mit den Männern, nur 60 bis 80 Prozent der Macht oder Rechte.« Des Weiteren hieß es, die Stellung der Mutter in der Familie sei genauso wichtig wie die des Vaters. Er zitierte ein bekanntes tibetisches Sprichwort: »Der Vater ist wie der Grundpfeiler des Hauses, die Mutter wie die Wände. Der Vater steht unerschütterlich, aufrecht und ehrenvoll dar, trägt wie die Grundpfeiler das Gewicht der Balken und Decken. Die Mutter kümmert sich liebevoll um Familienmitglieder, Hilfskräfte und Freunde, stützt Dach und Balkenwerk wie eine Wand. Grundpfeiler und Wände sind unabdingbar für ein Haus, deshalb sind Vater und Mutter in der Familie gleichermaßen wichtig.« Die hier erwähnten Rechte der Frauen beschränken sich vermutlich auf die häusliche Sphäre.

Die tibetischen Frauen kämpfen seit Langem für das Recht, auch in der Gesellschaft eine bedeutsame und konstruktive Rolle zu spielen. Inzwischen entdecken wir zunehmend unser Potenzial. Um das Familieneinkommen aufzubessern und einen sozialen Beitrag zu leisten, streben immer mehr Frauen Führungspositionen an, geben ihre Kinder in die Obhut von Krippen, Schulen oder Großeltern und sind in ihrem Beruf zum Teil besser und erfolgreicher als die Männer. Es gibt heute etliche tibetische Ärztinnen, Krankenschwestern, Lehrerinnen, Politikerinnen, Beamtinnen, Anwältinnen und Künstlerinnen sowohl in Tibet als auch im Exil. Kurz vor der Veröffentlichung des Buches schloss eine junge Tibeterin ihr Studium als Bauingenieurin ab und eroberte damit eine typische Männerdomäne.

Auch einige Nonnen verlassen die klösterliche Abgeschiedenheit, um sich in die Entwicklung der sozialen Gemeinschaft einzubringen, arbeiten als Lehrerin, Ärztin, Krankenschwester, Gesundheitsberaterin oder Dharma-Lehrerin. Wir Frauen können es uns nicht leisten, unsichtbar und unterwürfig zu sein: Es gilt, Chancen zu nutzen, die uns dieses kostbare Leben bietet, um zum Gemeinwohl beizutragen und anderen zu helfen. Es ist gut und schön, um Liebe, Mitgefühl und ein von Weisheit geprägtes Realitätsbewusstsein zu beten, doch gleichzeitig müssen wir selbst aktiv werden und versuchen, etwas in der Welt zu bewirken.

Während eines Führungskräfte-Workshops erklärte eine junge, moderne und gebildete Tibeterin, eine der Organisatorinnen der Veranstaltung, tibetische Frauen wären zufrieden mit dem Status quo. Wir würden unseren Männern mit Respekt begegnen und ihre vorrangige Rolle in der Gesellschaft akzeptieren. Die beiden anderen tibetischen Leiterinnen des Workshops, zu denen auch ich gehörte, waren anderer Meinung: Wir hielten es für unerlässlich, bewusst zu machen, dass wir uns weiter in Richtung Emanzipation bewegen sollten, um ein produktives, gesundes Gemeinwesen zu schaffen.

Die Gleichstellung der Geschlechter rückt in der tibetischen Gemeinde immer mehr in den Mittelpunkt der Aufmerksamkeit. Solange nicht alle Angehörigen dieser Gemeinschaft daran interessiert sind, das Los ihrer schwächsten Mitglieder zu verbessern, lassen sich keine optimalen Ergebnisse erzielen. Wenn Frauen auch weiterhin Scheuklappen tragen, entgehen ihnen Möglichkeiten, aktiv an der Lösung vieler Probleme mitzuwirken, zum Wohl der Familie und der Gesellschaft. Männer und Frauen müssen gemeinsam für unsere Rechte, für eine Verbesserung unserer sozialen Stellung und für unsere Sache eintreten.

Bedauerlicherweise schießen einige Frauen über das Ziel hinaus. Emanzipation ist unabdingbar, doch sollten wir nicht den Frieden und die Fürsorge innerhalb der Familie und Gemeinschaft opfern, um zu beweisen, dass wir mit den Männern konkurrieren oder sie überflügeln können. Wir sollten ein harmonisches Gleichgewicht anstreben und eine Situation schaffen, in der Männer und Frauen gleichermaßen lernen, zu geben und zu nehmen, damit Frauen eine aktivere Rolle in der Gesellschaft übernehmen und Männer mehr Gespür für die Belange der Kinder und die häusliche Sphäre entwickeln können.

Zum Abschluss möchte ich noch ein Wort Seiner Heiligkeit des Dalai Lama im Rahmen einer Veranstaltung im Drikung-Kagyü-Kloster erwähnen, an der viele Mönche, Nonnen und Laienmitarbeiter des D. K. Institute teilnahmen. Er sagte: »Ich bitte die Nonnen, ihre Ausbildung ernst zu nehmen. Abgesehen von dem Bestreben, gute und warmherzige Menschen zu sein, wäre es von Vorteil, wenn auch einige *Geshe-ma* und *Khen-mo* aus den Klöstern hervorgingen.«

Ich hoffe, dass die Geschichten in diesem Buch interessant und lehrreich sind. Ich möchte diesen Frauen, von denen uns einige bereits verlassen haben, nochmals danken. Ich habe die Gespräche mit ihnen sehr genossen, habe unzählige Fragen gestellt, ihre Berichte übersetzt und die faszinierendsten Aspekte ihres Lebens wie ein Mosaikbild zusammengesetzt. Es sind ganz besondere Menschen, deren Erfahrungen in diesem Buch festgehalten sind. Ich möchte es allen mutigen Frauen Tibets widmen, die ihr Leben für Wahrheit, Gerechtigkeit und Frieden geopfert haben.

Dawa Penzom –
Leben in einem Dorf

Ich heiße Dawa Penzom. Ich bin in der Provinz Tsang geboren, in Ney, einem Dorf, das zum Unterbezirk Deek gehörte. Es gab vier Dörfer im Umkreis – Ney, Roen, Sokthey und Peysar –, die dicht beieinanderlagen. Sokthey war die größte Ansiedlung. Unser Grundherr lebte in Peysar, einem kleinen Weiler mit nur wenigen Häusern. Die Bezirksverwaltung befand sich im Tengyal *Dzong*. Abgaben wurden von der Lokalregierung im Tengyal Dzong und dem Grundherrn, der Familie Mentsok, erhoben. Sie waren zweimal im Jahr, im Sommer und im Winter, fällig. Im Sommer mussten wir dem Kloster Butter liefern. Je mehr Milchvieh eine Familie besaß, desto größer die Buttermenge, die als Abgabe entrichtet werden musste. Dazu kamen noch einige ältere Tiere aus der Herde. Sie wurden im Winter von einem Vertreter der Lokalregierung abgeholt und zum Dzong getrieben.

Die Dörfer schmiegten sich eng zusammengedrängt in ein weitläufiges Tal mit einer mächtigen Bergkette im Hintergrund; das Tal öffnete sich zu einer staubigen trockenen Hochebene. Es gab auch einen Fluss namens Tsangpo, der das ganze Dorf mit dem benötigten Wasser versorgte. Wir hoben am Ufer Gräben aus, mit denen wir die Felder bewässerten und den persönlichen Bedarf deckten.

Das Haus meiner Familie lag oberhalb einer kleinen sandigen Anhöhe mit Namen Ney-yang Gyangthok. Die wichtigste Landmarke war ein Chörten. Die Landschaft war felsig, trocken und staubig, ohne einen einzigen Baum. An den Hängen wuchsen lediglich harte Gräser und ein paar verkrüppelte Sträucher. Die Vegetation im Hochland war spärlich. Die Erde war rot in unserer Gegend. Weiter bergauf, ein Stück von unserem Dorf entfernt, lag das kleine Kloster Norbu Khang, das zu *Panchen Rinpoches* Stammkloster Tashi Lhunpo gehörte.

In unserem Dorf lebten überwiegend Bauern und Nomaden. Nur die wohlhabenden Bewohner besaßen Vieh, zum Beispiel *Yaks*, *Dri*, *Dzo*, Kühe, Schafe, Ziegen, Pferde, Maultiere und Esel. Jede Familie hielt einen oder zwei große haarige Hunde, die mit einem kurzen Strick unweit des Hauses angebunden waren. Sie trugen riesige Halsbänder aus rotem Yakhaar und knurrten, sobald sich Fremde näherten. Sie waren gute Wachhunde und wirkten furchterregend.

Wir waren eine große Familie. Sie bestand aus meinem Vater Norbu Tsepel, meiner Mutter Bhuti, meinem Onkel *Po Po* und einer blinden Großtante. Wir nannten sie Mo Mo Dorjee oder Großmutter Dorjee. Ich hatte auch eine ältere Schwester, Aglo. Ich war die Zweitälteste. Nach mir kamen meine Brüder Hrithar und Pasang mit ihrer gemeinsamen Frau Kunsang, gefolgt von meinen Schwestern Pema und Bhumchung. Das jüngste Kind war meine Schwester Yangkyi Dolma.

Mein Vater war der einzige Sohn. Falls er einen Bruder gehabt hätte, hätten sie sich eine Ehefrau geteilt. Das war ein weithin verbreiteter Brauch in Tibet, der verhinderte, dass die Familie auseinandergerissen und das Land aufgeteilt wurde. Die meisten Brüder hatten eine gemeinsame Frau. Es kam aber auch vor, dass ein junger Mann mit zwei oder drei Schwestern gleichzeitig verheiratet war. Mein Vater war oft unterwegs, um Handel zu treiben oder Nachbarn in anderen Dörfern zu besuchen, während sich meine Mutter um das Hauswesen kümmerte.

Unser Haus war aus Lehm und das Balkenwerk aus Holz, das aus einem anderen Dorf jenseits der Berge stammte. Der größte Raum war die Küche. Daran grenzte eine kleine Kammer, in der Kleidung und *Tsampa* aufbewahrt wurden. Eine weitere kleine Kammer diente als Getreidespeicher. Daneben befand sich der Altarraum, der die Schutzgottheit der Familie beherbergte. In einem größeren Raum wurde Butter gelagert, Fleisch getrocknet und *Chang* gebraut. Wir hatten außerdem einen Wohnraum, Schlafräume und eine Toilette. Einen großen Teil unserer Zeit verbrachten wir im Hof vor dem Haus mit Spielen und Arbeiten.

Um auf das Dach zu gelangen, musste man eine schmale Holzleiter erklimmen. Hartes, minderwertiges Gras, das auf dem Berg wuchs, wurde zu Bündeln geschnürt und auf dem flachen Lehmdach aufgeschichtet. Das Gras von besserer Qualität kam als Tierfutter in die Lagerräume. Es musste noch vor Beginn des Winters eingebracht sein, vor dem ersten Schnee. Es schneite weder heftig noch lange, doch die Tiere konnten nicht hinaus auf die Weiden.

Meine Mutter war für die Hausarbeit zuständig und hatte immer viel zu tun. In ihrer knapp bemessenen Freizeit war sie damit beschäftigt, Wollkleidung für die ganze Familie zu weben. Meine Schwägerin ging ihr stets zur Hand. Schwiegertöchter verließen nur selten das Haus und verrichteten alle Arbeiten, die anfielen. Die beiden Frauen verbrachten die meiste Zeit daheim. Meine Mutter war eine weise Frau. Sie hatte weder lesen noch schreiben gelernt, doch wenn die Frauen im Dorf einen Rat brauchten, sagten sie: »Geh und frag Choepi Bhuti.« Sie war sehr geachtet. Choepi ist unser Familienname. Jede Familie hatte ihren Familiennamen, zum Beispiel Samkhang, Neysar, Kyisar und Tayam. Er sagte etwas darüber aus, woher jemand kam.

Meinem Großonkel Po Po oblag die Aufgabe, unsere Herde zum Grasen den Berg hinaufzubringen. Dabei half ihm ein etwa fünfzehnjähriger Junge. Das Vieh wurde jeden Morgen hinauf- und am Abend wieder hinuntergetrieben. Wenn die Weidegründe sehr weit entfernt lagen, übernachteten sie dort. Manchmal blieben sie drei oder vier Monate weg. Die Nomaden und Schäfer hatten kleine Hütten errichtet, in denen sie kampierten, und meistens taten sich Angehörige von zwei oder drei Familien zusammen, um das Vieh zu hüten. Meine Familie besaß ungefähr achthundert Schafe und Ziegen, eine vergleichsweise kleine Herde. Einige Familien hatten mehrere tausend Tiere, die in zwei Gruppe unterteilt wurden: die schwarzen Schafe und Ziegen bildeten eine Herde, die weißen Tiere die zweite. Die Männer hüteten das Vieh, die Frauen molken Dri, Kühe, Schafe und Ziegen. Sie stellten Butter, Sauermilch, fein gemahlenen Käse, getrockneten Süßkäse und einen kleinen eckigen, außerordentlich trockenen Hartkäse her, der gekaut wurde und als Leckerbissen galt.

Manchmal mussten meine Schwestern und ich Po Po auf den Berg begleiten, um ihm bei der Geburt von Lämmern und Ziegen zu helfen. In einem Lederbeutel nahmen wir Tsampa für unser Mittagsmahl mit und ein sauberer Schafsmagen diente als Behältnis für Buttermilch oder Chang. Oben angekommen, fegten wir die Exkremente der Schafe und Ziegen zu einem Haufen zusammen, der auf dem Rückweg ins Dorf mitgenommen wurde, als Brennmaterial oder als Dünger für das Getreide. Schafsdung war besser als Kuh- oder Yakdung, weil er länger brannte.

Auf unserem Acker wurden Gerste und Rettich angebaut. Sonst nichts, wenn ich mich recht erinnere. Der Boden war karg und konnte nur in der Nähe des Flusses bestellt werden.

Wir bauten reichlich Rettiche an; die Vorräte für den Winter wurden in der Erde vergraben, damit wir genug davon hatten. Die jungen Männer gingen hinaus, um zu pflügen, zu säen, Unkraut zu jäten und das Land zu bewässern. Während der Erntezeit halfen die Mädchen auf dem Feld. Doch meistens mussten wir zu Hause bleiben, um Wolle zu krempeln, zu spinnen und Stoffe für Kleider, Schürzen, Taschen und Decken zu weben.

Die Mädchen in unserem Nachbardorf Chiplung wurden zum Pflügen und zur Arbeit aufs Feld geschickt. Die Bewohner unseres Dorfes pflegten zu sagen: »Wie schrecklich, die armen Mädchen von Chiplung sind immerzu im Freien!« Es hieß aber auch: »Ihr tut gut daran, eine Braut nach Deek zu schicken und eine Braut aus Chiplung mitzubringen.« Die Mädchen aus unserem Dorf taugten angeblich nicht für die Feldarbeit. Sie waren geschickt im Umgang mit Wolle und lernten weben. Die Bewohner unseres Dorfes sagten: »Dieses Mädchen ist eine gute Weberin und wird einmal eine gute Ehefrau abgeben.« In Tibet wurden die meisten Kleidungsstücke und alle unsere Stoffe aus Schaf- und Ziegenwolle gewebt, sodass Mädchen, die sich auf dieses Handwerk verstanden, als Ehefrau begehrt waren.

Wir standen beim ersten Hahnenschrei auf. Uhren gab es nicht. Es gab auch keine Schulen in unserem Dorf, deshalb hatte niemand die Möglichkeit, lesen und schreiben zu lernen. Wir Geschwister wurden außerdem von klein auf bei allen erdenklichen Arbeiten eingespannt, zum Beispiel Wasser vom Fluss zu holen, Haus und Hof zu fegen, Tee für die Familie zuzubereiten und die Tiere zu füttern und zu melken. Erst dann nahmen wir die erste Mahlzeit des Tages ein, eine dicke Suppe aus Fleischbrühe mit Tsampa und Rettich. Manchmal gab es auch gekochte Innereien. Sie wurden mit Salz, Mehl oder Tsampa gemischt und in einen Schafsmagen gefüllt, bevor man sie kochte. Die Leber wurde normalerweise nicht gegessen. Nicht einmal Bettler hätten sie angerührt. Sie wurde den Hunden überlassen. Wenn es doch einmal Leber gab, dann nur im Winter. Sie wurde an einer Schnur an die Decke gehängt, wo sie gefror. Dann wurden mit einem scharfen Messer dünne Scheiben abgeschnitten, die wir mit Tsampabällchen aßen.

In Tsang hatten wir immer einen Tontopf mit Gerstensuppe auf dem Ofen. Die Suppe wurde aus kleinen Fleischstücken und Knochen, Rettich, Käse und Gerstenmehl zubereitet. Wir nahmen diese Suppe jeden Morgen und jeden Abend zu uns. In unserer Gegend gab es viel Fleisch, Tsampa und Käse, weil wir gutes Vieh besaßen. Da der Boden ertragsarm und die Bewässerung unzureichend war, konnte außer Rettich kein anderes Gemüse in unserem Tal angebaut werden. Er wurde in kleine Stücke geschnitten und einem dicken Tsampaeintopf beigefügt. Man konnte ihn auch raspeln und roh verzehren, mit einer Prise Salz und scharfem rotem Pfeffer gewürzt. Oder er wurde in Scheiben geschnitten und getrocknet, zur späteren Verwendung in Suppen; was nicht unmittelbar verbraucht wurde, vergruben wir in der Erde, um auch im Winter einen ausreichenden Vorrat zu haben. Manchmal, wenn Händler aus größeren Städten wie Shigatse, Phari und Dromo in unser Dorf kamen, gab es dünne Glasnudeln, Phing genannt, getrocknete Aprikosen und getrocknete weiße Rüben.

Eine Besonderheit in unserer Region waren Würste verschiedener Art. Es gab Würste, die mit Tsampa und Blut oder mit klein gehacktem Fleisch, Fett und Tsampa gefüllt waren. Sie wurden gekocht und heiß gegessen oder an einer Schnur an die Decke gehängt und getrocknet. Die luftgetrockneten Würste schmecken besonders köstlich. Wir nahmen sie als kleinen Imbiss in den Taschen unserer Kleider mit. Im Winter wurden die Würste gekocht oder, wenn sie gefroren waren, aufgetaut und kalt gegessen. An getrockneten Würsten, getrocknetem Käse und geröstetem Reis konnten wir uns nach Herzenslust gütlich tun. Besuchern gab man getrocknete Würste als Wegzehrung mit. Getrunken wurden gebutterte Milch und Chang. Die jungen Männer tranken Chang, während die Mädchen diesem fermentierten Getränk gewöhnlich nur bei Festen zusprachen.

Wenn die Weizenschösslinge hoch und grün waren, fand ein feierlicher Umzug durch die Felder statt, bei dem die jungen Männer des Dorfes die heiligen Schriften auf dem Rücken trugen. Die Schriften wurden vom nahe gelegenen Kloster Norbu Khang zu Tal gebracht. Einige ältere Männer gingen mit Räucherschalen oder Räucherstäbchen voran, während die Frauen und Mädchen in ihrer Festtagstracht die Nachhut bildeten und ebenfalls Gebete rezitierten.

Das Leben in unserem Dorf verlief friedlich. Diebstahl oder Mord waren unbekannt, obwohl es hieß, dass auf dem Weg nach Phari Straßenräuber ihr Unwesen trieben. Bisweilen gab es Streitigkeiten um das Land oder Familienzerwürfnisse und wenn jemand etwas Schlimmes getan hatte, wurde er dem Dorfoberhaupt oder unserem Grundherrn übergeben, der die Bestrafung vornahm. Die Bestrafung bestand darin, dass der Übeltäter Wiedergutmachung in Form von Naturalien oder Arbeit leisten musste; war sein Vergehen schwer, wurde er ausgepeitscht. In Dörfern, wo Grund und Boden dem Staat gehörten, wurde häufig ein Vertreter der Zentralregierung als Dorfoberhaupt eingesetzt oder, wenn ein hoher Beamter das Land als Vergütung für seine Dienste erhalten hatte, ein Mitglied oder ranghoher Bediensteter seiner Familie mit der Regelung der Dorfangelegenheiten betraut. Ein großer Teil des Grund und Bodens befand sich im Besitz der Klöster.

In unserem Dorf lebten auch einige arme Familien, die ihr Land an andere verpachtet hatten und hoch verschuldet waren. Sie mussten sich bei ihren bessergestellten Nachbarn verdingen. Sie arbeiteten im Haus und auf den Feldern, wuschen Wolle, spannen und webten Stoffe, sofern sie dieses Handwerk beherrschten. Als Vergütung erhielten sie die Gerstenrückstände vom fermentierten Chang oder Tsampa. Hin und wieder bekamen sie auch abgelegte Kleidung geschenkt. Einige mitleidige Nachbarn ließen ihnen außerdem Nahrungsmittel zukommen, doch nur wenige waren so umsichtig und hilfsbereit.

Wir Kinder spielten überwiegend draußen, mit Stöcken und Steinen. Wir sammelten glatte Steine, warfen sie hoch in die Luft und versuchten, sie so oft wie möglich hintereinander aufzufangen, ohne sie fallen zu lassen. Wir hielten auch nach weichen bunten Steinen Ausschau, die zu Staub zerrieben wurden und unser »Essen« darstellten. Wir füllten Wasser in Schafs- oder Yakhörner, die überall auf dem Boden verstreut lagen, und taten so, als würden wir damit Buttertee zubereiten. Ich spielte liebend gerne Familie, wobei ich die Hausfrau war und aus den weißen Steinen, die ich gesammelt hatte, eine Kochstelle errichtete. In Tibet war es gang und gäbe, mit allem zu spielen, was die Natur zu bieten hatte.

Die älteren Kinder mussten bei der Hausarbeit helfen und Wasser aus dem nahe gelegenen Fluss holen. Mit einer großen Schöpfkelle aus Metall füllten wir das Wasser in Holzkannen, die auf dem Rücken getragen wurden und dabei glucksende Geräusche von sich gaben. Manchmal gingen mehrere Mädchen gemeinsam zum Wasserholen und sangen unterwegs. Die Bettler in unserem Dorf verkauften Khaang, eine Flöte aus einem kurzen, dünnen, flachen Bambushalm, der in der Mitte drei Schlitze hatte. An einem Ende des

Halms war eine Schnur befestigt, die man in der Hand hielt. Zog man die Schnur durch den Mund, gab sie einen Ton von sich, der wie »Waang Waang« klang. Man konnte damit einen tiefen, »männlichen« und einen hellen, »weiblichen« Ton erzeugen. Einige Flöten waren verziert. Die Bettler verlangten für ihre Bambusflöten Wolle, Butter, Tsampa oder Salz, die wir von zu Hause entwendeten und gegen die kostbaren Musikinstrumente eintauschten.

Wir mussten hart arbeiten. Wir standen in aller Frühe auf, holten Wasser und brachten die Tiere auf die Weiden. Am frühen Nachmittag kehrten wir zurück. Dann tranken wir Tee und machten uns in Haus und Hof nützlich. Wir verbrachten viel Zeit mit Weben, weil die Stoffe für Kleidung, Bettzeug, Beutel und Matten ausnahmslos selbst gefertigt wurden.

Im Winter, wenn es nur leicht schneite und der Fluss vereist war, schlidderten wir am Ufer hin und her. Wenn jemand ausrutschte und hinfiel, erntete er Spott und Gelächter. Aber niemand war gekränkt und alle hatten großen Spaß. Wir wagten uns allerdings nicht zu weit aufs Eis hinaus. Für uns Mädchen war es außerdem ein großes Vergnügen, zu singen und zu tanzen.

In jeder Familie war ein Kind, männlich oder weiblich, für den Eintritt ins Kloster bestimmt. Wenn eine Familie Land von einem Kloster pachtete und zwei Töchter hatte, wurde die jüngere ins Kloster geschickt und es gab keine Möglichkeit, sich dieser Anordnung zu widersetzen. Die Mädchen aus Deek und Umgebung gingen in das *Bön*-Nonnenkloster Samtenling, dessen ranghöchster *Lama* Rishing genannt wurde.

Wenn eine Familie drei Söhne hatte, die im Haus lebten, trat der Zweitgeborene in das Kloster Tashi Lhunpo in Shigatse ein, von dem sie Land gepachtet hatte. Das Kloster schickte einen Mönch (bei einem Mädchen war es eine Nonne), der ihn abholte und allerlei Geschenke mitbrachte: einen neuen religiösen Namen für den Jungen, ein geflochtenes Band, das von einem heiligen Mann gesegnet war und um den Hals getragen wurde, des Weiteren eine Glück verheißende Schale mit Weizen und Tsampa, Chema genannt, und einen Kessel mit starkem Buttertee. Nachdem der Familie Chema und Tee vorgesetzt worden war, wurde der Junge oder das Mädchen offiziell für den Dienst im Kloster eingefordert. Niemand hatte etwas dagegen einzuwenden, ein Kind der Obhut der religiösen Zentren zu übergeben; es wurde sogar als Ehre betrachtet. Die Mädchen in unserer Region heirateten erst mit zwanzig. Wenn sie das zwanzigste Lebensjahr erreicht hatten und nicht Nonne werden wollten, suchten die älteren Familienmitglieder einen Ehemann für sie. Die Ehen waren überwiegend arrangiert. Meine Schwester Pema wurde mit zwanzig verheiratet.

Es gab weder Kaufläden noch Gasthäuser in unserem Dorf. Händler suchten uns mit ihren Waren aus Shigatse, Phari und Dromo auf. Sie brachten Stoffe, Hirse und eine braune Paste (Thoe-Cha) für das Gesicht der Frauen mit, die vor Sonne und Wind schützte. Außerdem boten sie mit geschmolzenem braunem Zucker überzogene Nudelkuchen feil, Chithang Kotzi genannt, eine Spezialität aus Shigatse. Dieser Kuchen war vermutlich chinesischen Ursprungs, denn er trug einen chinesischen Namen. Aus Phari und Dromo kamen Gewürze, Streichhölzer, Stoffe und Färbemittel und Reis aus Bhutan und Indien. Im Austausch erhielten sie Wolle, Stoffe, Butter, Käse und Fleisch. Wir füllten unsere Vorräte auf, wenn die Händler in unsere Dörfer kamen, denn die Gelegenheit bot sich nicht oft.

Am meisten freuten wir uns jedoch auf die religiösen Feste. Das Deek Gyatsa Fest fand im sechsten Monat des Jahres statt. Am ersten Tag pilgerten die Eremiten aus den Dörfern nach Ney, um für eine gute Ernte ohne Hagel, Dürre und andere Widrigkeiten zu beten. Die Yogis umrundeten die Felder, Gebete rezitierend. Die Bewohner unseres Dorfes trugen große Bambusrahmen, mit feinen bunten Fäden bespannt, die herrliche Muster bildeten; diese Kunstwerke wurden in großen Körben verstaut und auf dem Rücken getragen. Die Dorfbewohner begleiteten die frommen Männer beim Rundgang um die Felder und am Ende fanden sich alle in der Gemeindehalle zum Gebet ein. Bei diesem Anlass trugen wir unsere Festgewänder und unseren erlesensten Schmuck.

In Tang legten die Frauen einen hohen runden Kopfputz an, Pagoe genannt, der mit Perlen, Türkisen, Korallen, Bernstein und goldenen, mit Edelsteinen besetzten Medaillons verziert war. Der Unterbau bestand aus einem dünnen Bambusrahmen, mit Baumwolle oder Wolle umwickelt und mit rotem Flanell überzogen. Er wurde in der Familie des Mädchens gefertigt. Zur Hochzeit musste die Familie des Bräutigams die mit Juwelen besetzten Medaillons und die Gehänge aus Perlen, Türkisen, Korallen und Bernstein beisteuern. Diese Edelsteingehänge konnten herabgelassen, hochgebunden und manchmal auch an den Seiten befestigt werden. Goldene Medaillons wurden außerdem als Schutzamulette an Edelstein-Halsketten getragen. Jede Frau schmückte sich außerdem mit Armreifen, Ringen und Ohrringen. Die wohlhabenderen Frauen trugen noch eine weitere lange Halskette, Keytrang genannt, über den Schutzamuletten.

Am zweiten Tag des Festes brachten die Leute in einem feierlichen Umzug ihre Pferde zu einem unbebauten Feld unweit unserer Gemeindehalle. Wenn eine Familie mehr Land besaß und mehr Abgaben zu entrichten hatte, kam sie mit drei Pferden, jede Familie war jedoch mit mindestens einem Pferd oder zweien vertreten. Die Dorfbewohner boten ein farbenprächtiges Bild in ihren Festgewändern. Die Männer schulterten uralte Gewehre mit einem Bajonett am Lauf. Die Dorfvorsteher trugen braune oder teefarbene Seidenroben und rote Fransenhüte, Soksha genannt. An ihren roten Schärpen hingen Gyatri Pushuk, Beutel mit Messer und Essstäbchen, die zur Amtsrobe tibetischer Regierungsbeamter gehörten. Dann begannen die Reiterspiele: Die Männer feuerten in vollem Galopp ihre Gewehre auf eine runde Zielscheibe aus Leder ab, um den besten Schützen zu ermitteln, was aufregend war. Es gab reichlich zu essen und zu trinken – Fleisch, Tsampa und Chang. Abends fanden im Hof der Gemeindehalle Tänze statt. Es war Brauch, dass aus jeder Familie ein Junge und ein Mädchen an den Tänzen teilnahmen. Meine Familie wurde von meinem Bruder und seiner Frau vertreten und wir freuten uns darauf, sie zu begleiten. Ein Mann und eine Frau wurden bestimmt, denen die Aufgabe zufiel, die Sing- und Tanzgruppe anzuführen. Wir blieben bis spät am Abend auf, beteiligten uns an den Kreistänzen und tranken Chang.

Am dritten Tag des Festes stiegen wir auf den Gipfel des Berges. Zelte aus Yakwolle und weißer Baumwolle wurden aufgestellt. Die gesamte Dorfbevölkerung versammelte sich auf dem Gipfel. Wir brachten Rauchopfer dar, zogen bunte Gebetsfahnen auf, sangen und tanzten. Yogis und Mönche beteten in der Nähe. Jede Familie brachte ihre eigene Verpflegung und Tee mit. Auch Chang war reichlich vorhanden und Freunde und Verwandte wurden eingeladen, das Mahl mit uns zu teilen. Es war ein wunderbares Picknick. Wir blieben bis zum Abend. Einige Familien übernachteten in ihren Zelten.

Am vierten Tag des Festes fanden abermals Reiterspiele und Schießwettbewerbe statt, denen Tanz und Gesang am

Abend folgten. An diesem Tag wurde ein Glück verheißender traditioneller Tanz aufgeführt, Tashi genannt. Die Männer stimmten die Melodie an, die Frauen fielen ein und alle sangen und tanzten im Kreis, bis spät in die Nacht. Von Zeit zu Zeit wurde Chang ausgeschenkt und es war ein wunderbares Fest, das alle genossen. Getrübt wurde die Freude nur von dem Gedanken, dass es sich dem Ende zuneigte und wir uns von unseren Freunden trennen mussten, die aus anderen Dörfern gekommen waren, um mit uns zu feiern.

Neujahr war ein weiteres Fest, auf das wir uns freuten, auch wenn es nicht so prunkvoll wie das Deek Gyatsa Fest war. Wir feierten zweimal Neujahr. In der Region Tsang gab es das Neujahrsfest der Bauern, das am ersten Tag des zwölften tibetischen Monats stattfand, kurz vor Einbringen der Ernte. Und danach feierten wir wie alle anderen Bewohner Tibets am ersten Tag des ersten tibetischen Monats das Neujahrsfest des Königs. Zu diesem Anlass trugen wir neue Kleider, aßen und tranken, sangen und tanzten. Außerdem brachten wir Rauchopfer dar und zogen Gebetsfahnen auf. Es gab heißen Chang und ein Gerstengetränk, Konden genannt. Es schmeckte köstlich und wurde mit Käse und *Droma* angereichert.

Wir feierten viele religiöse Feste, aber das wichtigste fand am vierten Tag des sechsten Monats statt, wenn wir zu dem kleinen Kloster gingen, um Gebete und Butterspenden darzubringen. Die Familien mit der größten Butterspende wurde der versammelten Menge vorgestellt. Die Bauern wetteiferten miteinander, sich als größter Butterspender des Klosters hervorzutun. Die Butter wurde in einem riesigen Kupfertiegel geschmolzen. Damit die Mönche, die den Gebetsraum in Ordnung hielten, nicht in Versuchung gerieten, wurde die Butter mit Räucherpulver gemischt, sodass sie für Tee oder Tsampa unbrauchbar wurde. Die goldfarbene Butter reichte für das ganze Jahr und wurde für die Butterlampen-Opfer verwendet. Sogar die ärmsten Dorfbewohner, die nur wenige Yaks oder Kühe besaßen, steuerten an diesem heiligen Tag eine gewisse Menge Butter bei.

Mit Ausnahme der Feste, von denen es nicht viele gab, führten wir ein bescheidenes, ruhiges Leben. Nur während der Sommermonate herrschte Trubel, da die heißen Quellen unweit unseres Dorfes zahlreiche Besucher anlockten. Eine der heißen Quellen trug den Namen Dhongnak, schwarzes Gesicht, und ein kleiner Wasserfall wurde Geier-Quelle genannt, weil ein Geier mit gebrochenem Flügel unter ihm hindurchgeflogen und mit geheilter Schwinge wieder aufgetaucht war. Dort badeten viele Leute mit Knochenbrüchen oder Muskelzerrungen, die Linderung suchten. Unterhalb des Wasserfalls befand sich ein kleiner Tümpel, die Magen-Quelle, für Menschen mit einem Magenleiden. Ganz in der Nähe gab es den sogenannten Pferdefluss. Wie verlautet, hatte ein Pferd mit einem gebrochenen Bein darin gebadet und Heilung gefunden. Das Wasser dieses Tümpels war sehr heiß und wurde von Leute mit Augenkrankheiten und verschiedenen anderen Gebrechen aufgesucht, die auf Genesung hofften. Das Wasser war so klar, dass man die glatten, weißen und grauen kleinen Steine auf dem Grund erkennen konnte. Die größeren Felsen, die aus dem Wasser ragten, dienten den Badenden als Sitzgelegenheit. Von Zeit zu Zeit wurde das Wasser mithilfe von Ablaufrinnen abgelassen. Die Tümpel füllten sich mit frischem Grundwasser, sobald man die Öffnungen wieder mit Sand versiegelte. In der Umgebung der heißen Quellen standen vereinzelt kleine Zelte aus beigefarbener Baumwolle und schwarzem Yakfell. Rauch stieg aus dem Abzugsloch empor. Einige Leute hatten eine Feuerstelle unweit ihrer Zelte errichtet, wo sie Tee und ihre Mahlzeiten zubereiteten. Wegen der heilsamen Bäder kamen auch viele Besucher hierher, die außerhalb unseres Distrikts lebten.

In der Nähe hatten mehrere Nomadenfamilien ihr Lager aufgeschlagen und die ärmeren unter ihnen boten Yakdung aus den Bergen feil, den sie bei den Besuchern der Heilquellen gegen Nahrungsmittel eintauschten. Bettler, die zum Baden herkamen, sammelten Dornengestrüpp und getrocknetes Gras, das von den Besuchern als Brennmaterial benutzt wurde. Als Gegenleistung wurden sie verköstigt. Das Gelände glich einige Monate lang einem riesigen Picknickplatz.

Unweit der heißen Quellen, auf einem Hochplateau, befand sich das Kloster Thakka. Die Anlage war verfallen und unbewohnt. Erhalten geblieben war nur noch eine berühmte, in Stein gemeißelte Muschel. Wenn man hineinblies, was als Glück verheißend galt, konnte man ihr einen Ton entlocken, der wie »Buu, Buu« klang. Die Muschel war so schwer, dass niemand sie von der Stelle zu bewegen vermochte. Auf einer kleinen Anhöhe in der Nähe gab es einen Felsen mit einem tiefen Spalt, von dem es hieß, man könne in die Zukunft schauen, wenn man einen Blick hineinwarf. Obwohl der Weg sehr steil war, gelang es mir, ihn zu erklimmen und durch den Spalt zu spähen, in der Hoffnung, etwas über meine Zukunft zu erfahren. Hinter dem Spalt befand sich jedoch nur ein glänzender Stein, sonst nichts. Ich machte mich umgehend an den Abstieg und war froh, wohlbehalten unten anzukommen.

Ich blieb etwa bis zu meinem zwanzigsten Lebensjahr in Ney. Dann wurde ich von der Familie Mentsok als Hausgehilfin in Dienst genommen. Meine Familie hatte Land von der Familie gepachtet und musste im Gegenzug Handdienste leisten. Einige Bauern entrichteten ihre Pacht in Form von Arbeit auf den Feldern des Grundherrn, andere in Form von landwirtschaftlichen Erzeugnissen oder Vieh aus dem eigenen Bestand. Die Familie Mentsok hatte das Land von der Regierung erhalten, als Entgelt oder Vergütung für den Staatsdienst, den ein männliches Familienmitglied verrichtete. Der hohe Regierungsbeamte, ein Bruder des Grundherrn, lebte in Lhasa.

Auf dem Weg in mein neues Zuhause besuchte ich einen Freund meines Vaters, Lala Lula aus der Familie Lhanglok. Er und seine Frau Pasang hatten ebenfalls eine Tochter. Sie schärften mir ein: »Wenn du Korallen, Türkise oder andere Schmuckstücke im Haus findest, darfst du sie keinesfalls behalten. Gib sie unverzüglich der Herrin zurück, denn vielleicht wollen sie nur prüfen, ob deine Hände ›sauber‹ sind und du ihr Vertrauen verdienst.« Außerdem rieten sie mir: »Lass dich nie auf einen Schwatz mit den anderen Dienstboten ein; im Haus wird es viele Bedienstete geben und niemand wird dich ernst nehmen, wenn du zu viel redest.« Mit diesen Empfehlungen gerüstet, wurde ich in das Haus Mentsok gebracht.

Die Familie Mentsok bestand aus dem Herrn, der Herrin und einem behinderten kleinen Sohn. Auch der alte Vater des Grundherrn lebte im Haus. Der Herr war ein viel beschäftigter Mann und häufig auf Reisen. Wenn er sich zu Hause aufhielt, empfing er Dorfbewohner, die mit einem Anliegen zu ihm kamen. Die Herrin erteilte den Bediensteten Anweisungen, überwachte das Weben der Wollstoffe und das Hauswesen. Der betagte Vater saß immerzu da, in Gebete vertieft. Er war ein tiefgläubiger, verschlossener Mann.

Meine Aufgabe bestand darin, der Kinderfrau des kleinen Jungen zur Hand zu gehen. Er war ungefähr fünf Jahre alt und stumm. Er war gesund zur Welt gekommen war. Bei seiner Geburt war sogar ein Regenbogen über dem Haus erschienen und alle hatten einen wiedergeborenen *Tulku* in ihm gesehen. Es hieß, da niemand sein besonderes Wesen erkannte, sei er eines Tages schwer erkrankt. Ein tibetischer Arzt wurde gerufen, der den Eltern eröffnete, er könne das Kind retten, doch die Medizin sei stark und könne bleibende Schäden verursachen. Der Junge war so krank, dass man ihm die Arznei wohl oder übel verabreichte, und nach der Behandlung verlor er sein Gehör. Er war aufgeweckt, auch wenn er nicht sprechen konnte. Er kannte alle Personen, die zum Haushalt gehörten, und versuchte, sich mit ihnen durch Laute zu verständigen. Nach einiger Zeit wurde ich zur Arbeit im Wohntrakt der Familie eingeteilt, musste fegen, Staub wischen und weben. Die Familie blieb nach der Abendmahlzeit noch lange auf und das Gesinde durfte erst dann zu Bett gehen, wenn sie sich zur Ruhe begaben. Wir saßen meistens in der Dienstbotenunterkunft zusammen und oft fielen mir die Augen zu, während die anderen miteinander plauderten und scherzten.

Wenn meine Herrin nach Lhasa reiste, um ihre Familie zu besuchen, durfte ich sie zu meiner großen Freude begleiten. Das Haus Mentsok, ein herrschaftlicher Wohnsitz, lag im Japakhangsar-Viertel, gegenüber der imposanten Phala-Residenz. Der Herr und die Herrin machten jeden Morgen ihren rituellen Rundgang auf dem *Lingkor* und besuchten verschiedene Tempel und Kapellen. Jeden Abend gingen sie in den Jokhang Tempel, dem religiösen Zentrum Lhasas, in Begleitung ihrer Bediensteten. Manchmal wurde ich außerdem auf Botengänge in die Stadt geschickt, worauf ich mich immer sehr freute. Dort sah man viele Menschen und Geschäfte, was aufregend war. Und da die Bediensteten in Lhasa außerdem weniger Arbeit hatten, waren die Besuche stets eine willkommene Abwechslung.

Das galt auch für die Besuche bei der Familie Lukhang. Lady Lukhang, deren Mutter das Oberhaupt der Familie Teyling geheiratet hatte, war eine Enkelin der Familie Mentsok.

Sie hatte eine scharfe Zunge, aber ein gutes Herz und machte uns oft Geschenke. Sie erzählte uns, wie es ihrer Mutter nach der Hochzeit ergangen war: »Sie wurde mit dem Oberhaupt der Familie Teyling verheiratet, einem angesehenen Mann von edlem Geblüt, doch es war kein Tsampa im Haus, als ich zum ersten Mal einen Fuß über die hochherrschaftliche Schwelle setzte. Wir mussten Tsampa von unserem Nachbarn Teyling Khangsar borgen.« Ihre Familie schickte daraufhin Tsampa, Mehl und andere Nahrungsmittelzuteilungen an ihr neues Heim.

Lady Lukhang, die ein Dienstmädchen aus der Region Phenpo hatte, rief immer, sobald sie mich sah: »Komm her, ich weiß, dass die Mädchen aus Tsang ganz versessen sind auf heißen tibetischen Tee und Fleisch; ihr könnt hart arbeiten, ganz anders als die Dienstboten aus Phenpo.«

Nach ungefähr vier oder fünf Jahren im Dienst der Familie Mentsok rief mich meine Mutter nach Hause zurück. Sie wollte mich verheiraten und fürchtete, ich könnte vor der Ehe ein Kind bekommen, was eine Schande für die ganze Familie gewesen wäre. Ich wurde von meinen Pflichten entbunden und blieb einige Monate daheim, wo ich meiner Mutter und meiner Schwägerin bei der Hausarbeit half.

Eines Tages wurde mir aufgetragen, meine Schwester Aglok zu besuchen; sie hatte in eine Familie in Teyling eingeheiratet, ein Landgut in der Nähe. Ich übernachtete bei ihr und wurde am darauffolgenden Tag, dem zehnten Tag des Monats, einem religiösen Festtag, zu einem Freund der Familie mitgenommen, in dessen Haus eine besondere Gebetszeremonie stattfinden sollte. Dort angekommen, wurden wir von der Frau des Hauses am Haupteingang in Empfang genommen. Sie war neu eingekleidet, trug ihren Pagoe-Kopfputz, eine *Thangtsa*-Robe, eine Halskette mit Schutzamulett und ein Halsband aus kleinen, unregelmäßig geformten Perlen, Korallen und Bernstein. Ihre beiden Töchter, angetan mit ihren besten Gewändern und dem kostbarsten Schmuck, hatten in ihrer Nähe Aufstellung genommen. Die Mutter hielt einen Holzeimer mit Butter und Milch in der Hand. Eine *Khata* war um die Mitte des Eimers geknüpft. Sie hängte den Eimer an mein linkes Handgelenk und drückte mir einen *Dhata* in die Hand. Für die rechte Hand überreichte sie mir einen Teller mit gebuttertem Tsampa. Ein kleiner Beutel mit getrocknetem Ziegendung wurde als Glücksbringer auf meinem Rücken befestigt. Ich wurde aufgefordert, mich dreimal im Uhrzeigersinn um die eigene Achse zu drehen. Danach geleitete man mich in die Küche. In mir regte sich ein Verdacht und ich war nicht sonderlich angetan von diesem seltsamen Besuch.

Beim Betreten der Küche musste ich mich ausziehen, bis auf meinen Halbrock. Dann reichte man mir neue Kleider. Meine Mutter hatte vermutlich einen mit Perlen und Korallen bestickten Pagoe-Kopfputz an meine Schwester geschickt, mit der Bitte, ihn an meine neue Familie weiterzuleiten, und diese hatte dem Brauch entsprechend die Gehänge aus Perlen, Korallen und Türkisen hinzugefügt. Jetzt wurde mir klar, dass ich meinen Brautstaat trug. Es war nicht üblich, dass die Eltern der Braut der Hochzeitszeremonie beiwohnten, es reicht aus, wenn Geschwister und Verwandte anwesend sind. Ich wurde nur von meiner Schwester in mein neues Heim begleitet. Ich hatte nicht einmal gewusst, dass ich heiraten sollte, als ich das Haus meiner Schwester verließ. Dann wurde ich in einen Raum geführt, in dem mein Schwiegervater und mein Ehemann nebst seinem kleinen Bruder warteten. Wir wurden aufgefordert, Platz zu nehmen, und bekamen Tee vorgesetzt, danach wurden zeremonielle Schals dargeboten. Nach und nach trafen Freunde und Verwandte der Familie ein, die ebenfalls Schals als Geschenk brachten. Ich war eingeschüchtert und völlig benommen angesichts der Zeremonie, von der ich nicht das Geringste geahnt hatte.

Ich kannte meinen Ehemann vom Sehen, hatte aber bis dahin kein einziges Wort mit ihm gewechselt. Arrangierte Ehen waren in Tibet üblich und es kam oft vor, dass sich Braut und Bräutigam am Hochzeitstag zum ersten Mal von Angesicht zu Angesicht begegneten. Die Ehen wurden von den Familien in die Wege geleitet und die Horoskope miteinander verglichen, um festzustellen, ob ein Paar zusammenpasste. Scheidungen kamen äußerst selten vor und es galt als Schande für die Familie der Frau, wenn sie ihren Mann verließ und nach Hause zurückkehrte. Dass so etwas jemals vorgekommen wäre, ist mir nicht bekannt.

Ich blieb einige Tage im Haus und half meiner Schwiegermutter Nyima Chokchung und ihren beiden Töchtern bei der Arbeit. Mein Schwiegervater war Schneider. Er hatte eine harsche Zunge, jedoch das Herz am rechten Fleck. Sein Name lautete Nyima Tsewang, er wurde jedoch Teyling Omtsey genannt, weil er der Erste Schneider der Grundherren-Familie Teyling war. Nach ein paar Tagen wurde ich abermals neu eingekleidet und musste Kopfputz und all meinen Schmuck anlegen. Man händigte mir einen großen mit Wolle gefüllten Korb aus, den ich auf dem Rücken trug; dann begab ich mich in Begleitung meiner Schwägerinnen zum Fluss, um Wolle zu waschen. Wir hatten Speisen und Tee mitgenommen und verbrachten den ganzen Tag am Ufer, wuschen die Wolle in dem klaren, kühlen Wasser und trockneten sie auf großen Steinen, die am Ufer lagen. Es war das erste Mal, dass ich mein neues Heim verlassen durfte.

Die meisten tibetischen Häuser wurden von scharfen Hunden bewacht, Doe-kyi genannt. Auch die Nomaden hielten diese Furcht einflößenden Tiere in der Nähe ihrer

Zelte. Die jungvermählten Ehefrauen mussten sich zuerst mit den Wachhunden vertraut machen. Sie waren riesig, hatten ein zottiges Fell und wirken hoheitsvoll mit ihrem gemessenen Gang und dem tiefen Gebell. Unser Hund war in der Nähe des Haupteingangs angebunden. Sobald er mich kannte, konnte ich das Haus ungehindert betreten oder verlassen. Während der ersten Tage in meinem neuen Heim hatte ich indes Angst, ihm nahe zu kommen.

Meine Schwiegermutter beaufsichtigte das Hauswesen und ich teilte mir die Hausarbeit mit den beiden Töchtern; wir wurden alle drei gleich behandelt. Ich verbrachte die meiste Zeit mit Weben. Nach ungefähr einem Jahr stattete ich, wie es der Brauch war, meinen Eltern einen Besuch ab, in Begleitung meines Ehemannes, der ein paar Tage später nach Hause zurückkehrte. Ich blieb ungefähr zwei Monate bei meinen Eltern und Geschwistern. Meine neue Familie schickte Wollstoffe, Fleisch, Getreide und andere Geschenke. Der Tag wurde festlich begangen. Es war ein gutes Gefühl, wieder zu Hause zu sein. Als es an der Zeit war, Abschied zu nehmen, gab man mir Geschenke für meine neue Familie mit.

Schließlich wurde ich schwanger und brachte einen Sohn zur Welt, Tandim Tsering, der heute im Women's Cooperative Center in Dharamsala, Indien, tätig ist. Ein zweiter Sohn, Tsewang Tobgyal, Lehrer in einem tibetischen Kinderdorf in Dharamsala, wurde ebenfalls in Tibet geboren. Beide Söhne wurden zu Hause entbunden.

Wenn ein Säugling bei der Geburt starb, brachten die Frauen das nächste Kind bisweilen in einer Scheune oder einem Stall zur Welt, um böse Geister abzuwehren, die es mitnehmen wollten. Das war bei meiner Schwester Agloe der Fall, die in einem Stall geboren wurde, nachdem meine Mutter zwei Söhne bei der Niederkunft verloren hatte. Als zusätzlichen Schutz erhielt sie den hässlichen Namen Agloe.

Kinder, deren Brüder oder Schwestern die Geburt nicht überlebt hatten, wurden »Kyi Kyak« (Hundescheiße), »Pha Kyak« (Schweinescheiße) und »Shilok« (Von den Toten zurückgekehrt) genannt, um zu verhindern, dass die bösen Geister ihnen ein Leid zufügten.

Meine Schwiegermutter stand mir bei der Geburt bei. Zerriebener Schafsdung wurde auf dem Boden zu einer Lagerstatt aufgeschichtet und mit einem Tuch bedeckt. Ich musste mich in Kriechstellung daraufzulegen, mit dem Gesicht nach unten, und wurde mit zahlreichen Decken zugedeckt, die mich warm halten sollten. Von Zeit zu Zeit flößte man mir starken heißen Tee ein, um den Geburtsvorgang durch die Hitze im Leib zu beschleunigen. Es gab keinen Arzt, den wir rufen konnten. Der nächste tibetische Arzt befand sich in einem Dorf ungefähr vier oder fünf Tagesreisen entfernt und wenn jemand erkrankte, musste er sich zu ihm begeben. Doch wir waren selten krank in Tibet. Vielleicht sorgten die klare Luft und das saubere Wasser für eine robuste Gesundheit.

Wenn die Wehen zu langsam vorangingen, wurde ein Stück Butter, von einem heiligen Lama geweiht, zu kleinen Kügelchen gerollt, die von der Gebärenden geschluckt werden mussten. Meistens ließ die Geburt dann nicht mehr lange auf sich warten. Die Frauen des Hauses halfen bei der Niederkunft. Sobald das Kind da war, wurde die Nabelschnur mit einer Schere oder einem Messer durchtrennt und beide Enden mit Fäden aus feiner Schafwolle abgebunden.

Unmittelbar nach der Entbindung wurde der Säugling in ein gewebtes Tuch aus besonders weicher Lammwolle gehüllt. Darüber kam ein langes Hemd mit einem aufgenähten kleinen Dreieck aus Wollstoff auf der Rückseite. Wir badeten die Neugeborenen nicht wie in Indien. Wenn sie älter waren, rieben wir sie mit Senföl ein.

Nach der Niederkunft erhielt die Mutter eine dicke Suppe aus zerstampften Yak- und Lammknochen und Dörrfleisch. Sie wurde ihr vor dem Schlafengehen und am frühen Morgen verabreicht, in unserem Dorf sogar noch ein drittes Mal am späten Abend. In Westtibet gab man ihr Chang zu trinken, aber nicht in unserer Region.

Bei uns gab es nach der Geburt eines Kindes keine speziellen Reinigungsrituale. Verwandte und Freunde kamen mit Glücksschals, Geschenken, Speisen und Getränken oder Kleiderstoffen für Eltern und Kind und auf dem Hausaltar wurden Khata als Opfergabe dargebracht.

Kurz nach der Geburt meines zweiten Sohnes kamen die Chinesen nach Tibet und schlugen im Tengyal Dzong, wo sich die Verwaltung des Distrikts befand, ihr Hauptquartier auf. Einige statteten uns von Zeit zu Zeit einen Besuch ab, aber kein Chinese wohnte in unserem Dorf. Meine Schwester Pema, die mit einem unserer Nachbarn verheiratet war, lebte in Ney. Sie erinnert sich: »Die Chinesen kamen in Begleitung chinesischer Übersetzer, die dem muslimischen Glauben angehörten. Sie beriefen Versammlungen ein und baten uns, unsere Meinung zu äußern. Natürlich zogen wir es vor zu schweigen. Einmal tauchte ein Chinese mit einem tibetischen Mann und einer Frau namens Mingyur in unserem Dorf auf. Sie sagten: ›Ihr hattet bisher keine Gelegenheit, eine Schule zu besuchen; wir sind gekommen, um euch lesen und schreiben beizubringen und euch ein besseres Leben zu ermöglichen. Die kommunistischen Chinesen sind gute Menschen und wollen euch helfen. Eure Grundherren haben euch ausgebeutet und deshalb sind wir hier, um eure Lebensumstände zu verbessern.‹ Niemand machte eine Bemerkung.

Als wir erfuhren, dass Seine Heiligkeit der Dalai Lama nach Indien geflohen war, erwogen wir ebenfalls, unsere Heimat zu verlassen. Eines Abends entschieden alle Bewohner von Teyling, gemeinsam nach Indien aufzubrechen. Wir verließen unser Dorf kurz vor Beginn der ersten Ernte. Wir kamen bis zu einem Sumpf, der für uns ein unüberwindliches Hindernis darstellte. Die älteren Dorfbewohner ritten auf Pferden oder Mauleseln und unsere Packtiere bildeten die Vorhut. Da es bereits dunkel war, bemerkte niemand die Gefahr und Menschen und Tiere versanken im Morast. Nur mit großer Mühe gelang es uns, sie zu retten und in unser Dorf zurückzukehren. Am nächsten Tag taten wir, als sei nichts geschehen, damit die Chinesen keinen Verdacht schöpften.

Bald darauf schickten wir unseren Grundherrn, seine Frau und ihre Tochter mit ausreichender Verpflegung außer Landes. Da wir von der Familie Teyling immer gut behandelt worden waren, sorgten wir dafür, dass sie das Dorf unbeschadet verlassen konnte, denn wir wollten nicht, dass sie unter den Chinesen zu leiden hätten. Einige Dorfbewohner gaben ihnen sicheres Geleit bis Lachin in Sikkim. Die Herrin hatte die Schlüssel zum Haus und zum Kornspeicher der Dienerschaft überlassen, die auf dem Anwesen blieb, und sie angewiesen, Getreide und Nahrungsmittel an die Dorfbewohner zu verteilen. Schließlich beschloss auch meine Familie, sich auf den Weg nach Indien zu machen.

Mein älterer Sohn war ungefähr fünf Jahre alt und wurde von meinem Mann auf dem Rücken getragen. Ich trug meine Decke und meinen jüngeren Sohn, der gerade laufen konnte. Meine Schwiegermutter war blind, deshalb ritt sie auf einem Pferd. Mein Schwiegervater und eine junge Schwägerin, die Nonne war, folgten unseren beiden Eseln, die mit Nahrungsmitteln und unserer Habe beladen waren. Dieses Mal war die Flucht gut geplant. Die jüngeren Dorfbewohner halfen den älteren, das Land als Erste zu verlassen. Sie brachten das Vieh auf die Weide und sorgten dafür, dass das Leben im Dorf seinen gewohnten Verlauf zu nehmen schien, um die Chinesen zu täuschen. Nach und nach gelang allen Dorfbewohnern die Flucht über Sikkim nach Indien. Meine betagten Schwiegereltern starben in Gangtok, Sikkim.

Dawa Penzom lebt heute mit ihrer ältesten Tochter und drei Enkelsöhnen in einem kleinen Haus in Dharamsala. Ihr Schwiegersohn dient in der Special Frontier Force (SFF), einem überwiegend aus Tibetern bestehenden Eliteregiment der indischen Armee, und kommt nur zu kurzen Besuchen nach Hause. Ihre Tochter betreibt einen kleinen Laden mit Bekleidung, Spielzeug und Andenken für Touristen, die sie in Delhi einkauft. Penzom kümmert sich hingebungsvoll um ihre Enkelkinder und den Haushalt. Die beiden älteren Jungen besuchen die tibetische Schule und sprechen gut Tibetisch, das sie von ihrer Großmutter lernen. Dawa Penzoms jüngste Tochter ist Lehrerin im Tibetischen Kinderdorf und verbringt die Ferien und Feiertage bei ihrer Mutter.

Dawa Penzom ist immer beschäftigt. Ich habe sie nie untätig sehen. Sie bewohnt ein kleines Haus und ist unermüdlich auf den Beinen. Manchmal spielt sie mit ihren Enkelkindern. Jeden Tag macht sie ihren Rundgang um den Tempel und den Palast Seiner Heiligkeit. Dieser Rundgang auf dem Lingkor ist eine Zeremonie, mit der man religiöse Verdienste erwerben kann. Ihr Haus befindet sich innerhalb dieses Pilgerwegs.

Penzoms Schwester Pema lebt in einem Altenheim in der

Nähe. Sie hat ihr Leben im Exil verbracht, mit Bauarbeiten im und um den Palast Seiner Heiligkeit des Dalai Lama. Sie war stets auf ihre Unabhängigkeit bedacht und genießt nun den wohlverdienten Ruhestand. Oft sieht man sie auf dem Lingkor, wie sie mit raschen Schritten dahineilt, die Gebetskette in der Hand. Obwohl ihre Kleider verschlissen und ihre Schuhe abgetragen sind, ist sie eine gepflegte Erscheinung. Pema ist glücklich, dass ihre beiden Kinder ein College besucht haben, als Lehrer arbeiten und verheiratet sind. Ihr Sohn unterrichtet im Tibetischen Kinderdorf in Dharamsala und ihre Tochter lebt mit ihrem Mann, der ebenfalls Lehrer ist, in Sikkim.

Ani Gomchen – von der Nomadentochter zur Yogini

Ich bin 1906 in Choewang Gophuk in Shangshung geboren, im Distrikt Nagchu nördlich von Lhasa, unter den Nomaden der Hochlandsteppen der Changthang. Als Säugling brachten meine Eltern mich zu Taklung Matrul *Rinpoche*, um mich segnen zu lassen. Er gab mir meinen ersten Namen, Yeshi Lhatso. Als ich mein Gelübde als Nonne ablegte, wurde er geändert und nun heiße ich Tsultrim Palmo. Ich war der jüngste Spross der Familie. Im Jahr meiner Geburt wurde mehr Vieh geboren als sonst und Dri, Dzo und Kühe in unserer Region gaben viel Milch. Ich galt als Glückskind. Als jüngstes Familienmitglied wurde ich außerdem von allen geliebt und verwöhnt. Einer meiner älteren Brüder nahm mich häufig in der vorderen Tasche seines Umhangs mit, wenn er auf die Weiden ritt, um die Yaks und das Vieh zu hüten. Meine Mutter nahm mich oft in den Arm und putzte mir die Nase; sie war sehr liebevoll. Wir waren eine glückliche Familie. Unser Zuhause war geprägt von Freude und Lachen.

In unserer Region lebten ungefähr dreißig Nomadenfamilien in annähernd hundert kleinen und großen Zelten, weit verstreut auf dem ausgedehnten, grasbewachsenen Hochplateau. Einige dieser braunen Yakhaar-Zelte, Bha genannt, hatten riesige Ausmaße. Rund um die Zelte waren Wände aus getrocknetem Yak-, Dri-, Dzo- und Kuhdung errichtet, um den Wind abzuhalten. Vier Familien, zu denen auch wir gehörten, waren wohlhabend und besaßen ein Haus. Alle Familien lebten in geringer Entfernung voneinander. Zu jedem Clan gehörten Familienangehörige, Bedienstete, die Viehherde und mehrere große Wachhunde.

Mein Großvater stammte aus der Provinz Kham, aus der Familie Pakatsang. Meine Großmutter war eine Nomadin aus Sangshung. Mein Großvater war Mönch gewesen und hatte in einem der drei berühmten *Gelukpa*-Klöster bei Lhasa studiert. Während einer Pilgerreise mit einer Gruppe von Mönchen aus seinem Stammkloster erkrankte er schwer und seine Weggefährten mussten ihn in der Obhut einer Nomadenfamilie in der Changthang Region zurücklassen. Er blieb und heiratete eine der Töchter.

Ich hatte vier Brüder und vier Schwestern. Die beiden älteren Brüder lebten zu Hause und teilten sich eine Ehefrau. Die Ehefrau konnte keine Kinder bekommen und deshalb beschlossen die Ältesten, deren jüngere Schwester als zweite Ehefrau in die Familie aufzunehmen. Sie brachte sieben Kinder zur Welt. Mein dritter Bruder war Mönch und trat in ein Kloster ein. Der vierte und jüngste Bruder, der ebenfalls Mönch wurde, starb in jungen Jahren. Ich hatte drei ältere Schwestern, die allesamt heirateten und das Haus verließen. Die vierte Schwester war Nonne und lebte in einem Nonnenkloster in der Nähe. Wir waren neun Kinder. Wir hatten auch Bedienstete, die bei uns wohnten, und deshalb war unser Haushalt ziemlich groß. Die älteren Familienmitglieder waren weise, freundlich und liebevoll; wir brachten ihnen großen Respekt entgegen und das Zusammenleben verlief friedlich und harmonisch.

Es gab auch eine ältere Tante, die bei uns lebte. Sie war sehr religiös und verbrachte die meiste Zeit im Gebet. Ich saß gerne neben ihr, rezitierte mit ihr gemeinsam das »Benza Guru«-Mantra und lauschte dem Singsang ihrer Gebete. Wir Kinder wuchsen damit auf, Gebete von den älteren Familienmitgliedern zu hören. Als ich vier Jahre alt war, brachte mein Vater, der ein sehr religiöser Mann war, mir bei, einige einfache Gebete zu lesen und zu rezitieren.

Das Nomadenleben war friedvoll und wir waren rundum glücklich. Einmal im Jahr besuchten uns Lamas aus den umliegenden Regionen, die wir um religiöse Unterweisung und ihren Segen baten; im Austausch erhielten sie Nahrungsmittel wie Fleisch, Käse, Butter und Sauermilch und wir boten ihnen freie Kost und Unterkunft. Außerdem bekamen wir kleine Arzneikügelchen von ihnen, die gesegnet waren und wie ein Schatz gehütet wurden. Wir freuten uns immer auf diese Besuche.

Mein ältester Bruder war für den Unterhalt der Familie verantwortlich und verrichtete den Großteil der Arbeit. Er kümmerte sich um das Vieh und war oft lange unterwegs, um Handel zu treiben: Er verkaufte Tiere und eigene Erzeugnisse wie Käse, Butter und Wolle, um sie gegen Lebensmittel wie Tee, Getreide und Tsampa oder Gebrauchsartikel wie Garn, Nadeln und Stoffe einzutauschen. Manchmal begleiteten ihn eine seiner Frauen und die beiden jüngeren Kinder. Der Säugling wurde in einer Falte des langen wallenden Umhangs seiner Mutter getragen und das Kleinkind, das schon krabbeln konnte, saß auf dem Pferd meines Bruders, vor ihm auf dem Sattel. Mein Bruder hatte zahlreiche Verpflichtungen, da er für den Lebensunterhalt einer großen Familie nebst Bediensteten sorgen und obendrein Abgaben in Form von Naturalien verrichten musste.

Unsere Abgaben waren für die tibetische Zentralregierung bestimmt. Sie wurden von Angehörigen der tibetischen Truppen eingezogen, die zu uns kamen, um Salz, Fleisch,

Käse, Butter und Wolle abzuholen. Die Männer waren ziemlich oft in der Region unterwegs und wir mussten jedes Mal für ihr leibliches Wohl sorgen. Wenn sie beschlossen, über Nacht oder mehrere Tage zu bleiben, galt es, sie zu verköstigen, und einige waren ziemlich ungehobelt und anspruchsvoll. Wir waren einfache Leute und wagten nicht, ihnen die Stirn zu bieten. Es gab keine Möglichkeit, sich bei der Regierung über ihre Habgier und die rüde Behandlung zu beschweren. Manchmal fragten wir uns, ob sie wirklich von der Regierung geschickt worden waren oder es nur behaupteten. Aber wir schwiegen. Wir hätten den weiten Weg nach Lhasa zurücklegen müssen, um in Erfahrung zu bringen, ob sie wirklich Steuereinnehmer waren, und außerdem, an wen hätten wir uns mit dieser Frage wenden können?

Meine Familienangehörigen waren tiefgläubige Menschen. Sie rezitierten ihre Gebete und brachten jeden Tag Butterlampenopfer auf unserem Hausaltar dar. Mein Vater verbrachte viele Tage in frommer Abgeschiedenheit. Oft wurden Lamas eingeladen, bei uns eine Zeit lang zu verweilen und zu beten. Seit frühester Kindheit war es mein sehnlichster Wunsch gewesen, Nonne zu werden, doch meine Bitte fand kein Gehör. Entweder war dieses Bestreben auf den religiösen Einfluss in meinem jetzigen Leben zurückzuführen oder wurzelte in einem früheren Leben.

Bei uns trugen junge Mädchen, einem alten Brauch entsprechend, Halsketten und Ohrringe aus Bernstein, Korallen und Türkisen; außerdem wurden Halbedelsteine aufgefädelt und in die Haare geflochten, doch ich schenkte das Geschmeide meinen Freundinnen, weil ich der Welt entsagen wollte, was meine Mutter erboste. Ich besaß ein besonders kostbares Halsband, das in einem gesonderten Behältnis aufbewahrt wurde. Eines Tages stahl ich das Halsband, brachte es Taklung Matrul Rinpoche und eröffnete ihm, dass ich

Nonne werden wollte. Der Rinpoche erwiderte: »Das ist eine gute Entscheidung.« Er ließ indes nicht zu, dass ich das Gelübde ablegte, dafür war ich seiner Ansicht nach noch zu jung. Da sich das Kloster Taklung ganz in unserer Nähe befand, besuchten wir es häufig und kannten Shabdung Rinpoche, Matrul Rinpoche und Tsitrul Rinpoche recht gut. Wir verehrten sie und sie waren sehr freundlich und segneten uns.

Es war bekannt, dass unsere Familie achtbar und seit Generationen rein tibetischen Ursprungs war, sodass ich viele Heiratsanträge bekam. In unserer Region führten die älteren Familienmitglieder die ersten Gespräche über eine mögliche Ehe zwischen ihren Söhnen und Töchtern, wenn die Kinder ungefähr acht oder neun Jahre alt waren. Ich wollte nie heiraten. Als ich etwa dreizehn war und von diesen Anträgen erfuhr, betete ich, dass mir die Ehe erspart bliebe. Vor unserem Haus war eine weite Ebene und ich ging oft dorthin, um mich in allen vier Himmelsrichtungen niederzuwerfen, mit einer zusätzlichen Niederwerfung für den Mittelpunkt des Universums, und die fünf Buddhas anzuflehen, nie verheiratet zu werden.

Als ich siebzehn war, starb meine Mutter und ich erfuhr, dass eine meiner Cousinen, die Nonne war, gemeinsam mit einer Freundin zum Berg Kailash pilgern wollte. Als ich von dem Vorhaben hörte, beschloss ich, mich ihnen anzuschließen. Mein Vater hielt sich geschäftlich in Lhasa auf und mein ältester Bruder war unterwegs, um Handel zu treiben. Ich packte eine Decke, ein paar Ersatzstiefel und ein paar persönliche Dinge zusammen, die ich, zu einem Bündel geschnürt, auf dem Rücken trug, doch zu meiner Enttäuschung waren die beiden Nonnen bereits aufgebrochen, heimlich, ohne mir Bescheid zu sagen. Ich war entschlossen, sie einzuholen und die Pilgerreise mit ihnen gemeinsam zu unternehmen.

In der Nacht vor dem Aufbruch hatte ich einen Traum. Ich befand mich auf dem höchsten Punkt des Glücksbringerhügels, der in unmittelbarer Nähe meines Zuhauses lag, wo wir Rauchopfer darbrachten und Glück verheißende Gebetsfahnen aufzogen. Vom Gipfel der Anhöhe aus erblickte ich einen großen blauen See mit einem majestätischen, schneeverhüllten Berg und jemand sagte mir, dass es sich dabei um den heiligen Berg Kailash und den heiligen See Mipham oder Manasarovar handelte. Plötzlich wachte ich tränenüberströmt auf und wünschte mir nichts mehr, als meine Cousine und ihre Freundin auf ihrer Pilgerreise zu begleiten. Ich dachte, ich könnte sie noch einholen, wenn ich mich beeilte. Ich beschloss, gleich am Morgen aufzubrechen. Doch bestürzt musste ich feststellen, dass es in der Nacht heftige Schneefälle in unserer Region gegeben hatte, die sieben volle Tage andauerten. Zu meiner großen Überraschung kehrten meine Cousine und ihre Freundin zurück. Auch mein Bruder und mein Vater sahen sich zur Umkehr gezwungen, denn der Winter hielt Einzug und wir waren mehrere Monate ans Haus gefesselt.

Gegen Ende des Frühlings unternahmen meine Cousine und ihre Freundin den zweiten Versuch, die geplante Pilgerreise in die Tat umzusetzen. Mein Wunsch, sie zum Berg Kailash zu begleiten, wuchs. Mein Bruder Nyima, der mir sehr nahe stand, meinte: »Eine Pilgerreise ist nicht einfach. Vielleicht gehen euch Tsampa und andere Vorräte aus. Ihr könntet auf Banditen treffen, die euch auflauern und ausrauben wollen, und deine Füße werden wund sein von der langen Wegstrecke, die vor euch liegt; außerdem müsst ihr durch große Flüsse waten, deren Strömung euch mitreißen könnte. Die beiden älteren Nonnen sind an solche Pilgerreisen gewöhnt, doch du bist jung und außerstande, die Schwierigkeiten zu bewältigen, denen ihr euch unterwegs gegenübersehen werdet.« Ich weigerte mich, seinen Warnungen

Gehör zu schenken, und redete drei Tage lang kein Wort mit meinem Bruder.

Ich schnürte mein Bündel – mitsamt meinem kostbarsten Gut, der Halskette aus Korallen und Türkisen – und beschloss, mich gemeinsam mit den beiden älteren Nonnen auf den Weg zu machen. Meine Tante und meine Schwägerinnen flehten mich an zu bleiben, doch niemand hätte mich aufhalten können und am Ende bekam ich meinen Willen. Ich war achtzehn Jahre alt und ebenso hartnäckig wie unerschrocken.

Mein Vater gab uns das Geleit, über eine weite Strecke. Ich bat ihn, alle meine Kleider an Bedürftige zu verschenken, da ich Nonne werden wollte. Als es an der Zeit für ihn war, Abschied zu nehmen und den Rückweg anzutreten, weinten wir beide. Ich war von meinem Vater und den älteren Familienmitgliedern ungeheuer verwöhnt worden. Die Trennung von meinem Vater stimmte mich traurig, aber nichts konnte mich bewegen, mit ihm nach Hause zurückzukehren.

Die Pilgerreise war in der Tat kein leichtes Unterfangen. Die Freundin meiner Cousine war dreiundsechzig Jahre alt. Ich war achtzehn, jung und stark, und trug auch ihr Bündel. Die Last war schwer, doch sobald sie sich auf meinem Rücken befand und ich mich in Bewegung setzte, kam sie mir leichter vor. Als Jüngste holte ich Wasser, bereitete den Tee zu und bediente die beiden älteren Nonnen. Als sich unsere Wegzehrung aus Dörrfleisch, Käse und Butter dem Ende zuneigte und nur noch ein Löffel Tsampa im Beutel war, holten die beiden älteren Nonnen ihre Handtrommeln heraus und verrichteten im Auftrag der Leute in den Nomadenzelten und Dörfern, die wir passierten, das Choe-Gebet; als Gegenleistung erhielten wir Speise und Trank. Es war mir peinlich, um Nahrung zu betteln, und ich lief davon oder tat, als gehörte ich nicht zu ihnen.

Zu Beginn der Pilgerreise kreisten meine Gedanken ständig um meine Familie und ich vermisste meinen Vater. Am Morgen des Aufbruchs hatten mich meine Schwägerinnen mit Tränen in den Augen umarmt; mein Vater hatte beim Abschied ebenfalls geweint und da meine Mutter vor nicht allzu langer Zeit gestorben war, hatte ich Schuldgefühle, meinen Vater so kurz nach ihrem Tod allein zu lassen. Doch der Gedanke, den heiligen Berg Kailash mit eigenen Augen zu sehen, stimmte mich froh und verlieh mir den Mut, die Pilgerreise fortzusetzen.

Wir trugen unsere wenigen Habseligkeiten in einem Bündel auf dem Rücken; manchmal mussten wir durch Flüsse mit starker Strömung waten und oft kamen wir durch Landstriche, die so entlegen waren, dass wir beinahe fünfzehn Tage lang keinem einzigen Menschen begegneten. Wir drei Frauen waren ganz auf uns allein gestellt. Manchmal trafen wir auf andere Pilger und schlossen uns ihnen an. Wir waren annähernd ein Jahr und sechs Monate unterwegs, bevor wir den Berg Kailash erreichten. Es war eine beschwerliche Reise, doch der unerschütterliche Glaube an die Drei Juwelen, den Buddha, die Lehren und die Gemeinschaft, geleiteten uns, sodass wir wohlbehalten ans Ziel gelangten. Wir waren nie ohne Nahrung noch mussten wir es mit wilden Tieren oder Wegelagerern aufnehmen, obwohl wir zwei Tage lang von einer kleinen Räuberbande verfolgt wurden, bevor wir auf einige Maultiertreiber stießen, die mit ihren Tieren unterwegs waren und uns Schutz gewährten.

Hin und wieder sahen wir wilde Yaks und Esel. Wenn wir Yakdung, trockenes Gestrüpp und Wasser in der Nähe fanden, entfachten wir ein kleines Feuer, bereiteten Tee zu, aßen Tsampa und rasteten eine Weile. Diese Ruhezeiten waren die schönsten in meinem Leben.

In einem Dorf in Westtibet begegneten wir einer anderen

kleinen Pilgerschar, die vom Berg Kailash zurückkehrte. Zu ihnen gehörte ein Lama, der uns nahelegte, nicht allein weiterzugehen, sondern uns einer größeren Gruppe anzuschließen, weil einige Pilger von Räuberbanden überfallen worden waren, die ihnen alles abgenommen hatten, was sie besaßen, und ein Mitglied der Gruppe sogar getötet hatten. Wir hätten möglicherweise Monate warten müssen, deshalb beschlossen wir, unseren Weg fortzusetzen, ungeachtet der Gefahren. Das Vertrauen zu unseren Lamas und *Yidams* war unerschütterlich und wir erreichten unbeschadet den Berg Kailash.

Der Anblick war zutiefst bewegend. Der Schneeberg war so hoch, dass es schien, als berührte der Gipfel den Himmel. Vier Klöster befanden sich auf dem Berg, in allen vier Himmelsrichtungen erbaut. Dort gab es keine Wegelagerer, nur eine Vielzahl kleiner und großer Zelte, weithin verstreut. Die Leute, die hier ihr Lager aufschlugen, waren Pilger oder hatten sich an diese heilige Stätte zurückgezogen, um zu beten und zu meditieren; alle waren in irgendeine spirituelle Verrichtung vertieft. Es war ein friedvolles, beschauliches Bild. Der Manasarovar See lag nicht so nahe am heiligen Berg wie ich erwartet hatte, es war sogar ziemlich weit bis dorthin.

Ein Stück entfernt vom Berg Kailash, auf einem hohen Felsenhügel in der Nähe eines schmalen Flusses mit klarem, sauberem Wasser, lag ein kleines Kloster, das von einem Lama bewohnt wurde. Sein Name lautete Yiga Rinpoche und er war eine wahrhaftige Emanation des Guru *Padmasambhava*. Das Kloster war angefüllt mit heiligen Bildnissen und den Schülern des Rinpoche. Er hatte so viele Schüler, dass etliche sogar in Zelten leben mussten, rings um das Kloster verstreut. Einige dieser Notunterkünfte waren so klein, dass nur eine Person Platz darin fand. Der Rinpoche gab bisweilen religiöse Belehrungen, aber den Rest der Zeit verbrachten die Schüler in ihren Zellen oder Zelten, wo sie meditierten, die heiligen Schriften lasen, beteten oder anderen religiösen Verrichtungen nachgingen.

Ich machte mich auf den Weg zu Yiga Rinpoche, um seinen Segen zu empfangen. Es war ein Glück verheißender Tag und er erwies sich als ein ganz besonderer Lama. Er erteilte mir seinen Segen und ich bekam *Tsok* und andere Speisen zu essen. Wir blieben mehrere Tage. Jeden Tag fanden Tsok-Rituale statt. Es gab Mönche, die dem Kloster dienten: Sie breiteten eine große Matte aus gegerbter Tierhaut auf dem Boden aus, auf der die Schüler Tsampa, Butter, Käse, Droma und braune Zuckerklumpen als Opfergabe häuften. Wasser aus dem glitzernden klaren Fluss wurde in eine Mulde gegossen, die Mischung durchgeknetet und zu einem Tsok oder Kuchen geformt. Dieser Tsok wurde jeden Tag nach den Gebeten und der Weihe der Opfergabe an alle verteilt. Das Essen reichte für alle und war genauso gehaltvoll wie eine volle Mahlzeit.

Sobald die Sonne unterging, hallten das tiefe Dong-Dong der Handtrommeln und der schrille Klang der aus Hüftknochen gefertigten Trompeten in der Umgebung wider. Alle verrichteten die Choe-Gebete. Es müssen mehr als hundert Gläubige gewesen sein, die sich an der Rezitation dieses Mantras beteiligten. Es bietet den hungrigen Geistern Teile des Körpers an und bezeugt ihnen ihr Mitgefühl. Es war ein beeindruckendes Ritual.

Bald darauf war es für uns an der Zeit, die Pilgerreise zu beenden. Der Rückweg war lang und meine Gedanken waren von Erinnerungen an zu Hause erfüllt. Ich war voller Vorfreude, vor allem wegen des Wiedersehens mit meinem Vater. Dass meine Mutter tot war und mich nicht mehr zu Hause erwartete, stimmte mich traurig, doch in Gedanken sah ich sie vor mir. Ich hatte große Angst, mein Vater könnte in der Zwischenzeit ebenfalls verstorben sein. Alle möglichen Gedanken gingen mir durch den Kopf und die Sehnsucht nach zu Hause wuchs. Während der Pilgerreise hatten wir keinerlei Nachricht von unseren Angehörigen. Ein postalisches System gab es bei uns nicht.

Bei unserer Ankunft rannte uns der Hund entgegen, um uns zu begrüßen. Als die Familie ihn bellen hörte und uns erspähte, kamen alle aus den Zelten und dem Haus gelaufen und hießen uns willkommen. Vater war nicht darunter und mein Herz wurde schwer, doch ich erfuhr, dass er nur nach Westtibet geritten war, um Pferde zu verkaufen. Als er bald darauf nach Hause kam, war ich überglücklich, ihn wiederzusehen.

Nach meiner Rückkehr wurde ich Nonne. Ich suchte Lhaka Rinpoche auf, der nicht weit entfernt lebte und mein Gelübde abnahm. Danach hatte ich das Gefühl, als wäre ich einem Kerker entronnen. Ich habe die Entscheidung nie bereut. Ich verzichtete darauf, in ein Nonnenkloster einzutreten. Ich hätte in das Kloster gehen können, in dem sich bereits meine Schwester befand, doch die Spenden, die damit verbunden gewesen wären, wären für meinen Vater eine Bürde gewesen und hielten mich davon ab. Ich beschloss, eine kleine Retreat-Hütte zu bauen und mich dort Gebet und Meditation zu widmen. Meine Einsiedelei war mehrere Tagesreisen vom Haus meines Vaters entfernt und ich lebte dort mit einer Cousine, die ebenfalls Nonne war. In der näheren Umgebung gab es keine anderen menschlichen Ansiedlungen, wir waren ganz allein. Ich liebte die Einsamkeit.

Die Entscheidung, die Retreat-Hütte an dieser Stelle zu errichten, fiel, als ich meinen Vater zu seinem spirituellen Lehrer Potrul Rinpoche begleitete. Unterwegs, ein paar Meilen von zu Hause und vom Kloster des Rinpoche entfernt, legten wir an einem herrlichen, einsamen Fleckchen Erde eine

Rast ein und mein Vater meinte: »Das wäre ein wunderbarer Ort, um ein Nonnenkloster zu bauen!« Als ich die Worte hörte, wusste ich, hier wollte ich als Einsiedlerin leben und meine Retreat-Hütte errichten.

Die vorbereitenden Unterweisungen erhielt ich von Yiga Potrul Rinpoche und ich verrichtete die erforderlichen Rituale: Ich vollzog hunderttausend Niederwerfungen, rezitierte hunderttausendmal die Zuflucht zu den Drei Juwelen, brachte hunderttausend Mandala-Opfer dar, rezitierte hunderttausendmal die Vajrasattva-Mantras und hunderttausendmal die fünfzig Verse des indischen Meisters Ashvagosha über die Guru-Verehrung, die Segen bringen und uns befähigen, Erleuchtung zu erlangen. Mein Vater hatte drei Jahre und drei Monate im Retreat unter der Anleitung von Yiga Potrul Rinpoche verbracht. Und auch mein Onkel hatte diesem Lehrer gelobt, ein Leben lang das *Avalokiteshvara*-Mantra zu rezitieren. Ich fasste großes Vertrauen zu diesem Lama.

Um die Fähigkeit des Bodhichitta oder Mitgefühls zu vervollkommnen, brauchte ich die Belehrungen dieses Lehrers, der in einiger Entfernung von meiner Einsiedelei in einer Höhle unweit einer Begräbnisstätte zu meditieren pflegte. Meine Gefährtin musste nach Hause, weil ihre Mutter erkrankt war; also machte ich mich morgens allein auf den Weg und kehrte erst am Abend zurück. Oft glaubte ich, die Geister zu hören, die rastlos umherwanderten, und wenn ich auf dem Heimweg an der Begräbnisstätte vorüberkam, hatte ich große Angst.

Eines Abends hörte ich einen Wolf heulen und spürte, wie mich ein warmer Hauch streifte. Ich erschrak zutiefst und legte den Rest des Weges im Laufschritt zurück. Es war eine unbeschreibliche Erleichterung, wieder in meiner Hütte zu sein und die Tür verriegeln zu können. Sobald ich in Sicherheit war, betete ich und machte Guru-Yoga-Übungen. Am nächsten Tag bat ich den Lama, mich früher gehen zu lassen, und berichtete ihm von meinem Erlebnis am Abend zuvor. Er lachte und sagte: »Du fürchtest dich vor Geistern? Geister richten keinen Schaden an, wenn du sie in Ruhe lässt. Du solltest Mitgefühl mit ihnen haben. Die Angst vor ihnen ist allein auf deine Gedanken zurückzuführen. Wenn du sie in Ruhe lässt und ihnen kein Leid zufügst, werden sie auch dir kein Leid zufügen.«

Eines Tages erfuhr ich, dass einer der Söhne meines Bruders als reinkarnierter Lama aus der Drikung-Kagyü-Linie, als Changlochen Rinpoche erkannt worden war. Das war ein freudiges Ereignis und eine große Ehre für unsere Familie. Der Junge war ungefähr fünf Jahre alt, als er mit großem Geleit abgeholt und zu seinem Stammkloster in Drikung gebracht wurde.

Ein Jahr später besuchte er seine Familie in Begleitung seines Kämmerers, seines persönlichen Bediensteten und mehrerer anderer Mönche. Zu diesem Zeitpunkt hielt ich mich ebenfalls zu Hause auf. Er brachte viele Geschenke mit und blieb einen Monat bei uns. Vor seiner Rückkehr in das Drikung-Kloster wurde beschlossen, dass ich ihn begleiten und in meine Obhut nehmen sollte. Ich war sehr glücklich, bei meinem Neffen leben und mich in seinem Kloster um ihn kümmern zu dürfen.

Der Rinpoche war ein liebenswerter, fürsorglicher Junge. Als wir uns auf den Weg machten, lag Schnee und wir ritten auf Pferden oder Maultieren. Er trug einen gelben, flachen Hut mit breiter Krempe und wirkte verloren auf seinem großen Pferd. Immer wieder drehte er sich nach mir um, um sich zu vergewissern, dass alles in Ordnung war. Er ermahnte mich stillzusitzen, um nicht abgeworfen zu werden. Sein Diener bat ihn, sich nicht ständig umzudrehen, sonst bestünde die Gefahr, dass er selbst vom Pferd fiele! Nach wenigen Tagesreisen erreichten wir heil das Drikung-Kloster.

Ich lebte ungefähr drei Jahre in seinem Labrang, der offiziellen Residenz des Rinpoche. Er war noch ein kleiner Junge und brauchte jemanden aus der Familie, der sich um ihn kümmerte. Er litt unter Appetitlosigkeit und seine Bediensteten und ich machten uns Sorgen, weil er so wenig aß. Oft verknetete ich Tsampa mit Butter und Käse und fütterte ihn mit den nahrhaften Teigbällchen; dazu gab es heißen Buttertee. Nach langem Zureden nahm Rinpoche ein paar Bissen zu sich. Manchmal gab es getrocknete, gesalzene Fleischstückchen mit Tsampa und Tee.

Ich besaß eine getrocknete Yakhaut, zu einer großen Schale geformt, in der die Tsampareste von Rinpoches Mahlzeiten gesammelt wurden. Sie füllte sich ziemlich schnell, da der Rinpoche nur wenig zu sich nahm. War die Schale voll, brachte ich sie zu den Bauern, die sich freuten, einen Anteil von dieser gesegneten Mahlzeit zu erhalten.

Am Abend aßen wir Mehl- oder Tsampasuppe und gekochtes Fleisch. Zum Abschluss des einfachen Mahls gab es eine Schale Sauermilch. Die Milch war so gut, dass die Sauermilch dick, cremig und genauso köstlich war wie bei uns zu Hause. Im Labrang herrschte kein Mangel an Sauermilch und Buttermilch.

Zu meinen Pflichten gehörte es, mich um den kleinen Jungen zu kümmern und den Lagerraum zu beaufsichtigen, sodass es anfangs immer irgendetwas zu tun gab. Doch der Rinpoche wuchs schnell heran, musste viel lernen und war nicht auf meine Aufmerksamkeit und Fürsorge angewiesen. Er hatte genügend Bedienstete, die sich seiner annahmen. Außerdem wurde mir klar, dass ich mehr Zeit für meine religiösen Bedürfnisse brauchte, und so verließ ich seine Residenz und bezog eine kleine Retreat-Hütte in der Nähe, nicht weit von einem Nonnenkloster entfernt. Meine Cousine Ani zog wieder zu mir. Sie war immer eine wunderbare Gefährtin und Helferin. Von den Ländereien meines Neffen erhielten wir Fleisch, Butter, Tsampa, Salz, Tee und Brennholz. Meine Hütte war bequem, mit Matratzen, Teppichen und einem Tisch ausgestattet, die mein Neffe geschickt hatte. Jeden Sommer besuchte ich meine Familie in der Changthang.

In der Hütte gab es zwei Räume. Ich hatte einen Raum für mich allein und in dem zweiten, der uns auch als Küche diente, war Ani untergebracht; sie kochte für uns beide. Wir hatten die gleichen Einweihungen und Übertragungen erhalten, deshalb begaben wir uns auch gemeinsam in Retreats und auf Pilgerreisen. Manchmal unterwies ich sie, doch sie war meine einzige Schülerin.

In Drikung gab es auch einige Nonnenklöster. Wir hatten eine wunderbare Yogini namens Drikung Khando-ma, die als Manifestation von Khando Yeshi Tsogyal galt, der Gefährtin von Guru Padmasambhava. Sie war Nonne und da sie ihr ganzes Leben im Retreat verbrachte, hatte sie langes Haar. Sie bewohnte ebenfalls eine Hütte, nicht weit von meiner entfernt, und ich verbrachte viel Zeit mit ihr. Sie war zu diesem Zeitpunkt bereits ziemlich betagt und wenn jemand sie nach ihrem Alter fragte, erwiderte sie stets, sie sei achtundachtzig, und dabei blieb sie einige Jahre. Wir beide begaben uns in ein langes Retreat, bei dem wir das Mantra des Guru Rinpoche rezitierten, und ich nahm gemeinsam mit ihr und einigen anderen Nonnen an Nyungnye-Fastenzeremonien teil. Sie war ein ganz besonderer Mensch und hoch angesehen bei den Bewohnern der Region.

Ich lebte dreiundzwanzig Jahre in dieser Einsiedelei und verbrachte hier auch mein drei Jahre, drei Monate und drei Tage währendes Retreat. Meine Cousine Ani war mir eine gute Gefährtin und eine große Hilfe. Während dieser Zeit begaben wir uns zu Fuß auf viele Pilgerreisen und mit Ausnahme von Tsari in Südtibet besuchte ich alle namhaften heiligen Pilgerstätten in Tibet. Ich umrundete die Klöster Reting, Drikung und Taklung mit Niederwerfungen und zweimal auf gleiche Weise den Lingkor, den heiligen Pfad rund um die Altstadt von Lhasa, um meinen Geist zu reinigen und religiöse Verdienste zu erwerben. Ich besuchte auch die heilige Stadt Samye, die ich zweimal mit Niederwerfungen umrundete.

Wenn ich das alljährliche Sommer-Retreat und andere religiöse Praktiken beendet hatte, kam mein Bruder und holte mich heim. Es war schön, wieder zu Hause und bei meiner Familie zu sein. Alle waren nett zu mir. Man setzte mir eine Menge zu essen vor, viel zu viel, genauer gesagt. Vor dem erste Schneefall kehrten meine Cousine und ich in unsere Retreat-Hütte zurück, beladen mit Tsampa und anderen Lebensmitteln und Brennmaterial für den Winter. Unsere Vorräte wurden auf Yaks geladen und, begleitet von zwei Brüdern, brachen wir wieder in unsere Einsiedelei auf, wo wir die Wintermonate in Gebet und Meditation verbrachten.

Aus dem Haus meines Vaters trafen regelmäßig Käse, Butter und Fleisch ein und wir hatten immer reichlich zu essen. Eines Tages kamen ein alter Mönch und eine sehr junge Nonne mit einem lahmen Arm an meiner Hütte vorbei. Ich setzte ihnen Tsampa, Butter und Fleisch vor und sie stürzten sich auf das einfache Mahl. Sie schienen völlig ausgehungert zu sein. Vermutlich hatten sie seit Tagen keinen Bissen mehr zu sich genommen. Sie waren sehr dankbar für die Verköstigung und erwähnten, dass sie noch nie im Leben so viel gegessen hatten. Sie blieben mehrere Tage und Ani und ich bewirteten sie jeden Tag.

Ich erhielt Unterweisungen von verschiedenen Lamas aus den Klöstern Taklung, Drikung und Reting. Mein erster Lehrer war der Guru meines Vaters, Yiga Potrul Rinpoche, ein *Ngagpa*. Dieser wundervolle Lama erteilte mir meine Einweihungen. Lama Karma Jinpa Thargye aus dem Changchubling-Kloster in Drikung war mein Wurzelguru. Er sagte: »Ich habe sieben Jahre auf Pilgerreisen verbracht. Ich hätte die Gelegenheit gehabt, einem großen Kloster als Schatzmeister zu dienen, doch als ich in diese Region kam, beschloss ich, dieses kleine Kloster zu errichten.« Er hatte Seine Heiligkeit den Dalai Lama um Rat ersucht, ob dieser Ort für die Gründung eines Klosters günstig sei. Seine Heiligkeit hatte ihm eine Nachricht geschickt und bejaht. Außerdem hatte er den Namen Thuksam Changchubling für das Kloster vorgeschlagen.

Bei meinem Lehrer wohnten einige Mönche, aber es war kein großes Kloster. Es gab keine Kagyur-Texte mit Buddhas Lehren, aber eine vollständige Ausgabe der Thengyur-Texte, Kommentare zu den Lehren Buddhas. In einer geräumigen Halle befand sich ein riesiges Bildnis von *Chenrezi* – der tibetischen Form des Avalokiteshvara, Bodhisattva des unendlichen Mitgefühls und der Barmherzigkeit – mit tausend Armen und tausend Augen. Die Bewohner der umliegenden Dörfer und Nomadenlager kamen zum Sommer-Retreat, Nyungney, mit Fasten und Niederwerfungen, oder am zehnten Tag gleich welchen Monats hierher, wenn die Tsok-Opferrituale stattfanden. Wenn der Rinpoche nicht anwesend war, wurde er von einer alten buckeligen Nonne vertreten. Sie hielt das Anwesen in Ordnung und bot jeden Tag Opfergaben auf dem Altar dar.

Hier nahm ich an vielen Nyungney-Fastenzeremonien teil. Wir standen vor Morgengrauen auf und legten das Gelöbnis des Tages ab. Dreimal am Tag nahmen wir am Ritual des Chenrezi mit den tausend Armen und tausend Augen teil, zweimal am Morgen und einmal am Abend. Zwischen diesen Gebetsphasen erfolgten Niederwerfungen vor Chenrezi. Während der Niederwerfungen rezitierten wir ein langes Gebet, insgesamt einundzwanzigmal. Am ersten Tag durften wir ein Morgen- und ein Mittagsmahl verzehren, danach wurde gefastet. Am nächsten Tag gab es keinerlei feste Nahrung und am dritten Tag waren wieder nur Morgen- und Mittagsmahl erlaubt. An acht Tagen durften wir einen halben Tag lang Nahrung zu uns nehmen, gefolgt von acht Tagen strengen Fastens. Es herrschte Schweigegebot und Fleisch war während der Nyungney-Fastenzeremonie verboten.

Zwischen den Retreats und den Nyungney-Fastenzeremonien pilgerte ich nach Samyey und Lhasa. Ich umrundete die heiligen Stätten mit Niederwerfungen. Meine wenigen Habseligkeiten trug ich auf dem Rücken und während der Niederwerfungen legte ich mein Bündel vor mir ab, an der Stelle, wo meine Fingerspitzen den Boden berührten. Jedes Jahr verbrachte ich acht Monate in Drikung und vier Monate bei meiner Familie. Während meines Aufenthalts im Kreis der Familie achtete ich darauf, meine Gebete und religiösen Übungen zu verrichten. Ich hatte das große Glück, die Rinchen Tyer Dzoe zu hören, die Sammlung Kostbarer Schätze, und beschloss, die Initiationsübungen zu machen, in deren Verlauf ich gelobte, zehn Millionen Vajra-Guru-Mantras zu rezitieren. Es war mir nicht möglich, die Vajra-Guru-Rezitationen in Tibet zu vollenden, deshalb vervollständigte ich sie in Indien. Ich rezitierte außerdem 1,3 Millionen Manjushri-Mantras und hunderttausend Tara-Mantras. Meine Familienangehörigen waren tiefgläubige Menschen und viele Lamas besuchten unser Haus. Wir brachten Butterlampen- und Tsok-Opfer dar und meine Eltern und Onkel rezitierten viele Mantras, sodass ich zu Hause gute Vorbilder und viel Freude an den religiösen Praktiken hatte.

Eines Tages beschloss ich, mich in einen »Dunkel-Retreat« zu begeben, Muntsam genannt. Ich suchte Lhatsun Rinpoche auf, mit der Bitte, während des Retreats mein spiritueller Führer zu sein. Die Hütte des Rinpoche war drei Tagesmärsche entfernt. Meine Cousine, die Nonne, und ich gingen die ganze Strecke zu Fuß. Doch zuvor war eine Initiation erforderlich, die Ermächtigung des Lehrers, die uns mit dieser besonderen Gottheit verband, und darüber hinaus galt es, einige Erläuterungen zu erhalten. Ich richtete dieses Retreat an Rinchen Therdzo aus, eine Nyingma-Belehrung, die ungefähr sechzig Kapitel mit Erläuterungen umfasst. Dann erhielten wir eine kleine stockfinstere Hütte zugewiesen, in der Nähe der Hütte, die der Rinpoche bewohnte.

Nach dem Betreten der Hütte wurde die Tür des kleinen zellenartigen Raumes mit Schlamm versiegelt und Ani und ich verharrten einen ganzen Monat in der Dunkelheit, ohne zu wissen, ob es Tag oder Nacht war. Nahrung wurde uns durch ein abgedunkeltes Fenster gereicht. Es gab ein Innen- und ein Außenfenster, zwischen denen sich eine Ablage befand. Das Essen wurde auf die Ablage gestellt, nachdem das Außenfenster geöffnet worden war, und der Überbringer klopfte an das Innenfenster, um uns wissen zu lassen, dass unsere Mahlzeit bereitstand. Wir lauschten aufmerksam und achteten darauf, dass das Außenfenster geschlossen war, bevor wir das Innenfenster öffneten, nach der Nahrung tasteten und sie in der Dunkelheit verzehrten. Wir erhielten gekochtes Fleisch, gedünstete, mit gehacktem Fleisch gefüllte Teigtaschen, sogenannte Momo, Pfannkuchen mit gehacktem Fleisch, Sha-Bhalib genannt, und oft eine heiße Nudelsuppe. Die Morgenmahlzeit bestand aus Tsampa mit einem Klecks Butter und geriebenem Käse, dazu gab es heißen Buttertee. Wenn wir Tee aus dem Kessel einschenkten, schoben wir den Daumen in unsere Becher, sodass wir die Menge abmessen konnten und der Tee nicht überfloss. Wir waren angehalten, kräftig zuzulangen, und die Portionen waren reichlich bemessen; es hieß, wenn man nicht ausreichend aß und auf Fleisch verzichtete, würde das Windenergiesystem aus dem Gleichgewicht geraten, was Angstattacken, innere Unruhe und einen Nervenzusammenbruch zur Folge haben könne.

Als wir die Retreat-Hütte nach einem Monat verließen, war unsere Haut fahl und bleich. Natürlich konnten wir nicht sofort nach draußen gehen. Ein kleines Loch wurde in die Wand gebohrt, damit gedämpftes Licht in den Raum drang. Jeden Tag wurde das Loch vergrößert, sodass wir uns langsam an das Sonnenlicht gewöhnten. Im Anschluss an den Dunkel-Retreat wurden Ani und ich aufgefordert, an einer Feueropfer-Zeremonie teilzunehmen. Wir wurden auf hohe Matratzen gesetzt, in die Zeremonialgewänder der Gottheit gekleidet; wir waren beide befangen, weil Mönche gekommen waren, um uns bei der Feuerzeremonie zu helfen. Unmittelbar nach der Zeremonie lud uns unser Lehrer ein, gemeinsam mit ihm und seinem Diener rund um den heiligen Berg in der Nähe zu pilgern.

Wir machten uns zu Fuß auf den Weg und als wir eine riesige Ebene am Fuß des Berges erreichten, ballten sich dunkle Wolken zusammen und in der Ferne war ein Donnergrollen zu vernehmen. Allem Anschein nach zog ein schlimmes Unwetter herauf. Ich war verzagt und sagte zu meinem Lehrer: »Jetzt kannst du uns zeigen, wie groß deine Macht ist; vertreibe den Sturm, bevor er uns heimsucht und daran hindert, an unser Ziel zu gelangen.« Der Rinpoche legte uns nahe, das Guru-Rinpoche-Gebet zu rezitieren, um die Elemente zu beschwichtigen, und an Ort und Stelle zu warten. Dann stieg er mit seinem Diener den Berg hinauf, um zu beten. Nach einigen Minuten kam ein kräftiger Wind auf und die dunklen Wolken verschwanden. Sie sahen aus wie Schals, die in den Himmel hinaufgezogen wurden. Damit war die Macht des Gebetes erwiesen und das Vertrauen in meinen Lehrer wuchs beträchtlich. Nun erklommen auch wir den Berg und gesellten uns wieder zu ihm.

Beim Aufstieg gelangten wir an eine Stelle des Berges, an der das Gestein aus Kristall bestand und herrlich glänzte. Wir stiegen höher und höher hinauf; dann bat uns unser Lehrer, zu rasten und Tee zuzubereiten, während er die Retreat-Hütte eines der reichsten Nomaden in der Region aufsuchte, der sein Familienleben aufgeben und sich in diesen entlegenen Winkel zurückgezogen hatte, um das *Dharma* zu praktizieren. Als unser Lehrer unseren Blicken entschwunden war und meine Gefährtin und ich Zweige, trockene Blätter und Geäst von den Sträuchern sammelten, um ein Feuer zu entzünden, merkten wir, dass der Himmel die Farben des Regenbogens anzunehmen begann. Die Wolken wirbelten dahin, als mit einem Mal das Bildnis des Guru Padmasambhava am Himmel erschien. Ich erschrak und war zugleich voller Freude. Es war keine gewöhnliche Freude, kein Hochgefühl, wie man es bisweilen im Alltag erlebt, sondern ein Zustand tief empfundener Glückseligkeit. Ich war sprachlos, fühlte mich der Welt entrückt. Langsam färbte sich der Himmel grün und Jetsun Dolma, die Göttin Tara, erschien. Sie lächelte Ani und mir zu und streckte die Hand aus, um uns zu segnen.

Die Erscheinung war so real, dass ich gar nicht auf den Gedanken kam, sie infrage zu stellen. Ich nahm die Gegenwart von Guru Rinpoche und Jetsun Dolma mit allen Sinnen wahr. Ich fragte Ani, ob sie Guru Rinpoche und Jetsun Dolma ebenfalls sehe, und sie bejahte. Als Jetsun Dolma uns verließ, kamen unser Lehrer und sein Diener lächelnd den Pfad herunter. Wir kochten Tee und begaben uns gemächlich auf den Rückweg. Nach einer solchen Vision war schweigen geboten und wir warteten, bis wir unser Nachtlager erreichten, bevor wir unserem Lehrer von unserer Erfahrung berichteten, als dieser allein war. Er meinte, das sei ein gutes Omen. Es bestünde ein Zusammenhang zwischen unserem Glauben, der Erscheinung und dem Segen des Gurus und wir wären vom Schicksal begünstigt.

Ich bin keine ordinierte Nonne, aber zutiefst gläubig und dem Dharma ergeben. Ich hatte zahllose Mantras rezitiert, Pilgerreisen zu heiligen Stätten unternommen, Abertausende von Niederwerfungen vor heiligen Bildnissen vollführt, hatte mich in Retreats begeben, mich in einem Zeitraum von fünf Monaten und ein paar Tagen zehnmal der Nyungnyi-Fastenzeremonie unterzogen und stets danach gestrebt, Gutes zu tun, um religiöse Verdienste zu erwerben. Die wundersame Begegnung mit Guru Rinpoche und Jetsun Dolma verdankte ich dem Segen der Buddhas. Ich fühlte mich vom Schicksal begünstigt.

Ani und ich kehrten in unsere Einsiedelei nach Drikung zurück und beschlossen, den Rest unserer Erdentage im Retreat zu verbringen. Doch unser Wunsch nach einem Leben in Abgeschiedenheit und Gebet sollte sich nicht erfüllen. Eines Tages erhielt ich eine Mitteilung von unserem Lehrer. Er schrieb: »Die Chinesen sind im Anmarsch und ich werde fortgehen, nach Indien. Ich setze euch von meiner Abreise in Kenntnis, damit unsere spirituelle Verbindung nicht unterbrochen wird. Denkt gründlich nach. Der Weg wird beschwerlich sein, genau wie das Leben, das in Indien auf euch wartet. Doch in Tibet wird das Leben fortan auch nicht leicht sein. Es steht euch daher frei, uns zu begleiten.« Es war eine schwierige Entscheidung.

Am Ende beschlossen wir, uns dem Rinpoche anzuschließen. In seiner Gruppe befanden sich mehr als hundert Nomaden. Sie hatten ihre Herden dabei, sodass die Frauen Dri und Dzo melken, Sauermilch, Käse und Butter herstellen konnten. Es gab auch viele Kinder und Alte, die der Hilfe bedurften. Die Männer bildeten die Vorhut, tauschten in den Dörfern und Städten Butter und Käse gegen Tee, Getreide und andere wichtige Dinge ein, die während der langen Reise gebraucht wurden. Wir achteten darauf, unser Lager in einer entlegenen Gegend aufzuschlagen, um den Chinesen aus dem Weg zu gehen. Wenn wir in die Nähe eines chinesischen Camps kamen, flohen wir in eine abgeschiedene Gegend, wo wir uns einige Monate aufhielten. Wir bemühten uns, keinen Verdacht zu erregen, dass wir das Land verlassen wollten. Ich war noch nie einem Chinesen begegnet und nicht erpicht darauf, das Versäumte jetzt nachzuholen. Wir benutzten menschenleere Pfade und brauchten fast zwei Jahre bis zur indischen Grenze.

Wir erreichten Kyirong in Westtibet. Nach Überqueren der Grenze gelangten wir in ein kleines nepalesisches Dorf, das wohlhabend und einladend wirkte. Ani und ich ruhten noch ein paar Tage aus, während der Rest der Gruppe weiterzog. Eines Tages bat uns das Dorfoberhaupt inständig zu bleiben. Er versprach, eine Retreat-Hütte für uns zu errichten und für unseren Lebensunterhalt zu sorgen, und als Gegenleistung sollten wir Gebete für die Dorfbewohner verrichten. Wir hatten indes den dringenden Wunsch, Seiner Heiligkeit dem Dalai Lama von Angesicht zu Angesicht zu begegnen und verschiedene heilige buddhistische Stätten in Indien zu besuchen. Wir sicherten ihm zu, im Anschluss daran nach Nepal zurückzukehren, und ließen unsere wenigen Habseligkeiten im Dorf. Doch in Dharamsala angekommen, stellte sich heraus, dass uns die Rückkehr in dieses friedvolle, malerische Dorf in Nepal versagt war. Wir hatten weder Geld noch Reisegefährten, denen wir uns anschließen konnten, sondern mussten im Straßenbau arbeiten, um nicht zu verhungern.

Meine Gefährtin, die Nonne, wurde dabei krank und starb. Das war sehr traurig. Ich sann über die Vergänglichkeit nach. Schon bei unserer Geburt steht fest, dass wir sterben müssen, und das ist in den Schriften mit »Vergänglichkeit« gemeint. Ich erkrankte ebenfalls, meine Füße schwollen an und machten mir Beschwerden, doch ein Arzt vor Ort verabreichte mir mehrere Spritzen. Ich betete und überlebte; offenbar war mir bestimmt, mein jetziges hohes Alter zu erreichen.

In dieser Zeit traf ich Kunchok, den Sohn meines Bruders. Es war, als wäre er von den Drei Juwelen ausgesandt, um sich meiner anzunehmen. Wir waren im selben Haus aufgewachsen, bis ich nach Drikung in die Einsiedelei gegangen war. Nach Anis Tod wurde er mein treuer Gefährte. Wir begegneten uns in Dharamsala, wo sich der Sitz unserer Regierung – der tibetischen Exilregierung – befindet. Ich hatte mich zusammen mit anderen Angehörigen des Straßenbautrupps in einer kleinen Herberge in der Stadt einquartiert, als ich plötzlich eine Stimme hörte, die Kunchoks' glich. Es war Abend und ich hatte mich zum Schlafen auf den Boden gelegt; ich stand auf und im selben Moment kam Kunchok zur Tür herein. Wir umarmten uns, sprachlos. Dann unterhielten wir uns lange, berichteten von unseren Erfahrungen auf der Flucht nach Indien.

Kunchok hatte auch eine Zeit lang in Drikung gelebt und die Flucht nach Indien angetreten, als er hörte, dass mein Lehrer Latsun Rinpoche das Land verlassen hatte. Er wusste, dass ich mich seiner Reisegruppe angeschlossen hatte, bisher hatten sich unsere Wege jedoch nie gekreuzt. Kunchok war über Sikkim nach Indien gelangt. Seltsam, ich hatte zahlreiche Familienangehörige und Verwandte, doch meine Cousine Ani, Kunchok und ich waren die Einzigen, die nach Indien ins Exil gegangen waren, und nun waren nur noch wir beide übrig. Dazu kam, dass er in einer schwierigen Phase in mein Leben trat, als ich bittere Not litt und meine Cousine, die Nonne, vermisste. Seither hat Kunchok sich um mich gekümmert. Kein leiblicher Sohn könnte eine alte Frau wie mich liebevoller und fürsorglicher behandeln.

Von Dharamsala führte unser Weg nach Manali, wo Kunchok und ich unseren Lebensunterhalt im Straßenbau verdienen mussten. Die Arbeit war schwer. Wir hausten in alten zerschlissenen und durchlöcherten Zelten, die unzählige Male geflickt waren, und wenn der Monsun einsetzte, stand der ganze Lagerplatz unter Wasser. Unsere Zelte waren überschwemmt, die Schlafmatten durchweicht und die Essensvorräte verschimmelt oder von der Strömung weggespült. Große Bergratten taten sich an unserer mageren Kost gütlich, wenn wir etwas Essbares in unseren Zelten liegen ließen.

In Manali erhielt ich das Angebot, im Haus einer »indischen Khampa-Familie« zu wohnen. Die Familie stammte ursprünglich aus Tibet, wahrscheinlich aus Kham; sie trieb Handel in Indien, hatte sich durch Heirat mit den Bewohnern der indischen Grenzregionen vermischt und so den Namen »indische Khampa« erhalten. Die Familie hielt gerade nach einem Mönch oder einer Nonne Ausschau, die sich um den Gebetsraum kümmerte und Gebete für sie verrichtete. Ich nahm das Angebot an, während Kunchok weiterhin im Straßenbau arbeitete. Die Familie war wohlhabend und sehr freundlich. Sie sorgte dafür, dass es mir an nichts mangelte.

Bald darauf eröffnete die Engländerin Freda Bedi ein Nonnenkloster in Dalhousie, nicht weit von Dharamsala entfernt. Jede Nonne war dort willkommen und so verließ ich Manali. Ein Nonnenkloster war spirituell besser für mich als das Leben in einem Haushalt. Obwohl ich viele Gebete für die Familie in Manali verrichtete, hatte ich das Bedürfnis, meine religiöse Praxis in einer spirituellen Umgebung zu vertiefen.

In Dalhousie erhielt ich meinen neuen Namen »Ani Gomchen«, was Große Meditierende Nonne bedeutet! Freda Bedi, eine Engländerin, die einen Inder geheiratet hatte, war buddhistische Nonne geworden und hatte das Kloster gegründet. Von den tibetischen Nonnen wurde sie Amala Bedi genannt – Mutter Bedi. Ich lebte ungefähr drei Jahre dort.

Eines Tages kündigte Amala an, dass ihr Guru, Seine Heiligkeit Gyalwa Karmapa, dem Kloster einen Besuch abstatten würde. Wir waren aufgeregt, als wir erfuhren, dass ein so hoher Lama zu uns kommen wollte. Wir brachten das Kloster auf Hochglanz, bereiteten Tee und besondere tibetische Leckereien zu; der Rinpoche beehrte uns nicht nur mit seinem Besuch, sondern gab uns auch eine religiöse Unterweisung.

Danach bat Amala einige Nonnen in ihre Privaträume und wollte wissen, was sie bei dieser Unterweisung gelernt hatten. Der Besuch von Karmapa Rinpoche war so aufregend gewesen, dass sie kein einziges Wort behalten hatten. Ich war eine der befragten Nonnen und konnte mich an alles erinnern. Amala war dermaßen beeindruckt, dass sie eine Versammlung sämtlicher Nonnen einberief und erklärte, mein Name laute fortan nicht mehr Kunchok Dolma, sondern Ani Gomchen. Abgesehen von der Änderung meines Namens befreite sie mich von der täglichen Arbeit für die Gemeinschaft und gestattete mir, in meiner Zelle zu bleiben und mich ausschließlich den heiligen Schriften oder dem Gebet zu widmen.

Bald darauf zogen wir von unserer Unterkunft auf dem Hügel in Dalhousie nach Trilokpur um, in ein kleines Dorf unweit von Dharamsala. Der Ort war eine heilige buddhistische Stätte, weil der große Yogi Tilopa in einer der Höhlen unterhalb unseres Nonnenklosters, das sich auf einem hohen

Berg befand, gelebt haben soll. Wir hatten einen herrlichen Ausblick auf den Kangra Fluss, der sich wie eine lange Schlange durch das Tal wand. Es war ein Ort der Stille und Abgeschiedenheit, hervorragend geeignet, um ein spirituelles Leben zu führen, zu meditieren und sich in Gebete und religiöse Praxis zu versenken. Es war ein idealer Ort für ein Nonnenkloster.

Mein neuer Name trug mir große Achtung bei der Mehrzahl der Nonnen ein, weckte jedoch auch Neid. Es ist schwer, den Geist von Neid, Eifersucht und Hass zu befreien und diese Kräfte in Liebe, Mitgefühl und den Dienst an anderen umzuwandeln. Es ist schwer, solche Schwächen zu überwinden. Mein Wunsch nach einem Leben in Abgeschiedenheit, um zu beten und das Dharma zu praktizieren, war groß und wuchs noch, als ich merkte, dass ich die Ursache der Schwierigkeiten war, mit denen einige Nonnen zu kämpfen hatten. Andrerseits hatte ich Angst, das Nonnenkloster zu verlassen, weil ich nicht wusste, wie ich meinen Lebensunterhalt bestreiten sollte. Abermals musste ich eine schwierige Entscheidung treffen.

Ein weiteres großes Ereignis war der Besuch Seiner Heiligkeit des Dalai Lama, der eingeladen wurde, um unser Nonnenkloster zu segnen. Es war einer der beglückendsten Augenblicke in meinem Leben. Seine Heiligkeit erteilte eine Unterweisung und segnete uns. Danach nahmen wir draußen vor dem Kloster Aufstellung, während er einige Zellen besichtigte. Jemand kam zu mir und bat mich, in meine Zelle mitzukommen; Seine Heiligkeit wollte die Nonne kennenlernen, die sie bewohnte. Ich war glücklich und sehr nervös, als ich den Raum betrat. Seine Heiligkeit erkundigte sich, welche Gebete ich verrichtete, dann nahm er mein Gebetbuch und las einen Abschnitt daraus vor.

Nach dem Besuch Seiner Heiligkeit in unserem Kloster in

Tilokpur beschloss ich, nach Dharamsala umzusiedeln und mich ganz meinen religiösen Übungen zu widmen. Ich bezog eine kleine Hütte in McLeod Ganj. Jeden Tag machte ich meinen Rundgang um den Haupttempel und den Palast Seiner Heiligkeit und den Rest des Tages verbrachte ich in meiner kleinen Hütte mit Gebet und Meditation. Da ich Seiner Heiligkeit so nahe war, hatte ich das Gefühl, dass meine Übungen erfolgreicher waren, und dank freundlicher Nachbarn und der Spenden von Leuten, für die ich Gebete verrichtete, war für mich gesorgt.

Ich lernte Ani Gomchen in Dharamsala kennen. Sie bewohnte eine der Hütten des Ngungnyi-Tempels in McLeod Ganj. Der Tempel war ein alter, weitläufiger Flachbau britischen Ursprungs, umgeben von kleineren Behausungen aus Lehm, Holz, Ziegelsteinen und Zement mit Blech- oder Schindeldächern. Sie waren winzig und sahen aus, als wären sie von einem Wirbelsturm hierherverschlagen worden und klammerten sich, Zuflucht suchend, an den altersschwachen Bungalow. In einer dieser Hütten lebte Ani Gomchen seit annähernd zwanzig Jahren.

Ihre Behausung bestand aus einem Raum, der dunkel und armselig war. Er bot gerade genug Platz für ein niedriges Bett, einen kleinen Tisch und einen kleinen Altar am Kopfende ihres Nachtlagers. Man musste sich bücken, wenn man die Hütte betrat, und das einzige Licht im Raum stammte von einem kleinen Fenster unweit der Tür. Auf der Fensterbank lag eine schmale Holzplanke, die als Ablage für einen

Kerosinkocher, einen kleinen Aluminiumwasserkessel, einen kleinen Topf und ein paar Gläser und Schalen diente. Eine kleine Plastikflasche war mit tibetischem Buttertee gefüllt, von dem jeder Besucher angeboten bekam. Ihre Schlafdecke war fein säuberlich auf einer Seite des Bettes zusammengelegt und die anderen Habseligkeiten, die sie besaß, waren auf dem Altar ausgebreitet.

Auf dem Altar befanden sich ein Foto von Seiner Heiligkeit dem Dalai Lama, ein kleineres Foto des verstorbenen Dunchom Rinpoche, sieben Wasserschalen für Opferzeremonien, ein Mandala mit winzigen bunten Perlenschnüren und Kuchenopfer auf einem kleinen Stahlteller. Eine Butterlampe aus Messing brannte auf dem Altar und warf ihr Licht auf einen verblichenen *Thangka* von Guru Padmasambhava, der an der baufälligen schimmeligen Wand über dem Altar hing. Guru Rinpoches Gegenwart war im Schein der Lampe spürbar. Der Raum war so klein, dass er nicht mehr als drei Personen Platz bot.

Sie war eine tiefreligiöse Frau und ein wunderbarer Mensch. Das Dharma, die buddhistische Lehre, war ihr Leben. Sie hatte alle Unterweisungen verinnerlicht und war eine beispielhafte Buddhistin. Sie nahm immer noch an den Nyungnyi-Zeremonien teil, obwohl ich sie mehrmals bat, darauf zu verzichten, weil der Körper das Fasten und die Niederwerfungen in ihrem Alter nicht mehr so gut verkraftet, doch ich stieß auf taube Ohren. Sie sagte: »Ich bin alt und es ist mir lieber, bei der Ausübung des Dharma zu sterben, als krank zu werden und anderen zur Last zu fallen.« Sie hatte die Mantras zahlreicher Gottheiten rezitiert, hatte viele, viele Male gefastet und Retreats durchgeführt. Jeden Morgen brachte sie Torma dar, das rituelle Kuchenopfer für die Geister.

Die Besuche bei ihr waren ein Geschenk. In der winzigen

dunklen Zelle glühte ihr Gesicht im sanften Schein der Butterlampe, die vor dem Thangka von Guru Rinpoche brannte; seine Gegenwart war genauso spürbar wie die von Ani Gomchen. Ani-la wurde achtzig Jahre alt; sie brauchte keine Brille, wenn sie in den heiligen Schriften las, ihr Gehör war so scharf wie das eines jungen Menschen und obwohl sie keinen einzigen Zahn mehr besaß, war ihr Lächeln strahlend. Obwohl sie nach einem Sturz in ihrem letzten Lebensjahr auf den rituellen Rundgang um den Tempel und den Palast Seiner Heiligkeit verzichten musste, nahm sie an allen Gebeten im Tempel teil. Ihr Neffe Kunchok brachte ihr jeden Tag eine Mittagsmahlzeit und kümmerte sich um sie. Er lebte in McLeod Ganj und stellte Nudeln her, um seinen Lebensunterhalt zu verdienen; er war Ani-la ergeben, war immer für sie da, ohne sie bei Gebet und Meditation zu stören. Beide waren schlichte, freundliche und liebevolle Menschen.

Am 11. Januar 1997 verließ Ani Gomchen diese Welt. Ich hatte während der Winterferien meine Eltern besucht, als ich es von ihrem Neffen Kunchok erfuhr. Ich hatte mir angewöhnt, sie mindestens einmal im Monat zu besuchen; ich saß in ihrer Hütte und sie bestand darauf, dass ich ein Stück Tsok nahm oder einen Becher Tee aus ihrer Flasche trank. Bei jedem Besuch merkte ich aufs Neue, dass man den ganzen Reichtum der Zufriedenheit und inneren Harmonie besaß, wenn man die wesentlichen Lehren des Buddhismus erkannt hatte und praktizierte. Ani-la lebte in einer baufälligen winzigen Hütte. Sie besaß nur wenige Kleidungsstücke und Gebrauchsgegenstände, doch sie war zufrieden, war mit sich und der Welt im Reinen. Sie sagte oft: »Ich hatte das große Glück, Seiner Heiligkeit dem Dalai Lama zu begegnen, seine Unterweisungen zu erhalten und in der Lage zu sein, ein wenig von diesen großartigen Lehren zu praktizieren.« Sie war ein heiterer Mensch, der immer lächelte. Ihr Gesicht glühte und allen wurde warm ums Herz.

Kunchok erzählte mir Einzelheiten über ihre beiden letzten Tage. »Am 10. Januar 1997 ging ich wie immer zu ihr, um ihr das Mittagsmahl zu bringen. Als ich den Raum betrat, saß sie in Meditationshaltung auf dem Boden, doch ihr Kopf war auf die Seite gesunken und sie hatte ein paar Bissen des Frühstücks erbrochen. Sie hatte ihre Gebete und die Torma-Zeremonie beendet, das Kuchenopfer, das sie jeden Tag darbrachte. Sie aß Baktsa – gekochte Mehlklöße mit geriebenem Käse und Butter – und die Sauermilch, die ich ihr gebracht hatte. Sie griff herzhaft zu und ich kehrte nach Hause zurück. Ani Gomchen war nie krank. Sie war nur seit ein oder zwei Jahren gebrechlich geworden. Um zwei Uhr nachmittags sah ich abermals nach ihr. Sie saß mit gekreuzten Beinen da, doch ihr Kopf war nach vorn gefallen und ihre Stirn berührte den Tisch. Sie sprach nicht, doch sie schien keine Schmerzen zu haben oder sich unwohl zu fühlen. Ich hob ihren Kopf und schob ihr einige gesegnete Kügelchen in den Mund. Dann verließ ich sie und ging in das Privatbüro Seiner Heiligkeit des Dalai Lama, wo ich einen der Sekretäre bat, Seine Heiligkeit um Gebete für Ani zu bitten, da sie kein Wort mehr herausbrächte und angegriffen aussehe. Ich musste eine Weile warten, dann kam der Sekretär mit Rinchen Rilbu zurück. Ich erhielt die Anweisung, eines dieser sogenannten ›Kostbaren Kügelchen‹ zu zerdrücken und ihr umgehend zu verabreichen. Außerdem sollte ich ihr von Seiner Heiligkeit ausrichten, dass Er ihr die Arznei geschickt hatte. Nachdem ich ihr diese mit Wasser eingeflößt hatte, keuchte sie, sprach aber nicht. Ihre Atmung war normal und sie sah aus wie immer.«

Dann war Kunchok wieder gegangen, um Demo Lochoe Rinpoche und Khamtul Rinpoche um Gebete zu bitten; bei seiner Rückkehr brachte er einen Mönch mit, der an ihrer Seite beten sollte. Während der Mönch seine Gebete sprach und die Glocke läutete, bewegte sie den Daumen, als hielte sie ihre Gebetskette in der Hand, doch ihre Lippen blieben stumm. Am 11. Januar gegen elf Uhr morgens tat sie ihren letzten Atemzug. Demo Lochoe Rinpoche kam und vollzog das *Phowa* und Ani Gomchen ging von uns, eine einfache alte Nonne mit einem mitfühlenden Herzen, einem wunderbaren Lächeln und vielen denkwürdigen Erinnerungen. Es ist eine Freude, sie gekannt zu haben.

Gyalyum Chenmo –
die Große Mutter

Wie mir gesagt wurde, bin ich in Biyabu geboren. Meine Eltern kamen auf dem Anwesen meines Großvaters in Jurkar zur Welt. In Biyabu herrschte damals Krieg zwischen Moslems und Chinesen und die Chinesen vertrieben die Moslems aus der Region. Zu diesem Zeitpunkt erwarb mein Großvater ein unbebautes Grundstück und Ackerland in Biya.

Mein Großvater hatte sechs Söhne; drei Söhne waren Mönche und drei waren Bauern, die das Land der Familie bestellten. Eines Abends rief mein Großvater seine Bauernsöhne zusammen und wollte wissen, welcher von ihnen bereit sei, nach Biyabu zu ziehen. Er sagte: »Ich habe ein ausgezeichnetes Grundstück und viel Ackerland in Biya erworben; wer möchte sich dort ansiedeln?« Der ältere Sohn meinte: »Ich gehe nicht in die Moslem-Region.« Und der jüngste erwiderte: »Wer will schon in der Moslem-Region leben! Ich nicht, bedaure!« Mein Vater antwortete indes: »Da sich das Land bereits im Besitz der Familie befindet, wäre sein Zweck verfehlt, wenn die Familie es brachliegen ließe. Meine Frau und ich werden uns dort niederlassen.«

Der Großvater rief seine Schwiegertochter, meine Mutter, herein. »Dolma Yangzom, Nyima Tsering hat sich bereit erklärt, nach Biya zu ziehen. Wie steht es mit dir?« Sie erwiderte, sie werde ihren Mann begleiten, wohin auch immer. Der Großvater war sehr froh.

In Biya angekommen, warb mein Vater einige Männer als Hilfskräfte an und begann, die Felder zu bestellen. Meine Mutter und er bewohnten in den ersten Jahren eine Höhle. Schließlich kaufte Großvater ein geräumiges Haus für die Familie, das sie noch vor Einbruch des Winters bezog. Es war ein weitläufiges Anwesen mit einem Komplex aus drei voneinander getrennten Gebäuden. Das Haus, in dem die Familie wohnte, war zweistöckig. Die beiden anderen Gebäude hatten nur ein Erdgeschoss. In dem einen war die Familie untergebracht, die für uns arbeitete, und das andere wurde zum Stall für unser Vieh umgebaut.

Im oberen Stockwerk unseres Wohnhauses befand sich ein großer Gebetsraum. Zu ebener Erde gab es acht Räume. Es war ein großes Haus, das instand zu halten viel Arbeit machte. Wenn es im Winter schneite, dauerte es vier bis fünf Tage, bis der Schnee vom Dach geräumt war.

Meine Mutter arbeitete unermüdlich, nicht nur im Haus, sondern auch auf den Feldern, und die landwirtschaftliche Nutzfläche war groß. Der Boden war so fruchtbar, dass sie oft sagte, sie wisse nicht mehr wohin mit den Rettichen und Kartoffeln. Ich wurde am neunzehnten Tag des ersten Monats im Eisenochsenjahr geboren, nach Einbringen der Ernte. Meine Großeltern freuten sich sehr über den Zuwachs und sagten, ich sei ein Glückskind. Ich kam im neuen Haus zur Welt und mein Großvater gab mir den Namen Sonam Tsomo.

Meine Mutter gebar sieben Mädchen und zwei Jungen; das älteste und das jüngste Kind waren Söhne. Meine Eltern stellten Leute ein, die ihnen bei der Feldarbeit halfen. Wir Kinder mussten in der Zeit zu Hause bleiben. Sie versperrten die Tür des Haupthauses, bevor sie aufs Feld hinausgingen.

Sie ermahnten uns, ja nicht draußen herumzustreunen, sonst würden uns die Wölfe holen. Zum Spielen gingen wir auf das Flachdach des Hauses.

Mit sieben lernte ich, Brot zu backen, zu nähen und Thukpa zuzubereiten, eine Suppe mit kleinen Klößen. Ich war so klein, dass ich mich auf einen Schemel stellen musste, um den Teig für Thukpa und Brot zu machen. Meine Mutter schnitt den Stoff für Umhänge, Hosen und Hemden zu und brachte mir bei, die Teile zusammenzufügen. Wenn sie am Abend von der Feldarbeit heimkehrte, sparte sie nicht mit Lob. Das freute mich sehr und deshalb nähte ich oft bis spät in die Nacht. Ich lernte auch Sticken. Ich bestickte Schuhe und Kissenbezüge.

Da ich die älteste Tochter war, musste ich den Großteil der Arbeit im Haus übernehmen und meine jüngere Schwester, die vier Jahre alt war, beaufsichtigen. Zu ihren Aufgaben gehörte Fegen und Staubwischen. Da wir noch sehr jung waren, warfen wir manchmal mitten während der Arbeit den Besen hin und spielten. Dass sich Kinder im Haus nützlich machten, war in unserer Region damals gang und gäbe.

Ich war ungefähr elf Jahre alt, als die ersten Familien zu uns kamen, um für ihre Söhne um meine Hand anzuhalten. Meine Großeltern erklärten daraufhin jedes Mal, dass sie einen heiligen Lama befragen wollten, ob die Verbindung angeraten sei. Meistens hieß es dann, die Zukunftsschau sei ungünstig ausgefallen und sie würden der Verbindung nicht zustimmen.

Als ich sechzehn war, wurde ich mit dem jungen Neffen des ehemaligen Thaktse Rinpoche verheiratet. Meine Schwiegermutter war die Schwester einer früheren Reinkarnation von Thaktse Rinpoche [der gegenwärtige Thaktse Rinpoche ist der Sohn von Sonam Tsomo]. Sie lebte mit ihrem Mann im Haus ihrer Familie und heiratete nicht, wie sonst üblich, in die Familie des Bräutigams ein. Sie hatte zwei Töchter und einen Sohn, Loyula, und als letztes Kind brachte sie meinen Mann zur Welt.

Mein Schwiegervater war annähernd sechzig und meine Schwiegermutter fast einundfünfzig, als ich ihren Sohn Choekyong Tsering heiratete. Sie baten meine Eltern mit Nachdruck, mich ihrem Sohn zur Frau zu geben, da sie schon alt waren und ihn so bald wie möglich verheiratet sehen wollten. Es waren meine Großeltern, die in unserem Haus alle wichtigen Entscheidungen trafen. Zwar durften meine Eltern ihre Wünsche bezüglich eines Ehemannes für mich äußern, wenn sie beispielsweise einem bestimmten Bewerber den Vorzug gaben, weil er aus gutem Hause stammte, doch mein Großvater ließ sich nicht ohne Weiteres darauf ein. Sie hatten letztendlich keine Entscheidungsbefugnis.

Meinem Großvater war zu Ohren gekommen, dass der Sohn von Thaktse Rinpoches Schwester ein anständiger junger Mann sei, aber niemand aus der Familie kannte ihn persönlich. Großvater bat daraufhin einen heiligen Lama um eine Zukunftsschau, die ergab, dass ich es in den ersten Jahren schwer haben würde, doch später stünde die Verbindung unter einem guten Stern. Großvater stimmte dem Antrag zu, weil er der Meinung war, ein junger Mensch sei in der Lage, hart zu arbeiten und Schwierigkeiten gleich welcher Art zu meistern. Er war froh, dass die Zukunft gut für mich aussah. Und so wurde ich an diese Familie aus dem Dorf Tengtse verheiratet.

In unserer Region wurden Ehen in der Regel von den älteren Familienmitgliedern arrangiert und besiegelt. Die Familie des Bräutigams schickte einen Freund oder männlichen Verwandten mit einem Khata, einem weißen Glücksschal, in das Haus der Braut. Hier lernte er die älteren Mitglieder der Familie kennen und bat offiziell um die Hand des Mädchens. Manchmal fragten die Großeltern oder Eltern die Geschwister der Braut, ob sie mit dem Arrangement einverstanden wären. Lautete die Antwort Ja, kamen die Eltern des jungen Mannes und baten um die Hand des Mädchens. Sie brachten Geschenke mit, zum Beispiel Kleiderstoffe und Esswaren, stellten sich im besten Licht dar und gelobten, dass die Tochter gut bei ihnen aufgehoben sei.

Die Familie der Braut setzte die Besucher davon in Kenntnis, dass man zuerst einen heiligen Mann befragen müsse, ob die Verbindung angeraten sei. Die Familie des Bräutigams erklärte, dass sie ihrerseits Gebete in Auftrag geben wolle – vermutlich in der Hoffnung, dass die Zukunftsschau günstig ausfiel. Schien die Verbindung unter einem guten Stern zu stehen, schickte man der Familie des Bräutigams eine entsprechende Nachricht. Dann statteten der ursprüngliche »Heiratsvermittler« und der Vater des Bräutigams der Familie der Braut einen Besuch ab; sie brachten mehrere Flaschen Chang oder hausgemachten Alkohol mit. Die Öffnung der Flaschen wurde mit Datteln verschlossen. In unserer Region gab es köstliche rote Datteln. Dann wurde ein Khata um die Flaschen gewickelt und ein kleines Stück Butter am Flaschenrand befestigt, was als Glück verheißend galt. Im Anschluss wurden die Flaschen geöffnet und den Eltern der Braut Chang vorgesetzt. Um den Becher, aus dem sie tranken, war ein Wollfaden gebunden. Damit wurde das Eheversprechen besiegelt.

Es war sehr wichtig, anhand der Geburtsdaten des jungen Mannes und des Mädchens astrologische Berechnungen vornehmen zu lassen, um zu sehen, ob die beiden zueinanderpassen. Ein heiliger Lama wurde aufgesucht, um die Zukunftsschau vorzunehmen und herauszufinden, ob es Hindernisse gab und welche Gebete gesprochen werden mussten. Ein Astrologe, gewöhnlich ein tantrischer Meister, errechnete das beste Datum für die Hochzeit, den Auszug des Mädchens und die Ankunft in ihrem neuen Zuhause. Außerdem galt es festzustellen, in welche Himmelsrichtung ihr Blick gerichtet sein musste, wenn sie auf ihrem Pferd saß. Das alles war unerlässlich für eine glückliche Zukunft.

Stammte die Braut aus einer begüterten Familie, mussten viele Kleider und Schuhe für sie genäht und als Heiratsgut mitgeschickt werden. Beim Einzug in ihr neues Heim wurde sie vom Großvater oder von Onkeln begleitet. Abgesandte aus dem Haushalt des Bräutigams gingen ihr entgegen, um sie willkommen zu heißen, und überreichten den männlichen Anverwandten Khata. Die Braut saß auf einem Pferd. Die Zügel wurden zu beiden Seiten von jeweils vier Männern gehalten. Frauen und Mädchen, die eine gute Stimme hatten, gingen dem Brautzug entgegen und unterwegs wurden viele auf den Anlass abgestimmte Lieder gesungen.

Am Hochzeitstag trug die Braut ein Festgewand und den *Hari*, die ihr von der Familie des Bräutigams zugeschickt wurden. Bei uns gab es einen seltsamen Brauch. Verwandte und Freunde der Familie des Bräutigams holten die Braut ab, doch dem Mann, der das Festgewand und das Pferd für sie brachte, wurde kein freundlicher Empfang bereitet: Sein Gesicht und seine Kleidung wurden mit Öl und Ruß aus der Küche beschmiert. Dann wurde er mit Wasser übergossen und mit schlammigem Flusswasser überschüttet. Zum Schluss setzte man ihm einen Hut auf, an dem ein Schafsrippenknochen, Stücke einer Steckrübe und ein Brotlaib, mit Schafwolle zusammengebunden, befestigt wurden. Trotz der schlechten Behandlung setzte man ihm eine gute Mahlzeit vor, bevor er zum Haus des Bräutigams zurückgeschickt wurde.

Als wir in den Abendstunden das Haus meines Ehemannes erreichten, wurden wir von vielen Jungen und Mädchen aus der Nachbarschaft mit Gesang willkommen geheißen. Meine Großmutter, mein Vater, der Bruder meiner Mutter und der Bruder meines Vaters, die mich zu meinem neuen Heim begleitet hatten, erhielten zahlreiche Schals als Geschenk. Dabei rezitierten die jungen Leute sogenannte Batha, die besagten, dass die Schals von weither kamen und Glück bringen sollten. Dann überreichten auch sie meiner Familie Schals und stimmten abermals Lieder und Verse über den Hochzeitszug und viele andere Dinge an.

Wir ritten durch das Eingangstor meines neuen Zuhauses und die Pferde und Maultiere wurden mit Peitschen in den Hof getrieben. Jemand brachte ein Bündel Wacholderzweige. Sie wurden angezündet und Wolle und Butter obenauf gelegt. Der Träger des Räucherwerks rezitierte dabei bestimmte Verse. Ich kannte viele von ihnen, weil ich in unserer Region oft an Hochzeiten teilgenommen hatte, doch inzwischen sind mir die meisten entfallen. Diese Verse und Lieder wurden im Amdo-Dialekt vorgetragen.

Einige Zeit später durfte ich vom Pferd steigen, wobei ich darauf achten musste, dass mein Blick in die vom Astrologen bestimmte Richtung wies. An der Stelle, an der ich abstieg, befanden sich ein Bündel Feuerholz, ein Holzeimer mit klarem Wasser, ein großer Sack Gerste und daneben ein kleiner Topf mit Milch, der am Rand mit Butter eingestrichen war und Glück bringen sollte. Jemand stellte den Topf vor mich hin und ich tauchte den Ringfinger hinein, um ein paar Tropfen Milch in die Luft zu schnippen, als Opfergabe für Buddha, Dharma und Sangha.

Dann wurde ich in die Küche geführt. Dort stand ein großer Metallkessel mit kochendem Tee und daneben eine Schale Milch. Man gab mir einen Schal und eine hölzerne Schöpfkelle in die Hand, um deren Griff mit Butter bestrichene Wollfäden in Kreuzform gewickelt waren. Ich musste die Schöpfkelle dreimal mit Tee füllen – es galt als unheilvolles Zeichen, wenn sie nicht bis zum Rand gefüllt war – und hochheben, bevor ich den Tee wieder in den Kessel zurückgoss. Dann musste ich Milch hinzufügen und das Ganze noch dreimal wiederholen. Drei neue Becher ohne Sprung wurden neben den Herd gestellt, die es bis zum Rand mit Tee zu füllen galt.

Anschließend wurde ich in einen behaglichen Raum gebracht und aufgefordert, Platz zu nehmen. Meine Tanten, die mich begleitet hatten, leisteten mir Gesellschaft. Wenn eine Braut in eine schlechte Familie kam, musste sie in dem Raum stehen, mit dem Gesicht zur Wand. Gute Familien boten eine Sitzgelegenheit an und erkundigten sich nach dem Verlauf der langen Reise. Meine Schwägerin Lhamo Tsering und Tsering Dolma kamen herein und wollten wissen, wie ich mich nach der langen Reise fühle. Sie legten mir nahe, meine Schuhe auszuziehen und mich auszuruhen. Sie brachten Tee und Brot und in einem Kohlebecken aus Metall brannte ein wärmendes Feuer. Einige Zeit später betrat meine Schwiegermutter den Raum. Ich stand natürlich auf und sie erkundigte sich, ob ich während der Reise gefroren hätte und ob mir nun warm sei. Ich musste sie mit Amala, mit Mutter, anreden und antworten. Bevor sie den Raum verließ, sagte sie noch, ich solle mich ausruhen, brauche keine Angst zu haben, da dies nun mein neues Zuhause sei, und ich solle essen, trinken und glücklich sein. Alle Mitglieder der Familie, in die ich eingeheiratet hatte, waren Wildfremde für mich. Es war das erste Mal, dass meine Familienangehörigen ihnen von Angesicht zu Angesicht begegneten.

Der nächste Besucher war mein Ehemann. Zwischen uns wurde weder ein Wort noch ein Blick gewechselt. Ich hatte mein Gesicht der Wand zugekehrt. Meine beiden Tanten begrüßten ihn. Mein Ehemann, Choekyong Tsering, legte

Brennmaterial für das große Kohlebecken nach und forderte uns auf, Tee zu trinken. Der Tee stand auf dem Kohlebecken neben Reis- und Lammsuppe. Es gab Brot, Kekse und andere gute Dinge zu essen. Alle waren sehr freundlich zu mir. Ich sprach mit niemandem, war schüchtern und verschreckt in Gegenwart der vielen Fremden.

Viele Mädchen weinten tagelang, wenn der Umzug in das Haus des Ehemannes bevorstand. Eine Heirat war ein trauriger Anlass, denn wir sahen uns gezwungen, unsere eigene Familie zu verlassen. Ich weinte bittere Tränen, noch an meinem Hochzeitstag. Ich war empört, als meine Mutter mir die neuen Kleider zeigte, die sie für mich nähte. Ich wollte nicht fort. Ich kannte weder meinen Ehemann noch dessen Familie und hatte überdies gehört, dass einige jungvermählte Ehefrauen in ihrem neuen Zuhause sehr schlecht behandelt wurden. Einige waren geschlagen und sogar getötet worden. Ich war erst sechzehn Jahre alt und hatte Angst vor der Zukunft.

Die Familie aus Tengtse hatte einen Hari, ein schweres wattiertes Tuch – wie eine Vase geschnitten und mit Silberbarren, Muscheln und Edelsteinen besetzt – und ein Paar Ohrringe für mich geschickt. Am späten Nachmittag musste ich den schweren Hari anlegen und zum Haupteingangstor des Anwesens hinausgehen, während sich mein Ehemann, wie es Brauch war, in einem Raum einschloss und auch das Tor versperrte. Mein Vater und meine Onkel hielten Glücksschals und Gläser mit Chang und Alkohol in den Händen. Sie hielten nach meinem Ehemann Ausschau und rezitierten Verse, die besagten, dass die Braut erschöpft war, ihre Füße vom langen Stehen schmerzten, ihre Juwelen schwer wogen und er das Tor aufsperren und sie ins Haus lassen solle.

Schließlich öffnete mein Ehemann und wir betraten das Haus. Nun war es an der Zeit für die Dama-Zeremonie, bei der es darum ging, den Hari richtig anzulegen. Bei meiner

Ankunft hatte ich ihn lose und offen getragen wie die Flügel eines Huhns. Nun wurde er mit einem Schal befestigt und ich wurde aufgefordert, den anwesenden älteren Familienangehörigen meines Ehemannes mit den Worten »Bitte nehmt Tee« Tee einzuschenken. Ich war befangen und zitterte vor Aufregung. In dem Raum hatten sich viele alte Frauen und junge Mädchen eingefunden, die Lieder und Verse vortrugen. Sie stimmten Lieder über die Butter und den Tee an und woher beides käme und dass der Tee bitter schmeckte und zu wenig Milch enthielte, was ein Scherz sein sollte, um die Leute zum Lachen zu bringen. Die Frauen und Mädchen erhielten Schuhe als Geschenk. Wir mussten viele Schuhe anfertigen.

Die Kleider und Schuhe, die von meiner Familie geschickt wurden, waren in einem der Räume ausgelegt, damit jeder sie bewundern konnte. Es gab viele Bemerkungen, wie kostbar das Material und wie kunstvoll die Stickerei auf den Schuhen seien. Wenn es sich um viele Kleidungsstücke handelte, konnte man davon ausgehen, dass die Braut aus einer wohlhabenden Familie stammte. Das Heiratsgut wurde dann wieder in Truhen verpackt und die Schlüssel der Schwiegermutter übergeben, die sie wiederum der jungvermählten Ehefrau überreichte. Das war in jedem Haus Brauch.

Am Abend, als die Nudelsuppe angeboten wurde, fanden weitere Gesänge statt. Die Frauen sangen Lieder über das Fleisch in der Suppe. Sie fragten, ob es vom Yak oder Hammel stammte oder woher der Rettich kam und wo er angebaut worden war.

Nach der Abendmahlzeit wurden die Familienmitglieder, die mich in meinem neuen Heim abgeliefert hatten, eingeladen, die Nacht in den Behausungen der Nachbarn zu verbringen. Die Gäste wurden mit gekochtem Fleisch und Brot aus dem Haus des Bräutigams verköstigt. In unserem Haus blieb nicht viel zu essen übrig. Man setzte den Gästen Chang und Alkohol vor und unterhielt sie mit weiteren Lustbarkeiten. Meine Verwandten blieben ungefähr drei Tage in Tengtse, bevor sie sich auf den Heimweg machten.

Anlässlich einer Hochzeit wurden viele Tiere geschlachtet. Geraume Zeit vorher kamen Nachbarn und Freunde in das Haus des Bräutigams und boten an, ein ganzes Schaf oder gar zwei Schafe, Brot und etliche Flaschen Chang und Alkohol mitzubringen. Ungefähr fünf Tage vor der eigentlichen Zeremonie versammelten sie sich dann im Haus des Bräutigams und halfen beim Häuten der Tiere und beim Kochen des Fleisches; dabei wurde bereits kräftig gefeiert. Eine Hochzeit ist für beide Familien ein kostspieliges Ereignis. Die Familie der Braut stellt Kleider, Schuhe, Ohrringe, Ringe und Armreifen und es ist teuer, ein Mädchen zu verheiraten. Wenn eine Familie arm ist, richten sich Aufwand und Heiratsgut natürlich danach, was sie erübrigen kann.

Außerdem war es üblich, dass die Familie des Bräutigams der Braut vier oder fünf Garnituren Kleidung, ein Paar Schuhe, ein Paar Ohrringe und den Hari zukommen ließ. Der Vater der Braut erhielt ein Pferd und die Mutter ein Dzo, eine Kreuzung aus Yak und Milchkuh, als Geschenk.

Danach durfte ich etwa zwanzig Tage bei meiner Herkunftsfamilie verbringen, bevor abermals ein Astrologe zurate gezogen wurde, um ein geeignetes Datum für die Rückkehr in das Haus meines Ehemannes zu bestimmen. Ein älterer Verwandter lieferte mich zum errechneten Zeitpunkt in meinem neuen Heim ab und von nun an gehörte ich zu meiner neuen Familie. Ich musste den Vater meines Ehemannes Pala (Vater) und seine Mutter Amala (Mutter) nennen. Mich einzugewöhnen fiel mir nicht schwer, doch ich hatte viel Arbeit.

Eine Weile übernahm Amala noch das Brotbacken und

die Zubereitung der Mahlzeiten. Sie war sehr einfühlsam. Ich erbot mich, ihr bei der Hausarbeit und beim Kochen zur Hand zu gehen. Wir hatten eine Frau, die im Haushalt half. Eine meiner Schwägerinnen lebte wieder bei ihren Eltern, da sie mit ihrem Ehemann und seiner Familie nicht ausgekommen war. Auch sie beteiligte sich an der Hausarbeit.

Meine Schwiegereltern waren alt und die Anzahl der Hausbewohner war begrenzt. Palas Name lautete Tasho Thondup. Er arbeitete hart und half mir bei den Aufgaben, die im Haus anfielen. Er war ein aufrichtiger, freundlicher Mann. Er wurde nie laut, wenn er wütend war, oder machte eine Szene. Er murmelte nur Verwünschungen vor sich hin und blieb besonnen.

Amalas Name lautete Lhamo Tsering und sie machte keinen Finger mehr krumm, nachdem sie mir den Großteil der Hausarbeit übertragen hatte. Sie war die jüngere Schwester des früheren Thaktse Rinpoche. Amala war aufbrausend, hatte eine scharfe Zunge und schrie die Dienstboten oft an oder schlug sie sogar. Es mangelte ihr an Geduld und wenn sie etwas zu essen haben wollte, musste es sofort sein. Wenn ich ihr Kleid nicht gleich ausbesserte, wurde sie ungehalten und wenn sie ihren Tee nicht umgehend vorgesetzt bekam, schmollte sie. Lasen wir ihr dagegen jeden Wunsch von den Augen ab, war sie bester Laune. Sie liebte die Abwechslung und reiste häufig in benachbarte Dörfer, wenn dort irgendwelche Vergnügungen geboten wurden. Schon in jungen Jahren hatte sie nicht viel mit Hausarbeit im Sinn gehabt. Manchmal wenn ich einen Teller oder einen Becher zerbrach, weinte ich und gestand meinem Schwiegervater, was mir widerfahren war. Er pflegte mich mit den Worten zu beschwichtigen: »Immer mit der Ruhe. Behaupte einfach, du weißt nicht, wer den Teller zerbrochen hat, und ich werde sagen, ich sei es gewesen.«

Pala starb im Alter von dreiundsechzig Jahren. Im darauffolgenden Jahr wurde meine Tochter Tsering Dolma geboren. Im Jahr darauf starb Amala. Ich war damals neunzehn und mein Mann zwanzig Jahre alt. Er half nur selten im Haus. Er liebte gute Kleidung, Pferde und Reisen. Ich hatte ein junges Mädchen, das mir im Haus zur Hand ging, und auch darüber hinaus eine Menge zu tun. Ich musste unsere Feldarbeiter beaufsichtigen und verköstigen, kochen, nähen und mich um die Kinder kümmern. In unserer Region wurde viel Brot gebacken. Am Abend erhielten die Feldarbeiter Thukpa, eine Suppe mit Klößen. Wir konnten ihnen nicht immer Tsampa vorsetzen. Nachts bekam ich kaum Schlaf. Wir mussten die Feldarbeiter gut verpflegen, denn nur wenn sie zufrieden waren, arbeiteten sie fleißig.

Als Tsering Dolma fast zwei Jahre alt war, wurde Thaktse Rinpoche geboren. Inzwischen wurden die Felder weitgehend von Lohnarbeitern bestellt. Sie bekamen ihr Frühmahl und wenn sie aufs Feld hinausgingen, verrichtete ich die Hausarbeit und kochte. Danach brachte ich den Arbeitern Tee, den Säugling auf dem Rücken und einen Schirm in der Hand. Begleitet wurde ich dabei von einem fünfzehnjährigen Mädchen, das mir bei der Hausarbeit half. Wir aßen gemeinsam zu Mittag und ich arbeitete bis etwa vier Uhr nachmittags mit den Männern; anschließend kehrte ich nach Hause zurück, um das Abendessen für die Arbeiter und die Familie zuzubereiten. In unserem Dorf gab es Kühe, Schafe, Dzo, Pferde und Maultiere. Das Vieh zu füttern gehörte ebenfalls zu meinen Aufgaben.

Wir hatten annähernd sechs Hektar Land, auf denen Erbsen, Senfpflanzen, Weizen, Gerste und andere Getreidesorten angebaut wurden. Während der Pflanz- und Erntezeit mussten wir viele Hilfskräfte einstellen. Unsere Feldarbeiter erhielten ungefähr vierzig chinesische Silberdollar im Monat, zwei Paar Stiefel und zwei Garnituren Kleidung. Es waren hauptsächlich Chinesen und Moslems, die sich verdingten. Sie arbeiteten hart. Vom Ende des dritten Monats bis zum sechsten Monat wurde gemäht, gepflügt, gesät und gejätet. Dazu brauchten wir etwa dreißig bis vierzig Helfer. Sie kamen zur Ernte im siebten oder achten Monat des Jahres wieder. Unter den Arbeitern befanden sich auch Frauen und Kinder, die allesamt verpflegt werden mussten. Ungefähr zwanzig Personen stammten aus weit entfernten Gebieten und lebten während der arbeitsreichen Zeiten ebenfalls bei uns im Haus. Wenn das Wetter schlecht war und es heftig regnete, ging niemand aufs Feld hinaus. Einige der Frauen halfen mir bei der Hausarbeit oder nähten Kleidung für die Familie und alle waren sehr freundlich und hilfsbereit.

An Wasser heranzukommen war in unserer Region sehr schwierig. Wir mussten es in aller Frühe an der Quelle holen, die ungefähr hundertfünfzig Meter von unserem Haus entfernt war. Dort mussten wir Schlange stehen. Jeden Tag wurden sieben oder acht Holzeimer voll für das Haus gebraucht. Das Wasser war schlammig und wir mussten uns in Geduld üben und warten, bis wir das klare Grundwasser schöpfen konnten.

Ein drittes Kind wurde geboren. Nach einem Jahr erkrankte es an einem Augenleiden und starb. Es hieß, ein Theb-rang, ein Dämon, habe ihm das Leid zugefügt. Danach brachte ich abermals einen Jungen zur Welt. Er war lebhaft und aufgeweckt. Als Zweijähriger lief er ständig aus dem Haus, um die Nachbarn zu besuchen. Sein Name war Righten Tsering, doch er hörte nicht darauf, sondern setzte eine finstere Miene auf und reagierte erst, wenn man ihn Jola nannte. Jola war ein gebräuchlicher Name für Erwachsene. Er erkrankte plötzlich und verstarb ebenfalls im Kindesalter. Auch sein Tod wurde dem unheilvollen Theb-rang angelastet. Am Morgen war er noch gesund und munter gewesen und um Mitternacht war er tot.

Ein weiteres Kind kam verfrüht zur Welt und dann wurde mein Sohn Gyalo Thondup geboren. Zu dem Zeitpunkt arbeitete ich nicht mehr auf dem Feld, sondern blieb die meiste Zeit zu Hause. Ich hatte genug damit zu tun, mich um Kinder und Hauswesen zu kümmern. Außerdem musste ich den Feldarbeitern erklären, wo sie was anpflanzen sollten. Mein Mann war selten daheim. Er ritt häufig nach Kumbum oder Siling, wo er mehrere Tage blieb. Ein Ehepaar, Phupa Jig und seine Frau Tashi Tsomo, lebten in unserem Haus und halfen mir. Sie hatten vier Kinder. Der älteste Sohn, ungefähr zwölf Jahre alt, hütete unsere Schafe. Er brachte sie morgens auf die Weide und abends zurück. Seine ältere Schwester ging mir bei der Betreuung der Kinder und der Hausarbeit zur Hand. Die Mutter holte Wasser für uns und wusch Töpfe, Pfannen und Geschirr, half beim Füttern der Pferde, Maulesel, Kühe und Dzo. Ich bereitete die Mahlzeiten zu, buk Brot und molk die Kühe. Meine Tochter Tsering Dolma half mir dabei, doch Phuntsok Tashis Familie bat um ihre Hand und bald wurde sie verheiratet und verließ das Haus.

Die Familie, die uns im Haus half, war nicht mit uns verwandt. Wir stellten sie als Hilfskräfte ein. Sie erhielten Kost, Kleidung, Schuhe und dreißig Kehl Gerste für ihre Dienste. Sie aßen das Gleiche wie wir.

Das Dorf Thaktse lag auf einer Hochebene, umgeben von hohen Bergen. Wir bewohnten ein großes Haus. Es war auf der einen Seite zweigeschossig und auf der anderen Seite ebenerdig. Vor dem Haus befand sich ein Chörten aus Lehm, errichtet von Amalas Bruder, dem früheren Thaktse Rinpoche. Amala umrundete ihn jeden Tag mehrmals und betete. Es war seltsam, aber jedes Mal, wenn die Kinder beim

Spielen versehentlich mit einem Stein den Chörten trafen, sodass ein Loch im Lehm entstand oder eine Seite in sich zusammenfiel, litt ich unter einer Augenerkrankung. Sobald das Loch aufgefüllt oder die Seite mit Lehm ausgebessert war, vergingen die Beschwerden.

Die Geschichte von Sonam Tsomo wurde bedauerlicherweise nur bruchstückhaft aufgezeichnet. Möglicherweise wurde der Rest nicht auf Tonband aufgenommen oder irrtümlich gelöscht. Ihr Leben war jedoch so außergewöhnlich, dass ich einige Aspekte hinzufügen möchte.

Tsengtse befand sich im Distrikt Dokham. Sonam Tsomos ältester Sohn Thaktse Rinpoche erwähnt in seinem Buch *Tibet is my Country,* dass Tsengtse »Ort auf der Anhöhe« bedeutet. Das Dorf bestand aus etwa dreißig Häusern. Die sanften Hänge der Hügel und die Bergketten in der Ferne waren mit Koniferen bedeckt. Die Felder waren im Sommer herrlich grün und im Winter tief verschneit.

Die nächstgelegenen Städte waren Kumbum und Xining. In der Umgebung gab es viele Klöster und Tempel. Die Region befand sich damals im chinesischen Machtbereich und die Verwaltung oblag einem muslimischen Gouverneur namens Ma-pu-fang.

Sonam Tsomo war eine hochgewachsene, schöne Frau mit einem anziehenden, heiteren Gesicht. Sie hatte lange, seidige schwarze Haare und ein sanftmütiges, würdevolles Wesen. Obwohl sie seit vielen Jahren die Mutter des Dalai Lama war,

war sie die einfache Frau aus dem Volke geblieben – eine Bauersfrau, die keine formale Schulbildung genossen hatte, aber voller Liebe, Weisheit, Verständnis und Güte gegenüber jedermann war. Kein Bettler, der vor ihrer Tür stand, ging leer aus: er erhielt Tee, eine Mahlzeit und Almosen.

Nach Thaktse Rinpoche brachte sie noch einen weiteren Sohn, Gyalo Thondup, zur Welt. Dem Vernehmen nach war er als kleiner Junge sehr ungestüm. Er tobte ständig durchs Haus oder verschwand zu den Nachbarn. Danach wurde Lobsang Samden geboren, ein stilles, ängstliches Kind. Er hing fortwährend am Rockzipfel seiner Mutter, folgte ihr auf Schritt und Tritt. Wenn Gyalo durch das Haus rannte, folgte ihm Lobsang mit ausgestreckten Armen, aus Angst, sein Bruder könnte hinfallen. Sie waren völlig unterschiedlich in ihrer Art. Nach Lobsang kam noch ein weiterer Sohn, Lhamo Thondup, zur Welt. Er wurde der Vierzehnte Dalai Lama von Tibet.

Deki Tsomo schickte Lobsang nach Kumbum, wo er bei seinem Bruder Thaktse Rinpoche leben sollte. Lobsang wurde schon mit drei Jahren Mönch; er war noch so klein, dass die hohe Türschwelle ein unüberwindliches Hindernis darstellte, als die Mönche zum ersten Gebetsaufruf im Kloster eintrafen. Die älteren Mönche mussten ihn über die Schwelle der Gebetshalle heben.

1933 verließ der Dreizehnte Dalai Lama diese Welt. Von der Nationalversammlung in Lhasa wurde ein Regent ernannt, ein junger Lama namens Reting Rinpoche, der die Suche nach der Reinkarnation des Dreizehnten Dalai Lama einleitete.

Viele Zeichen wiesen darauf hin, wo der nächste Dalai Lama geboren sein würde. Der Leichnam des Dreizehnten Dalai Lama wurde im Sommerpalast auf einen Thron gesetzt, mit dem Gesicht nach Süden; nach ein paar Tagen war sein Gesicht dem Osten zugewandt. Auf einem hölzernen

Podest an der Nordostseite des Schreins, auf dem sich der Leichnam befand, wuchs mit einem Mal ein großer sternförmiger Pilz.

1935 suchte der Regent den heiligen See Lhamo Latso auf, der dafür bekannt war, dass sich in seinem Wasser bisweilen Zukunftsvisionen abzeichneten. Er sah drei Buchstaben im See: Ah, Ka und Ma. Dann erblickte er ein Kloster mit jadegrünen und goldenen Dächern und ein Haus mit türkisfarbenen Schindeln. Ah stand für die Region Amdo, Ka für das Kloster Kumbum und Ka und Ma wiesen außerdem auf die Einsiedelei Karma Shardzong hin, nicht weit vom Dorf Tengtse entfernt.

Regierungsvertreter und hohe Lamas mit ihrem Tross wurden in verschiedene Teile Tibets ausgesandt, auf der Suche nach Zeichen, die auf ein besonderes Kind hindeuteten. Eine Gruppe reiste nach Kumbum in der Provinz Amdo und stieß dort auf das Haus mit den türkisfarbenen Schindeln in Tengtse. Der hohe Lama, der die Delegation anführte, verkleidete sich als Diener und sein Diener als Lama. Als sie das Haus betraten, kletterte der kleine Lhamo Thondup auf den Schoß des »Dieners« und zog an der Gebetskette, die dieser um den Hals trug; sie schien es ihm angetan zu haben. Diese Gebetskette hatte dem Dreizehnten Dalai Lama gehört; der »Diener« erklärte, er dürfe sie behalten, wenn er ihm sagen könne, wen er vor sich habe. Der Junge sagte, der Name des »Dieners« sei Sera Aga, was im lokalen Dialekt »ein Lama aus Sera« bedeutete. Er erriet auch den Namen des wirklichen Dieners.

Die Reisenden verbrachten die Nacht im Haus von Deki Tsomo, die sie vortrefflich bewirtete. Als sie am nächsten Morgen zum Kloster Kumbum aufbrachen, wollte Lhamo Thondup sie unbedingt begleiten und der Suchtrupp war überglücklich, den kostbaren Knaben entdeckt zu haben.

Die Botschaft wurde umgehend nach Lhasa weitergegeben, wo weitere Prüfungen stattfanden, bevor die offizielle Anerkennung als Vierzehnter Dalai Lama erfolgte.

Der von Kyetsang Rinpoche angeführte Suchtrupp kehrte nach einigen Tagen mit einer noch größeren Delegation und verschiedenen Besitztümern des früheren Dalai Lama zurück, die von dem Jungen als solche identifiziert werden mussten. Dazu gehörten eine gelbe Gebetskette, eine schwarze Gebetskette, ein Spazierstock und eine schlichte Handtrommel aus Elfenbein. Es wurden auch Reproduktionen dieser Gegenstände ausgelegt. Eine der Handtrommeln war mit Edelsteinen und Quasten aus bunter Seide und Brokat besetzt, doch der entschied sich für das Original, das schlichter war als die beiden Nachbildungen. Der Junge identifizierte auf Anhieb alle Besitztümer.

Die Einzelheiten der Prüfung, die Kyetsang Rinpoche in einem Bericht an den Regenten schilderte, stimmten in allen Punkten mit den Prophezeiungen und Visionen im Lhamo Latso See überein; das Ergebnis war so klar, dass Kyetsang gebeten wurde, das Kind nach Lhasa zu bringen. Doch der muslimische Kriegsherr erteilte dem Jungen die Reiseerlaubnis erst nach langem Hin und Her und dem Erhalt einer beträchtlichen Geldsumme. Lhamo Thondup wurde mit zwei älteren Brüdern in der Obhut des Klosters Kumbum zurückgelassen und es dauerte annähernd zwei Jahre, bevor sich die Gruppe auf den Weg machen konnte.

Die Eltern begleiteten Lhamo Thondup nach Lhasa, obwohl ihnen zu diesem Zeitpunkt nicht bewusst war, dass ihr Sohn der Dalai Lama werden sollte, da die offizielle Bestätigung noch ausstand. Im Sommer 1939, im Jahr des tibetischen Erdhasen, brach ein Tross, bestehend aus fünfzig Personen, nach Lhasa auf. Lhamo Thondup und Lobsang Samden wurden in eine hölzerne Sänfte mit vier langen

Handgriffen gesetzt, Dreljam genannt, die an Mauleseln festgebunden waren. Es war eine lange, beschwerliche Reise und manchmal stritten die beiden Jungen, sodass der Maultiertreiber die Mutter herbeiholen musste, um sie zur Ordnung zu rufen. Daraufhin wurde eine weitere Sänfte für die Mutter gefertigt. Choekyong Tsering und Gyalo Thondup ritten auf Pferden. Nach etwa drei Monate erreichten sie ihr Ziel.

Fünfzehn Tagesreisen von Lhasa entfernt wurden Kyetsang Rinpoche und seine Gruppe von tibetischen Regierungsvertretern und hohen Lamas in Empfang genommen. Am Abend zuvor hatten sie ihr Nachtlager in der kleinen Stadt Bumchen aufgeschlagen. Als die Bauersfamilie am Morgen erwachte, sah sie sich einem Heer von Standartenträgern und Regierungsvertretern in farbenprächtigen Seiden- und Brokatroben gegenüber. Lhamo Thondup wurde in ein gelbes Seidengewand gekleidet. Überall waren prachtvolle Zelte errichtet und ein Mönch trug Lhamo Thondup auf den Schultern in ein gelbes Zelt und setzte ihn auf einen hohen Thron. Man brachte ihm das Mendel Tensum dar, eine dreifache symbolische Opfergabe (bestehend aus einem Goldbildnis Buddhas, heiligen Schriften und einem kleinen Chörten) als Ehrfurchtsbezeugung und Huldigung. Dann wurde ein Dokument verlesen und der Junge offiziell zum Vierzehnten Dalai Lama ernannt. Erst jetzt erfuhr die Familie, dass ihr Sohn die Reinkarnation des Dreizehnten Dalai Lama war. Aus der Biografie Seiner Heiligkeit des Vierzehnten Dalai Lama geht hervor, dass die Eltern ihr Glück zunächst nicht fassen konnten, dann aber übergroße Freude, ehrfürchtige Scheu und Dankbarkeit empfanden. Choekyong Tsering erhielt den Titel Gyayab Chenmo, Großer Vater, und Sonam Tsomo wurde fortan Gyalyum Chenmo, Große Mutter genannt. Die Familienmitglieder aus Tengtse erhielten prachtvolle Gewänder als Geschenk.

Der Dalai Lama wurde vom Regenten Reting Rinpoche und der Mehrzahl der hohen Beamten der tibetischen Regierung in Dham Uma Thang begrüßt. Sie machten einen kleinen Umweg und verbrachten drei Tage in Reting, dem Stammkloster des Regenten, um auszuruhen. Es war wichtig für Lhamo Thondup und seine Familie, noch ein wenig Zeit zu haben, um sich auf die neue Umgebung und die formalen, komplizierten Zeremonien in Lhasa vorbereiten zu können, Ereignisse, an die sie nicht einmal im Traum gedacht hätten. In Reting wurden Gyalyum Chenmo von der tibetischen Regierung die kostbaren Brokatroben und Juwelen überreicht, die sie anlässlich des großen Ereignisses trug.

Die offizielle Willkommenszeremonie fand im Pfauenzelt des Dogu-Thang statt. Sämtliche Mitglieder der Regierung, die Äbte der führenden Klöster Drepung, Sera und Ganden und der Repräsentant der Britischen Mission waren gekommen, um Glücksschals zu überreichen und den Dalai Lama zu begrüßen. Auf dem Weg nach Lhasa wurden Abgesandte benachbarter Staaten wie Bhutan, China und Nepal mit Khata und Glückwünschen vorstellig. Eine Menschenmenge, angetan mit ihren besten Gewändern und kostbarstem Schmuck, säumte die Straßen. Mönche mit Hunderten von Bannern und Emblemen standen Spalier. Inmitten der wirbelnden Schwaden des Räucherwerks ritt Gyalyum Chenmo auf einem prachtvollen Pferd; sie trug eine kostbare Brokatrobe mit Seidenbluse und bestickte Stiefel, doch dazu hatte sie ihren schlichten Hari-Schmuck aus Tengtse angelegt.

Gyayap Chenmo und Gyalyum Chenmo lebten nach ihrer Ankunft in Lhasa zunächst in einem hübschen Haus, das zum Sommerpalast des Dalai Lama gehörte. Jetsun Pema, die jüngste Tochter, wurde in Norbulingkha geboren. Später wurde ein zweigeschossiger stattlicher Wohnsitz in Chang-si-har für sie erbaut, am Fuße des Hügels, auf dem sich der

Potala Palast befand. In diesem Haus erkrankte Gyayap und starb und dort wurde auch ein weiterer Sohn, Tenzin Choegyal geboren. Gyalyum war zu dem Zeitpunkt neunundvierzig Jahre alt und der Junge wurde als Lama Ngaari Rinpoche erkannt. Die älteste Tochter Tsering Dolma und ihr Mann Phuntsok Tashi zogen ebenfalls nach Chang-si-har, genau wie Gyalyums Mutter.

Nun standen Kinderfrauen, Köche und zahlreiche Bedienstete zur Verfügung. Gyalyum Chenmo musste keinen Finger mehr rühren, doch sie beaufsichtigte die Dienerschaft und ließ es sich nicht nehmen, höchstpersönlich dafür zu sorgen, dass alle glücklich und zufrieden waren. Manchmal buk sie ein besonderes Brot, eine Spezialität aus Amdo, die sie Seiner Heiligkeit in den Potala Palast mitbrachte.

Viele Jahre nach ihrer Ankunft im indischen Exil heiratete ich ihren Sohn Lobsang Samden und wurde ihre Schwiegertochter. Sie war ein wunderbarer Mensch. Sie hatte vier Schwiegertöchter, behandelte alle gleich und respektierte stets unsere Gedanken und die Unterschiede in unserem lebensgeschichtlichen Hintergrund. Kein einziges Mal hörte man ein harsches Wort von ihr. Sie beklagte sich nie und sorgte sich nur um das Wohl anderer. Sie brachte mir bei, Amo-Brot zu backen und Amo-Gerichte zuzubereiten und lehrte mich, den Herausforderungen des Lebens mit Geduld und Einfühlsamkeit zu begegnen. Als sie im Alter von dreiundachtzig Jahren erkrankte, wurde sie von den Familienangehörigen, die in Dharamsala lebten, betreut. Vor ihrem Tod sagte sie: »Es tut mir leid, dass ich euch so viele Ungelegenheiten bereite.« Ihren Leidensweg erwähnte sie mit keinem Wort.

Es war eine große Ehre, mit einem so wunderbaren Menschen zusammenleben zu dürfen. Sie war eine Große Mutter, nicht nur für den Dalai Lama, sondern für das ganze tibetische Volk. Sie war ein Juwel unter den Frauen Tibets.

Acha Lhamo – Bauersfrau aus der Provinz Amdo

Mein Name ist Lhamo. Ich stamme aus einer Bauernfamilie. Meine Heimat war weitläufig und flach, mit Feldern, so weit das Auge reichte, auf denen Weizen, Gerste, Erbsen und Bohnen wuchsen. Senfpflanzen und Sesam wurden wegen des Öls angebaut. In unserer Region war der Boden äußerst ertragreich und es gab viel Sonnenschein. Wir pflanzten außerdem scharfe Rettiche, Zwiebeln, Spinat und Knoblauch an. Fleisch war im Überfluss vorhanden, genau wie wild wachsender Knoblauch weiter oben auf dem Berg. Einige Felder, Chemar genannt, mussten bewässert werden; die anderen, die keine Bewässerung brauchten, hießen Remar. Überall auf dem Lande sah man Getreidefelder, die Bewohner waren seit Generationen Bauern und das Land war sehr fruchtbar. Zwischen den Feldern, auf dem Brachland, wuchsen jeden Sommer Wildblumen – vor allem gelbe und blaue, aber auch Blumen in anderen Farben. Man konnte nur staunen.

Wir hatten genug Wasser. Einer Legende zufolge flog ein großer Vogel auf unseren Berg. Er war so schwer, als er in der Mitte des Gipfels landete, dass er eine Einbuchtung hinterließ. Aus den Eingeweiden dieses Berges strömten Gebirgsbäche in unser Dorf hinab. Wir hatten viele natürliche Quellen, deren Wasser klar war und köstlich schmeckte. Der Berg war nach dem Vogel benannt und sein Name lautete Amnye Jakyung. Er galt als Wohnstatt unserer Schutzgottheit.

In den höheren Regionen des Berges standen viele Bäume; ich selbst war nie dort, doch es hieß, weiter oben wären die Wälder sehr dicht und die Bäume sehr hoch. Jeder Dorfbewohner konnte hinaufgehen und sie fällen, wenn er Feuerholz brauchte und Mobiliar oder ein eigenes Haus bauen wollte; niemand nahm mehr, als er benötigte. Um das Holz für den Hausbau zu beschaffen, nahmen wir Pferde und Maultiere als Lasttiere mit und blieben mehrere Tage im Wald. Niemand störte uns bei der Arbeit oder hinderte uns daran, da wir die Bäume nur für den eigenen Bedarf fällten. Wenn wir nicht im Haus oder auf dem Feld arbeiteten, stiegen die Frauen und Mädchen zum Waldrand hinauf, um Feuerholz zu schneiden. Mein Geburtsort, Rikon Chinmar, lag in der tibetischen Provinz Amdo. In Rikon Chinmar lebten fünfhundert Familien; dreihundert gehörten zu meinem Dey. Der Dey wurde in Gruppen mit jeweils zehn bis fünfzig Anwesen unterteilt, Deywa genannt. Die Häuser waren dicht nebeneinander erbaut. Wir hatten auch ein Kloster, das Thangki-Shimey-Kloster. Es soll das erste Kloster in Rikon gewesen sein. Ein Lehrer von Je Rinpoche namens Choe-kyi Thong Rinpoche soll diesen Ort ausgewählt haben, um ein Kloster zu errichten.

Thong Rinpoche war lange Zeit gereist, um einen geeigneten Ort für den Bau eines Klosters zu finden. Als der Rinpoche in unsere Gegend kam, soll er sich in eine Hütte zurückgezogen haben, um dort zu beten und zu meditieren. Vor seiner Hütte erhob sich ein Berg und er fragte nach dem Namen, der Bhu-Kyari lautete. »Kahler weißer Berg« war für ihn kein Glück verheißender Name, deshalb beschloss er, weiterzuziehen. Unterwegs begegnete er einer alten Frau, die er fragte, wie der Felsenhügel hieß, genau gegenüber der Stelle, an der er gerade stand. Er wurde Na-phu genannt, »In der

Nase«. Auch das war für ihn kein gutes Omen. Schließlich beschloss er, sein Kloster zwischen der Nomadenregion und dem Land der Bauern zu errichten. Dort stand ein kleiner Tempel mit einer Statue von Jampa (Maitreya, Buddha der Zukunft). Wir hatten auch einen Lama namens Alak Garwa, der in dem kleinen Kloster lebte.

Rikon war ein weitläufiger Landstrich mit ungefähr zehntausend Nomaden und zehntausend Bauern. Der Mittelpunkt der Region war das Kloster Rikon. Es war von dicht aneinandergedrängten Wohnhäusern und Läden umgeben. Alle Dorfbewohner aus dem Umland kamen hierher, um Nadeln, Garn, Stoffe, Fleisch, Zwiebeln, Knoblauch und Süßigkeiten zu erstehen. Der Weg von unserem Dorf zum Kloster und dem Geschäftsviertel dauerte zu Fuß eine Stunde. Die Nachbarinnen taten sich zusammen und gingen gemeinsam einkaufen. Ich freute mich immer unbändig auf diese Ausflüge.

Meine Familie war weder reich noch Dorfvorstand, aber meine Eltern waren überall beliebt und galten als ehrlich und arbeitsam. Wir besaßen ein paar Yaks, Dzo und Milchkühe und als Reit- und Lasttiere Pferde, Maulesel und Esel. Die Exkremente wurden als Dünger verwendet. Im Sommer überließen wir einen Großteil der Yaks und Dzo der Obhut von Nomaden, die ihre Herden hoch droben auf dem Berg weideten. Dort oben wuchs mehr Gras. Wir holten sie nur, wenn es galt, die Felder zu pflügen oder Waren zum Markt nach Rikon oder zu anderen Dörfern zu transportieren. Bei Einbruch des kalten Wetters wurden sie auf die Hochebene hinuntergebracht, wo sie den ganzen Winter über blieben. Der Stall für die Pferde, Maultiere, Esel und Kühe grenzte auf einer Seite an die Küche, sodass die Tiere mit dünnem Fell durch die Hitze des Küchenofens gewärmt wurden. Yaks und Dzo waren in Ställen im Hof untergebracht.

Zur Erntezeit, wenn die in Reihen ausgerichteten Garben darauf warteten, gedroschen zu werden, nahmen die Felder eine goldgelbe Farbe an. Es war ein herrlicher Anblick. Zum Dreschen benutzten wir große runde Steine, die von Eseln und Maultieren gezogen wurden, oder lange Stöcke. Die trockenen Blätter und Stängel des gedroschenen Getreides wurden als Brennmaterial und als Viehfutter verwendet. Nach der Ernte pflügten Yaks und Dzo den Boden um. Die Wurzeln der Getreidestoppeln, die auf dem Feld verblieben, wurden wieder untergepflügt und mit der Erde vermischt. Es gab viel zu tun, vor allem für die Frauen. Die Arbeit war schwer, weil wir keine geeigneten Gerätschaften besaßen. Die Männer halfen, aber das meiste mussten wir allein bewältigen. Keinem Mann wäre es in den Sinn gekommen, auf dem Feld Unkraut zu jäten. Diese Arbeit wurde den Frauen überlassen, eine elende Plackerei unter der sengenden Sonne. Außerdem wurde die Haut in der Sonne dunkel, zu unserem Leidwesen, da helle Haut als schöner galt.

Meine Familie bestand aus meinen Großeltern und meinen Eltern. Ich war die älteste Tochter und nach mir kam meine Mutter alle zwei Jahre mit einem weiteren Kind nieder. Ich hatte zwei Brüder und drei Schwestern. Meine Mutter war schon sechsundzwanzig, als ich geboren wurde. Sie war schon seit geraumer Zeit verheiratet und alle hatten sich Sorgen gemacht, dass die Ehe kinderlos bleiben könnte. Für Bauern und Nomaden war es ein Unding, keine Kinder zu haben, die bei der Arbeit halfen. Als der Nachwuchs bei meiner Mutter ausblieb, suchte die Familie ein Dorf auf, in dem viele Thangka-Maler lebten, nicht weit von unserem Ort entfernt. Sie hielten Ausschau nach einem Mann, der das Bildnis einer bestimmten Fruchtbarkeitsgöttin anzufertigen verstand. Sie luden ihn nach Hause ein, wo er das Bildnis der Göttin malte; kurz darauf wurde ich gezeugt. Bei der

Geburt eines Kindes machte man keinen Unterschied zwischen Jungen und Mädchen, was die Gebräuche und religiösen Rituale betraf. Mädchen waren willkommen, weil sie bei der Hausarbeit halfen. Wenn eine Familie ausschließlich Söhne hatte, pflegten die Nachbarn zu sagen: »Wie schade, dass keine Tochter im Haus ist, die der Mutter bei der Arbeit zur Hand geht.«

Zum Zeitpunkt meiner Geburt hatten wir viel Vieh und ich bekam reichlich Milch zu trinken. Meine Mutter erzählte den Besuchern, die zu uns ins Haus kamen, wie meine Geburt vonstatten gegangen war: »Im fünften Monat des Jahres, in aller Frühe, als ich mich anschickte, mit einem Korb Essen auf dem Rücken zur Feldarbeit hinauszugehen, setzten die Wehen ein; also blieb ich zu Hause und am Nachmittag kam Lhamo zur Welt. Unmittelbar nach der Geburt zog ein Unwetter auf, was ich für ein gutes Omen hielt. Wir waren vom Glück begünstigt. In der astrologischen Zukunftsschau stand geschrieben, sollte das Kind ein Sohn sein, würde es weithin berühmt werden!« Nach mir kam eine weitere Tochter und im Anschluss daran ein Sohn zur Welt. Er war besonders willkommen nach der Geburt von zwei Mädchen. Ihm folgten abermals zwei Mädchen und das jüngste Kind war wieder ein Junge.

Als ich ungefähr sechs Jahre alt war, starb mein Großvater. Er war immer gut zu mir gewesen und ich hing sehr an ihm. Ich saß oft auf seinem Schoß und verbrachte viel Zeit mit ihm. Er hatte drei Söhne und zwei Töchter. Eines Tages erfuhr ich, dass Großvater sehr krank war. Meine ältere Tante hatte Tränen in den Augen, doch niemand sagte mir, dass es mit ihm zu Ende ging. Kurz darauf wurde meine jüngere Tante, die jenseits des Berges wohnte, gerufen und ich erinnere mich, dass sie laut weinend den Raum betrat. Wenige Tage später kam ein Mönch zu uns, um Gebete zu verrichten. Ich spähte oft von draußen in Großvaters Raum, weil wir Kinder nicht zu ihm durften. Ich liebte meinen Großvater, der immer mit mir gespielt hatte, aber ich konnte keine Träne vergießen, als ich hörte, dass er im Sterben lag.

Wenn in unserer Region ein Mann starb, war Frauen der Zutritt zu seinem Raum verboten. Sie blieben in der Küche, bereiteten Tee und die Mahlzeiten zu und stimmten die Totenklage an, wie es dem Brauch entsprach. Meine Großmutter starb, als ich neun oder zehn Jahre alt war. Auch sie war krank gewesen. Meine Mutter fütterte sie mit kleinen gekochten Hammelfleischstückchen und flößte ihr jeden Tag die fetthaltige Brühe ein. Wenn ich die Kühe zum Grasen in die Berge getrieben hatte und abends zurückkehrte, hatte Großmutter jedes Mal zwei oder drei Fleischbrocken für mich aufgehoben. Wie es schien, war ich ihr Liebling.

Nach dem Tod eines Menschen musste eine Zukunftsschau durchgeführt werden und der Astrologe errechnete das günstigste Datum für die Bestattung. Außerdem stellte er fest, ob der Leichnam dem Feuer oder den Geiern zum Fraß überlassen werden sollte. Bei dieser Luft- oder Himmelsbestattung brachten die jüngeren Familienmitglieder und Nachbarn den Leichnam den Berg hinauf zum Bestattungsplatz, einem grasbewachsenen Stück Land, das einzig diesem Zweck vorbehalten war. Die Leute, die ihm das letzte Geleit gaben, nahmen viel Verpflegung mit. Am Bestattungsplatz angekommen, wurde als Erstes Tee zubereitet. Die meisten Nachbarn nahmen sowohl an den freudigen als auch an den traurigen Ereignissen im Dorfleben teil, sodass sich viele Personen dem Leichenzug anschlossen. Bevor der Leichnam den Geiern überlassen wurde, band man ihm einen Strick um den Körper, dessen Ende an einem großen Stein befestigt war. Dann stießen die Geier vom Himmel herab, um sich daran gütlich zu tun. Die Knochen wurden zermalmt und ebenfalls an sie verfüttert, sodass keine Spur vom Körper übrig blieb. Ich hörte den Erwachsenen gerne zu, wenn sie sich unterhielten, und daher kannte ich diese Einzelheiten. Leute, die eingeäschert werden sollten, wurden auf den Feldern verbrannt.

Wenn die Familienmitglieder und Nachbarn nach der Bestattung in das Haus des Toten zurückkehrten, musste sie sich einer Reinigungszeremonie unterziehen, bevor sie über die Schwelle traten. Holzkübel wurden mit einem Gemisch aus Wasser und Milch gefüllt und neben dem Haupteingang aufgestellt. Die Leute wuschen sich die Hände und erhielten zum Abtrocknen ein frisches weißes Baumwolltuch. Dann mussten sie über ein Feuer springen, das in einem Kohlebecken brannte. Erst nach Beendigung dieser Reinigungsrituale durften sie das Haus betreten. Dort bekamen sie Tee und eine dicke Suppe mit Fleisch und Klößen vorgesetzt.

Vor der Feuer- oder Luftbestattung vollzog ein Lama oder heiliger Mann im Haus des Verstorbenen die Zeremonie der Bewusstseinsübertragung, damit der Tote in einer besseren Welt wiedergeboren werden konnte. Den ganzen Tag lang wurden Butterlampenopfer dargebracht und Gebete rezitiert. Der heilige Mann und seine Helfer wurden in dieser Zeit mit Tee und Speisen versorgt. Wenn sie das Haus verließen, erhielt der Lama für seine Dienste eine Garnitur Kleidung aus dem Besitz des Verstorbenen und eine großzügig bemessene Menge Getreide für ihn und sein Gefolge. Geld als Bezahlung war bei uns nicht üblich und es war selten welches im Haus. Es war Brauch, dass einige Familienmitglieder den Lama und seine Helfer auf dem Rückweg ins Kloster begleiteten.

Am Tag nach der Bestattung wurden alle Mönche aus unserem Kloster eingeladen, um zu beten. Ungefähr sechzig bis achtzig Mönche kamen und sämtliche Räume des Hauses waren zum Bersten voll. Diejenigen, die drinnen keinen Platz mehr fanden, drängten sich auf der Veranda und im Hof. Manche mussten sogar auf das Hausdach ausweichen. In unserem Dorf lebten beinahe fünfhundert Familien und jede Familie stiftete Feuerholz und Brot für die Mönche; das war bei uns Brauch. Zu unserer Häusergemeinschaft gehörten zehn Familien. Sie kamen während der Bestattung und Gebetstage, um bei der Arbeit zu helfen. Die Frauen brachten Messer, Rollholz, Töpfe und Pfannen, Mehl und Tsampa mit und machten sich in der Küche ans Werk. Sie stimmten auch die rituelle Totenklage an. Die Männer brachten den Mönchen Tee und die Mahlzeiten. Die jungen Mädchen gingen zum Fluss, um Wasser zu holen.

Die Mönche trafen in den frühen Morgenstunden ein. Wir verteilten Brot, Tsampa, heißen Tee und ein Stück Butter und sie nahmen das Morgenmahl ein. Sie hatten ihre eigenen Essschalen mitgebracht. Mittags gab es ein flaches, in Öl ausgebackenes Brot und Tin Mo Mo, in Dampf gegarte Teigtaschen, die zum Tee gegessen wurden. Abends bereiteten wir Thukpa, eine Suppe mit flachen Nudeln und viel Hammelfleisch für die Mönche zu. Die Frauen in unserer Region verstanden sich besonders gut darauf, diese flachen langen Nudeln herzustellen. Wenn die Mönche ihre Mahlzeiten erhalten hatten, nahmen Männer, Frauen und Kinder im Kreis auf dem Boden Platz und aßen. Die Mönche blieben einen Tag oder zwei, um die Totengebete zu verrichten. Bevor sie ins Kloster zurückkehrten, stärkten sie sich mit Brot, Tsampa, Butter und gedünsteten Teigtaschen.

Wir hatten ein geräumiges Haus und einen Hof mit einem großen Eingangstor. Alle Häuser in unserem Dorf waren aus Holz. Sie besaßen ausnahmslos die gleiche Form: ein rechteckiges, ebenerdiges Gebäude mit einem großen Hof. Die Fußböden bestanden aus Holzplanken, die wir mit einem

Tuch spiegelblank polierten. Das ganze Haus blitzte vor Sauberkeit.

Jede Familie hatte einen Gebetsraum. Wir besaßen außerdem einen Lagerraum, wo in großen Holztruhen mit Deckel und großen Lederbeuteln Dörrfleisch, Käse, Weizen, Erbsen, Gerste, Mehl und Tsampa aufbewahrt wurden. In einer Ecke standen Holzschränke für Festgewänder und Schmuck. Unsere Alltagskleidung hing an einer Bambusschaukel, die mit dicken Stricken an einer Ecke des Raumes befestigt war. Ich habe keine Ahnung, warum die Anziehsachen nicht in Kisten verwahrt wurden.

Die Küche war der größte und beste Raum. Die Regale waren mit Bechern und Essschalen, Töpfen und Pfannen, Schöpfkellen, Löffeln, Küchenmessern und Brot gefüllt. Selbst die ärmste Familie in Rikon hatte mindestens einen Laib Brot im Regal. Unter den Regalen standen weitere Holztruhen für Tsampa, Erbsen, Weizenmehl und andere Nahrungsmittel, die wir jeden Tag brauchten. Wir hatten stets einen großen Vorrat an Mehl für Brot und Nudeln und ausreichend Tsampa für Haferflockengrütze, Suppen und Rauchopfer im Haus.

Rauchopfer wurden während des ganzen Jahres dargebracht. Jede Familie hatte vor dem Haus einen Duftrauchbrenner in Form einer Vase. Er war aus rotem Ton und die Räucherschalen im Innern wurden mit heißen Kohlen aus der Küche gefüllt, in deren Glut wir Räucherwerk und Räucherpulver mit Tsampa verbrannten. Jeden Tag brachten wir unserer Schutzgottheit auf dem Berg und den Geistern ringsum Rauchopfer dar.

Wir hatten mehrere Schlafräume für die Familienmitglieder, in denen zusätzliche Holztruhen für Kleidung und Getreide standen. Neben der Küche wurde ein weiterer Raum mit einer Veranda angebaut, in dem wir die Sommertage verbrachten; gegessen wurde auf der Veranda, weil es dort kühler war als in der Küche. Da die Veranda lang war, stapelten wir an einer Seite unser Brennholz und das gute Holz für die Möbelherstellung. Dort lagerten seit jeher mehrere Holzbalken. Im Winter nahmen wir unsere Mahlzeiten in der Küche ein, im wärmsten Raum des Hauses.

Das Essen oder Wasser wurde in großen Messing- und Kupfertöpfen auf einem riesigen Lehmofen gekocht. Er hatte drei oder vier Öffnungen für die Kochtöpfe und Heizrohre, die sich wie ein Tunnelsystem unter dem Lehmfußboden der Schlafräume verzweigten. Wir schliefen auf dem Fußboden. Das Brennmaterial wurde so weit wie möglich in die Heizrohre hineingeschoben, sodass die Hitze den Schlafraum im Winter wärmte. Der Rauch wurde durch eine Abzugsöffnung aus dem Haus hinausgeleitet.

An den Winterabenden versammelte sich die ganze Familie auf handgearbeiteten Filz- und Wollmatten um den brennenden Ofen. Hier nahmen wir auch unsere Mahlzeiten ein, lauschten den Geschichten der älteren Familienmitglieder und genossen die wohlige Wärme des Feuers. Wenn wir am Ofen einschliefen, wurden wir mit einer Decke zugedeckt und blieben bis zum Morgen dort liegen.

Die Familie stand sehr früh auf und jeder hatte seine Pflichten, zum Beispiel die Tiere füttern, Brot backen, das Räucherwerk anzünden oder Haus und Hof kehren. Unweit des Hauses befand sich zum Glück ein Fluss, sodass wir nicht weit laufen mussten, um Wasser zu holen. Wir trugen das Wasser in Holzkübeln auf dem Rücken. In Taillenhöhe wurde ein dickes Polster umgebunden, auf dem der Kübel aufrecht stehen konnte. Man musste vorsichtig gehen, um das Wasser nicht zu verschütten.

In einem unserer Nachbardörfer waren die Felder nicht groß genug, um alle Bewohner zu ernähren. Deshalb stellten sie dort hölzerne Eimer, Kübel, Truhen, Speisebretter, Spaten und Schöpfkellen in unterschiedlichen Größen her. Einmal im Jahr, im Spätherbst, boten sie ihre Waren in den umliegenden Ortschaften feil, die auf dem Rücken von Maultieren und Eseln transportiert wurden; von ihnen stammten die Tragegefäße für unser Wasser. Im Austausch erhielten sie Getreide, Fleisch und andere Erzeugnisse.

Die Kinder mussten schon von klein auf hart arbeiten. Mit acht hatte ich die Aufgabe, Wasser zu holen und in der Küche Feuer zu machen. Meine jüngere Schwester musste mir dabei helfen. Meine Mutter legte mehrere große flache Teigstücke in die Asche, die ein köstliches Brot ergaben. Es war bei uns Brauch, jeden Tag zwei oder drei Fladenbrote zu backen. Es waren keine kleinen Laibe, sondern große, rund und flach, und eine Familie galt als arm und untüchtig, wenn kein Brot im Haus war. Als ältestes Kind musste ich mich um meine Geschwister kümmern, wenn meine Großeltern und Eltern den ganzen Tag auf dem Feld waren. Sie versperrten den Haupteingang, bevor sie aufbrachen, und vertrauten mir die Betreuung der jüngeren Geschwister an.

Ich musste darüber hinaus das getrocknete Gras auf das Dach hinauftragen und die Kuhfladen zu flachen Pfannkuchen formen und in der Sonne zum Trocknen auslegen. Da die Fußböden in unserem Haus überwiegend aus Holzplanken bestanden, mussten meine Schwester und ich die Böden polieren, den Lehmofen putzen und in allen Räumen Staub wischen, sodass alles glänzte, wenn die Erwachsenen von der Feldarbeit zurückkehrten. Ich war sehr stolz, wenn meine Eltern oder Besucher sagten: »Das Haus sieht aber blitzsauber aus.«

Wenn meine Großeltern und Eltern erst spät vom Feld nach Hause kamen, bereiteten meine Schwester und ich das Abendessen zu. Mein Teig war bisweilen klumpig und hart, was mein Vater mit einem Scherz zur Kenntnis nahm, doch er rügte mich nie. Er war ein freundlicher, sanfter Mann. Meine Mutter war streng und schimpfte: »Was für eine Schande, dass meine Tochter unfähig ist, eine ordentliche Mahlzeit zuzubereiten. Ein Mädchen, das nicht kochen und das Haus sauber halten kann, wird nie einen Mann finden.« Wie konnte eine Achtjährige eine ordentliche Mahlzeit kochen? Erst als ich neun war, gelang es mir, eine schmackhafte Mehlteigsuppe für die Familie zuzubereiten.

Das Leben bestand indes nicht nur aus Arbeit. Es blieb genug Zeit zum Spielen. Da unser Hof groß war, spielten wir dort mit einem selbst gemachten Ball aus Schafwolle, der in die Luft getreten und mit dem Fuß wieder aufgefangen werden musste, ohne dass er zu Boden fiel; wer am längsten durchhielt, hatte gewonnen. Die Schafwolle war fest mit einem Wolltuch umwickelt und zusammengenäht, sodass der Ball gut sprang. Wir hatten ein weiteres Spiel, bei dem glatte runde Steine, die in die Faust passten, gesammelt und hoch in die Luft geschleudert wurden. Zum Mittagessen gab es Tee und Brot. Säuglinge bekamen Tsampa oder einen Mehlbrei.

Im Sommer, wenn die Tage länger waren, trafen wir uns mit unseren Nachbarn auf einem weitläufigen freien Feld. Die Familien aus unserer Deywa, unserer Häusergemeinschaft, fanden sich hier an den Sommerabenden ein, vor Sonnenuntergang. Die ältere Generation machte den rituellen Rundgang mit der Gebetskette, während die Frauen Wolle krempelten, die Männer Pfeife rauchten, die Erwachsenen Spiele veranstalteten und die Kinder sangen, tanzten und herumtollten. Die Hausmütter und älteren Mädchen schwatzten und tratschten, aber es blieb nicht viel Zeit für solche Vergnügungen, weil wir früh nach Hause oder zu Hause bleiben mussten, um das Abendessen für die Familie zuzubereiten.

An den Sommerabenden kamen die Kinder in Scharen zu uns nach Hause und riefen: »Kommt spielen!« Ich hätte mich ihnen nur zu gerne angeschlossen, aber meine Schwester und ich mussten unserer Mutter helfen. Manchmal kam Mutter erst spät vom Feld zurück und meine jüngere Schwester, die kühner war als ich, sagte: »Du bleibst besser zu Hause und kochst, denn wenn Mutter kommt und das Essen ist nicht fertig, wird sie wütend. Mir ist das egal, deshalb gehe ich jetzt spielen.« Und schon war sie auf und davon. Ich wagte nicht, ihr zu folgen, weil ich wusste, dass es meine Aufgabe war, mich um die Tiere zu kümmern, auf die jüngeren Kinder aufzupassen und das Essen zuzubereiten.

Ein Jahr nach der Geburt eines meiner kleinen Brüder kamen uns Gerüchte zu Ohren, dass die kommunistischen Chinesen in unser Land einmarschierten. Damals war ich ungefähr fünfzehn oder sechzehn Jahre alt. Die Chinesen waren keine Fremden. Einige lebten in Rikon und forderten Abgaben von uns. Das waren die Chinesen vom alten Schlag, die Kuomintang-Chinesen. Sie hatten sich unweit des Rikon-Klosters angesiedelt und blieben unter sich, mieden jeden Kontakt zu den Einheimischen. Viele Regionen in Amdo entrichteten Abgaben an die Chinesen und Tashi-Kyil war möglicherweise die einzige Region, die von einem Amdowa regiert wurde. Sein Name lautete Apa Alo. Es hieß, er sei in China ausgebildet und bei seiner Rückkehr nach Tashi-Kyil Oberhaupt seiner Heimatregion geworden.

In unseren Dörfern lebten keine Chinesen. In jedem Dorf gab es zwei Tibeter als Vertreter der lokalen chinesischen Machthaber, die alle Anordnungen übermittelten und dafür gut bezahlt wurden. Wir mussten nicht nur Abgaben an die Chinesen entrichten, sondern auch für sie arbeiten. Jede Familie musste einmal im Jahr ein gesundes, starkes Pferd in einer bestimmten Farbe bereitstellen; entsprach es nicht der gewünschten Farbe, wurde es zurückgeschickt und wir erhielten Prügel. Fünf Familien in unserem Dorf mussten einen Yakkopf als Abgabe entrichten; die Haut wurde gewalkt und von den Chinesen zu Stiefeln verarbeitet. Außerdem verlangten sie Schaffelle von uns.

Ich musste Handdienste (meistens in Form von Feldarbeit) für die Chinesen leisten. Jede Familie war verpflichtet, einen jungen Mann oder eine Frau zu diesem Zweck freizustellen. Meine Großeltern waren alt, meine Eltern hatten viel Arbeit im Haus und auf dem Feld. Da ich die Älteste war, schickten sie mich. Ich war damals ungefähr zwölf Jahre alt.

Jeden Morgen mussten die Kinder in Reih und Glied antreten, um inspiziert und gezählt zu werden. Einige der jüngeren Kinder stellten sich auf Steine und verbargen sich hinter den größeren, um in die Arbeitskolonne aufgenommen zu werden. Die Chinesen prüften unsere Tauglichkeit, indem sie uns eine schwere Hacke in die Hand drückten, mit der wir den Boden in drei Schlägen aufbrechen mussten. Wer die Prüfung nicht bestand, wurde nach Hause geschickt und musste durch ein älteres Familienmitglied ersetzt werden. Einige Kinder waren außerstande, die schwere Hacke hochzuheben, oder gingen unter dem Gewicht zu Boden. Es gelang mir, die Hacke gerade eben über meinen Kopf zu heben und wieder zu senken. Meine Beine zitterten vor Schwäche und ich taumelte, aber ich biss die Zähne zusammen und wurde in die Arbeitskolonne aufgenommen. Wäre ich weggeschickt worden, hätten mein Vater oder meine Mutter meinen Platz einnehmen müssen und zu Hause wäre die Arbeit liegen geblieben.

Wir wurden im Straßenbau eingesetzt. Wir brachten unsere Verpflegung von zu Hause mit und die Bewohner der einzelnen Dörfer schliefen zusammen in einem Zelt. Wir hatten Tsampa, Dörrfleisch, Brot, Tee, Butter und Käse dabei. Wir kochten nur am Abend und bereiteten abwechselnd Nudelsuppe zu. Meistens gab es eine Nudelspezialität aus Amdo, Thin-thuk genannt. Wir mussten getrocknete Ähren oder Gras vom Feld sammeln, um Schlafmatten daraus zu machen. Alle Arbeiter waren Tibeter und die Chinesen beaufsichtigten uns. Darüber hinaus hatten Chinesen und Tibeter keinen Kontakt miteinander. Wir mussten zweimal im Jahr Handdienste leisten: das erste Mal in der Zeit der Aussaat, bevor der Regen einsetzte, und das zweite Mal nach der Herbsternte bis zum ersten Schnee.

Als Kind freute ich mich auf alle Feste in unserem Dorf. Die beiden wichtigsten waren das Neujahrsfest und das Große Gebetsfest. Das war für uns Kinder eine aufregende Zeit, weil wir neu eingekleidet wurden, viele gute Dinge zu essen bekamen, unsere Nachbarn besuchten und überall gelacht, gesungen und getanzt wurde.

Am 28. und 29. Tag im letzten Monat des Jahres fanden in unserem Kloster und im Hauptkloster Rikon die Cham-Tänze statt. Jeder, der einigermaßen gut zu Fuß war, besuchte die Veranstaltung. Sie war nicht nur kurzweilig, sondern auch eine gute Möglichkeit, mehr über das Dharma zu erfahren und gesegnet zu werden. Die Zuschauer lernten etwas über die unterschiedlichen Masken, die von den Mönchen bei den Cham-Tänzen getragen wurden, und über die zahlreichen Göttinnen und Götter. Unserem Glauben zufolge werden wir diesen Gottheiten nach dem Tod begegnen und wenn sie uns in diesem Leben fremd geblieben sind, werden wir uns vor ihnen fürchten und uns um ihren Segen bringen.

Der erste Tag war der Aufführung der rituellen Cham-Tänze gewidmet. Am zweiten Tag fand die Feueropfer-Zeremonie, Jinsik, statt. Nach Einbruch der Dunkelheit wurden die Dämonen den Flammen überantwortet, beim Tor-kyak. Dieses Ritual war erst am späten Abend zu Ende. Nach der

Heimkehr war es Brauch, den Dreschflegel mit den drei Spitzen in einem Wollbeutel über dem Haupteingang aufzuhängen und vor dem Haus einen Scheiterhaufen zu entzünden. Dadurch sollten böse Geister aus dem Haus vertrieben oder böse Geister und Unheil ferngehalten werden. Dieses Ritual fand in jedem Haus statt.

Am 28. Tag des letzten tibetischen Monats gab es Guthuk. Dafür kochten wir den besten Hammel mit dem meisten Fett, reicherten die Suppe zusätzlich mit Teigstreifen an und füllten unsere Bäuche. Es hieß, dass Kinder ordentlich essen müssten, um groß und stark zu werden, sonst würde der Gott des Todes kommen, sie wiegen und mitnehmen, wenn sie zu leicht waren; also aßen wir, bis wir nicht mehr konnten.

Die Cham-Tänze boten Anlass für ein wunderbares Fest. Fast alle Dorfbewohner hatten einen Verwandten im Kloster und wir statteten ihnen an diesem Tag einen Besuch ab, ausgerüstet mit ausreichend Verpflegung für alle. Es gab jede Menge Butter, Tsampa, Käsekuchen, Sauerrahm, gekochtes und getrocknetes Hammelfleisch und Tee. Familienangehörige und Freunde trafen sich, um gemeinsam mit ihren im Kloster lebenden Verwandten das Mittagsmahl einzunehmen.

Wir legten unsere besten Gewänder und alle Schmuckstücke an, die wir besaßen. In unserer Region wurden Silber und Koralle bevorzugt. Wir trugen weder Gold noch Gzi-Steine. Türkis galt als minderwertig und wurde nur von wenigen Leuten getragen. Es gab einen anderen glänzenden schwarzen Stein, den wir zwischen den Korallen unserer Halsketten auffädelten. Wir waren einfache Bauern und keine Frau benutzte Schminke. Mit künstlicher Farbe auf Wangen oder Lippen hätten uns die Dorfbewohner verspottet. Wir cremten das Gesicht mit Rahm, Butter oder der Rahmschicht auf dem tibetischen Buttertee ein, um die Haut geschmeidig zu halten. Da wir bei Wind und Wetter auf dem Feld arbeiteten, trocknete sie leicht aus und verbrannte, doch alles in allem hatten wir einen gesunden Teint und von Natur aus rote Wangen, was vermutlich auch auf die gute Luft und das Wasser in unserer Region zurückzuführen war.

Unser Festtagsgewänder für den Winter waren aus Schaf- oder Lammfell gemacht. Die jungen Leute trugen lieber dünnere Felle, weil sie schlank aussehen wollten. Die Lämmer wurden geschlachtet, wenn sie sieben Monate alt waren; dann war das Fell besonders geschmeidig und weich. Die Reichen ließen die Säume ihre Schaffellkleidung mit Otterfell besetzen, während die weniger Begüterten mit roten Baumwollborten vorliebnahmen. War es draußen warm, trugen wir langärmelige schwarze Wollroben mit weißen Blusen und im Sommer auch schwarze Baumwollroben mit roten Borten. Die Baumwolle wurde vermutlich aus China eingeführt. Männer und Frauen trugen ähnliche Gewänder und Blusen, doch bei den Männern wurden sie unter den Knien hochgezogen, während sie bei den Frauen bis zu den Knöcheln reichten. Es war ein hübscher Anblick, wenn die schwarz-weiß gekleideten Frauen in Gruppen auf dem Feld arbeiteten. Andere Farben trugen wir nie.

Auf die Cham-Tänze folgte das Neujahrsfest. Es war eine aufregende Zeit, in der es viel zu tun gab. *Losar* wurde mehrere Tage gefeiert und überall wurde gegessen, getrunken, gesungen und getanzt. Die Nachbarn besuchten und bewirteten sich gegenseitig. Spannung lag in der Luft und die Frauen hatten alle Hände voll zu tun. Alle anderen Arbeiten mussten warten, da die Zubereitung der Mahlzeiten, das Brauen von Chang und das Teekochen viel Zeit in Anspruch nahmen. Allen Nachbarn, die zu Besuch kamen, wurden Speisen und Getränke vorgesetzt, deshalb hatten die Frauen wenig Muße. Wir Mädchen halfen ihnen. Das Neujahrsfest dauerte neun Tage, da der Besucherstrom nicht abriss. Meine jüngere Schwester Khando Tso und ich hatten eine gute Stimme, deshalb wurden wir gebeten, für die Gäste zu singen. Ich sang und tanzte für mein Leben gerne. Familienmitglieder und Freunde sagten oft: »Lhamo, steh auf und sing für uns.« Ich ließ mich nicht lange bitten und war auch beim Tanz immer eine der Ersten. Viele junge Leute schlossen sich uns dabei an. Nach jedem Lied oder Tanz riefen die Männer mit lauter Stimme: »Yeh! Yeh!«, und schon eilten die Nachbarn herbei, weil sie dachten, bei uns ginge es lustiger zu als in ihrem eigenen Haus.

Das Neujahrsfest war einzigartig. Die Kinder waren außer Rand und Band und gerieten sich oft ohne Grund in die Haare. Wir sangen, tanzten und genossen die Abwechslung. Wir gingen von Haus zu Haus, denn überall wurde gefeiert. Am neunten Tag des neuen Jahres begingen wir den Abschluss des Neujahrsfestes. Alle Kinder aus unserer Deywa kamen zusammen, brachten Brot, Tee, Fleisch, Mehl und Salz mit und luden die ganze Nachbarschaft zu einem Festmahl ein, das in einem der größeren Häuser stattfand. Natürlich halfen uns die Erwachsenen bei den Vorbereitungen, doch die Kinder waren verantwortlich für die Gestaltung des Abends. Nach dem Essen sangen, tanzten und feierten alle miteinander. Damit war das Neujahrsfest zu Ende.

Nach Neujahr fand ein wichtiges religiöses Fest, das Große Gebetsfest, statt. Im Rikon-Hauptkloster wurden die rituellen Cham-Tänze aufgeführt; in einem kleineren Kloster fanden sie tags darauf statt. Nur wenige alte Leute konnten dieser Zeremonie beiwohnen, weil das Kloster zu weit vom Dorf entfernt lag. Angetan mit ihren besten Gewändern und ihrem schönsten Schmuck strömten die Bewohner der umliegenden Dörfer herbei, um die Mönche tanzen zu sehen.

Wir nahmen unsere Mahlzeiten mit, aber es gab auch viele Essensverkäufer in der Nähe der Klöster.

Im Verlauf dieses Festes erhielten wir den Segen von einem der höchsten Lamas im Rikon-Hauptkloster; sein Name lautete Shar Kalden Gyatso. Alle Dorfbewohner waren darauf erpicht, sich von diesem heiligen Mann segnen zu lassen. Da man dort endlos anstehen und warten musste, brachen wir besonders früh auf. Er berührte mit seinem Stab den Kopf der Gläubigen und wir erhielten ein gesegnetes Band, das um den Hals getragen wurde. Danach betraten wir das Kloster und brachten den Mönchen Weizen, Brot, Tsampa und Butter für den persönlichen Gebrauch und für die Butterlampenopfer. Da sich bei uns nur wenig Geld in Umlauf befand, waren Geldspenden nicht üblich.

Im Rikon-Kloster herrschte während des Großen Gebetsfestes ein riesiges Gedränge. Die Menschen kamen nicht nur, um den Segen der Lamas zu empfangen, die verschiedenen Gebetsräume des Klosters aufzusuchen und den Mönchen zuzuhören, wenn sie in der Versammlungshalle aus den heiligen Schriften vorlasen, sondern nutzten die Gelegenheit, um Verwandte zu besuchen, die im Kloster lebten, oder ein wenig Abwechslung zu genießen. Nach Beendigung der religiösen Zeremonien ließen sie sich am Straßenrand nieder und beäugten die vorbeiziehende Menge, machten Bemerkungen über die Kleidung und den Schmuck oder tratschten. Sie unterhielten sich darüber, wer die breitesten Robbenfellborten an den Gewändern trug und welche Mädchen besonders hübsch waren.

Am sechzehnten Tag des ersten Monats feierten wir das Ende des Großen Gebetsfestes. Ein riesiger Thangka wurde von den Männern im Uhrzeigersinn um das Kloster herumgetragen und dabei wurde der Lobgesang auf den Buddha des Mitgefühls »Mey Mey Tsi Whey Dechen Chenrezi« rezitiert. Die Schirmherren und Förderer des Festes führten die Prozession an, gefolgt von einer endlos langen Reihe von Mönchen mit Zimbeln, Hörnern, Trommeln und verschiedenen religiösen Bannern. Die Laien bildeten den Schluss. Nach einem vollen Rundgang um das Kloster wurde der Thangka zu einem freien Feld gebracht und auf der Veranda eines kleinen Hauses aufgehängt, das auf einem großen Felsen errichtet war. Auf dem Thangka war Buddha Shakyamuni mit seinen beiden Lieblingsschülern abgebildet. Wenn er auseinandergerollt wurde, rezitierte die versammelte Menschenmenge mit lauter Stimme, zusammengelegten Händen und tiefer Andacht das älteste und wichtigste Mantra »Om Mani Padme Hung«. Spannung lag in der Luft.

Die Menschen drängten nach vorn, um den Thangka mit der Stirn zu berühren und gesegnet zu werden. Es herrschte ein großes Geschiebe und Gerangel und wenn man stürzte, lief man Gefahr, totgetreten zu werden. Nur den wagemutigen jungen Männern gelang es, sich dem Thangka zu nähern. Der Rest gab sich damit zufrieden, einen Blick aus der Ferne darauf zu werfen. Glücklich kehrten wir am Ende des Festes nach Hause zurück.

Die Kälte wich und wir konnten mit der Feldarbeit beginnen. Wir trieben Maultiere und Esel zusammen und halfen uns gegenseitig beim Pflügen und Düngen. Der Dünger war eine Mischung aus menschlichen und tierischen Exkrementen. Alle sechs Monate wurde der Acker gedüngt. Diese Arbeit nahm den ganzen Tag in Anspruch. Wir nahmen unser Mittagsmahl von zu Hause mit, aßen gemeinsam und plauderten in den Ruhepausen.

Als ich ungefähr achtzehn Jahre alt war, wurde vereinbart, dass ich in die Familie der älteren Schwester meines Vaters einheiraten sollte. Sie hatte einen Witwer mit einem Sohn aus erster Ehe geheiratet, der eine Frau suchte. Meine Mutter war dagegen; sie wollte mich lieber mit einem jungen Mann aus dem Dorf ihrer Eltern verheiraten, weil ich arbeitsam war. Doch bevor meine Eltern eine Entscheidung treffen konnten, heiratete meine jüngere Schwester, die erst sechzehn war, einen siebzehnjährigen jungen Mann.

Schon in frühester Kindheit war meine Schwester dem Sohn eines Freundes der Familie versprochen worden. Doch bevor die Hochzeit stattfinden konnte, kam ein junger Mann aus einem Nachbarort in unser Dorf, um einen Freund zu besuchen, und begegnete meiner Schwester. Es war durchaus üblich in unserer Region, eine Braut zu entführen, wenn die Ehe nicht in gegenseitigem Einvernehmen der Familien arrangiert werden konnte. Eines Tages übernachtete meine Schwester im Haus einer Freundin. Als sie am nächsten Morgen nicht nach Hause zurückkehrte, machte sich meine Mutter große Sorgen. Sie begann, Nachforschungen anzustellen und nach ihr zu suchen. Später am Vormittag kam ein alter Mann zu uns und überbrachte ein gesundes, ausgewachsenes Schaf mit einem bunten Band um den Hals, einen Ballen Stoff, eine mit Butterstückchen geschmückte Holzkiste, in der sich Bier befand, und einen weißen Schal; dann bat er um die Hand meiner Schwester. Er sagte: »Ich kenne eure Familie und eure Tochter und ihr kennt uns, deshalb bitten wir euch, uns eure Tochter als Braut zu überlassen. Wir haben bei der Zukunftsschau die Namen von dreizehn Mädchen angegeben, die als Frau für unseren Sohn infrage gekommen wären; drei Mädchen blieben übrig und von diesen war eure Tochter die beste Wahl.« Meine Mutter war nicht besonders glücklich über den Antrag und erwiderte: »Meine Tochter ist jung. Sie weiß noch nicht viel über die Arbeiten, die im Haus anfallen, und hat keine Übung im Umgang mit Menschen außerhalb der Familie. Sie ist zu jung zum Heiraten.« Mein Vater schwieg und an jenem Tag wurde keine Entscheidung getroffen. Es war ohnehin nicht üblich, einen Antrag umgehend anzunehmen, da die Dorfbewohner sonst den Eindruck gehabt hätten, die Familie brenne darauf, die Tochter loszuwerden. In diesem Fall kam erschwerend hinzu, dass meine Schwester bereits einem anderen jungen Mann versprochen war.

Als der Besucher gegangen war, kamen alle unsere Nachbarn und andere Dorfbewohner aus der nächsten Deywa, um etwas über die Entführung meiner Schwester zu erfahren. Einige unserer Freunde machten sich auf, sie zurückzuholen. Als sie mit ihr eintrafen, wurde sie von meiner Mutter ausgescholten. Am Abend kam der junge Mann, der sie unbedingt heiraten wollte, in Gesellschaft einiger Freunde, um einen Nachbarn zu besuchen, und dieser half den jungen Männern, meine Schwester ein zweites Mal zu entführen. Ehen, die durch Entführung zustande kamen, waren in unserer Region gang und gäbe.

Am nächsten Tag setzten sich die Ältesten aus der Deywa des jungen Mannes und die Ältesten aus unserer Deywa zusammen, um über eine mögliche Ehe zwischen den beiden jungen Leuten zu beraten. Einige Älteste aus unserem Dorf wiesen meine Mutter darauf hin, dass der Junge aus einer achtbaren Familie mit genug Land stammte und einen guten Ehemann für ihre Tochter abgeben würde. Mein Vater schwieg. Sie überredeten meine Mutter schließlich, ihre Zustimmung zu geben. Nach langem Hin und Her und viel Teetrinken erhielt meine Schwester endlich die Erlaubnis, den jungen Mann zu heiraten, und die Hochzeitsvorbereitungen konnten beginnen.

Nun brachten meine Eltern meine Heirat zur Sprache. Die übrigen Kinder waren noch klein und sie konnten mich nicht entbehren. Deshalb zogen sie in Erwägung, einen Bräutigam ins Haus zu holen, sodass ich meinen Eltern weiterhin helfen konnte. Außerdem galt es zu entscheiden, ob ich mit dem Stiefsohn meiner Tante oder dem Sohn einer Freundin meiner Mutter verheiratet werden sollte. Mein Vater und meine Mutter waren in diesem Punkt uneins und deshalb beschloss ich, in absehbarer Zeit überhaupt nicht zu heiraten. Ich hatte schließlich einen Bruder, der im Haus lebte; sollte der sich doch eine Frau suchen, die den Haushalt führte, wie es dem Brauch entsprach. Man nahm gewöhnlich nur dann einen Bräutigam ins Haus, wenn männliche Nachkommen fehlten, denn er war nur ein notdürftiger Ersatz für einen leiblichen Sohn und in der Gesellschaft nicht besonders hoch angesehen.

Inzwischen waren die kommunistischen Chinesen auch in unsere Region vorgedrungen. Ich war zwanzig Jahre alt, als sie kamen und meinen jüngsten Bruder überredeten, seine Familie zu verlassen und der Jugendorganisation beizutreten. Meine Schwester wurde Mitglied des Frauenbunds, während ich zu Hause blieb, um den Eltern zu helfen. Die Chinesen führten neue Methoden des Ackerbaus ein. Sie schlugen vor, wir sollten uns mit fünf anderen Familien in unserer Deywa zusammenschließen und gemeinsam die Felder bestellen, wenngleich sie uns nicht zur Zusammenarbeit zwangen. Wir sollten das Land gemeinsam pflügen, säen und die Ernteerträge teilen. Sie brachten das System der Kommune in unsere Region. Nach und nach siedelten sich Leute aus anderen Teilen von Amdo in unserem Dorf an. Diese Amdowa arbeiteten für die Chinesen. Es hieß, sie würden uns bei der Arbeit helfen, aber ich merkte bald, dass sie uns in Wirklichkeit überwachten. Kommunistische Kader der Chinesen besuchten unser Dorf, aber sie lebten nicht bei uns.

Die Chinesen kamen mehrmals zu uns, um mich als Mitglied ihres Arbeitskaders anzuwerben. Sie erklärten meinen Eltern: »Wenn Lhamo in die Kommunistische Partei eintritt, muss sie nicht hart arbeiten. Sie wird viele Vergünstigungen erhalten und eines Tages kann sie eine eigene Arbeitsgruppe leiten.« Sie kamen oft und versuchten immer wieder, meine Eltern zu überreden, mich gehen zu lassen. Meine Eltern waren nicht besonders glücklich über den Vorschlag. Die Situation machte mir Sorgen. Die Chinesen nahmen hin und wieder tibetische Kinder mit, um ihnen eine reguläre Schulbildung zuteil werden zu lassen und die Familien wurden auseinandergerissen; wenn wir uns nicht fügten, kamen sie immer wieder, redeten und redeten, hämmerten uns regelrecht ein, dass es das Beste für die Kinder sei. Eines Tages beschloss ich, mein Zuhause zu verlassen.

Ich hatte eine ältere Cousine, deren Ehemann sich häufig betrank und sie dann schlug. Sie lebte mit ihm, seinem Vater und zwei Kindern zusammen. Sie plante, heimlich von zu Hause fortzugehen und eine Pilgerreise nach Lhasa zu unternehmen. Sie bat mich, sie zu begleiten, und wies darauf hin, dass mich die Chinesen eines Tages mit Sicherheit mitnehmen würden, auf Nimmerwiedersehen. Deshalb sei es besser, gemeinsam zu fliehen. Sie zweigte Brot und Tsampa ab, die sie versteckte, bis der Proviant für einige Zeit reichte. Ich legte zu Hause ebenfalls einen Nahrungsmittelvorrat für die lange Reise an.

Ich erzählte meinen Eltern, dass ich im Haus einer Freundin übernachten wolle; in Wirklichkeit suchte ich Unterschlupf in einem Schuppen, der einem Verwandten gehörte. Um Mitternacht kam meine Cousine Acha und wir verließen unser Dorf. Wir waren beide traurig, doch es gab kein Zurück. Unser erstes Ziel war Kumbum. Wir gingen immer am Fluss entlang und gelangten am nächsten Tag in ein Dorf. Dort fanden wir einen Unterstand, wo wir Tee kochen und uns ein wenig ausruhen konnten.

Nach einem weiteren Tagesmarsch überquerten wir eine

Brücke und kamen zu einem kleinen Kloster. Unterwegs begegneten wir einer alten Frau und baten um Wasser. Das Wasser schmeckte köstlich; wir hatten nicht bemerkt, wie durstig wir waren und wie sehr unsere Füße vom vielen Gehen schmerzten. Wir trafen einen Mönch, der so freundlich war, uns in seiner Hütte ein Quartier für die Nacht anzubieten. Er schlief mit seinem Gefährten in einem der beiden Räume und überließ uns den anderen. Wir erzählten den Mönchen, dass wir uns auf einer Pilgerreise nach Norden befanden. Sie hatten einen Topf Thukpa gekocht und teilten das Essen mit uns. Es schmeckte köstlich. Der Besuch bei den Mönchen und die herzhafte Mahlzeit waren in unseren Augen ein gutes Zeichen, das auf einen erfolgreichen Verlauf unserer Reise deutete.

Am nächsten Morgen in aller Frühe setzten wir unsere Reise fort und der ältere Mönch gab uns Brot als Wegzehrung mit. Wir sagten ihm, dass wir genug dabeihätten, doch er ließ sich nicht beirren und bestand darauf. Wir dankten ihm und seinem Freund von ganzem Herzen und verließen die Hütte.

Außer Kumbum besuchten wir Nangra Serkhang, Jakyung und viele andere Klöster. Wir folgten der herkömmlichen Pilgerroute. Im Nangra-Serkhang-Kloster fand eine Gebetszeremonie statt, bei der eine Milliarde Mani-Mantras rezitiert wurden. Auch die Bewohner der umliegenden Ortschaften nahmen daran teil. Meine Freundin und ich entdeckten einen alten Mann, der Thukpa feilbot, und wir kauften ihm eine Schale ab. Er erkundigte sich, wohin wir wollten. Wir erwiderten, dass wir uns auf einer Pilgerreise befänden. Er meinte, wir sähen eher aus wie zwei junge Frauen auf der Flucht. Er weigerte sich, Geld von uns zu nehmen. Das Essen schmeckte köstlich. Wir waren so hungrig, dass jede von uns drei Schalen Thukpa verschlang. Während wir aßen, wurde eine Pause bei der Mani-Rezitation eingelegt und einige junge Männer kamen zu uns herüber; der Anblick von zwei jungen Frauen, die allein unterwegs waren und Thukpa aßen, schien ihre Neugierde zu wecken. Sie umringten uns und der alte Mann musste sie mit einem Stock davonjagen.

Der alte Mann war so freundlich, uns an diesem Abend in einer Ecke der Küche schlafen zu lassen. Es war eine Gemeinschaftsküche, in der die Teilnehmer der Mani-Rezitation verpflegt wurden. Da das Gebet Tag und Nacht stattfand, gab es in den offiziellen Pausen Tee und Thukpa. Acht Männer arbeiteten in der Küche; sie buken auch Brot. Es wurde eine unruhige, geräuschvolle Nacht. Am nächsten Morgen lud uns der alte Mann zur Teilnahme an den Mani-Gebeten ein. Wir verbrachten den halben Tag damit, Manis und zwanzigtausend Mantras zu rezitieren. Wir aßen mit den anderen Gläubigen zu Mittag. Es gab Tee, Brot, Tsampa und Butter. Nach dem Mittagsmahl verließen wir das Kloster und setzten unsere Reise fort.

Manchmal schliefen wir im Freien. Es war beängstigend, allein zu reisen, aber wir waren entschlossen, nach Lhasa zu gelangen. Eines Tages kamen wir zu einem anderen Kloster, auf der Suche nach einem Nachtquartier. Einer der vielen Gläubigen, denen wir auf dem rituellen Rundgang um das Kloster begegneten, erzählte uns, dass hier ein hoher Lama eine Herberge eigens für Pilger errichtet habe. Es war üblich in unserem Land, Pilger aufzunehmen, als Geste der Barmherzigkeit. Wir bekamen einen schönen Raum zugewiesen und eine Kanne heißen Tee und Brot. Am Abend bekamen wir eine köstliche Klößchensuppe. Sie war höchst willkommen nach dem mehrtägigen Fußmarsch ohne eine warme Mahlzeit.

Am nächsten Morgen erhielten wir abermals Brot, bevor

wir uns wieder auf den Weg machten. Wir überquerten auf einer Brücke den Machu Fluss und gelangten am Abend zu einem kleinen Mani-Gebetsraum. Dort lebten ein alter Mann und eine alte Frau, die uns Unterkunft gewährten. Sie teilten ihre Abendmahlzeit, bestehend aus Tsampa, Brot und Tee, mit uns und wir schliefen wunderbar.

Am nächsten Morgen erreichten wir eine weitläufige Talsenke mit einem Fluss. Wir folgten dem Fluss und stießen auf eine mit Gras bewachsene Böschung, wo wir trockenes Gestrüpp und Zweige sammelten, Feuer machten und Tee kochten. Nach dem belebenden Tee und einer kurzen Ruhepause setzten wir unseren Weg fort. Plötzlich standen wir vor einer von Menschenhand erbauten Straße, auf der zu unserer Überraschung Lastwagen entlangfuhren. Als wir endlich Mut gefasst und beschlossen hatten, einen von ihnen anzuhalten, in der Hoffnung, ein Stück mitfahren zu können, sahen wir, dass sie bereits eine große Menschenmenge beförderten, jedoch ausschließlich Chinesen. Sie machten keinerlei Anstalten, uns auch noch mitzunehmen, deshalb marschierten wir am Straßenrand weiter, bis wir an einen kleinen Pass kamen. Nach Überqueren des Passes gelangten wir in ein Dorf und dort standen die Lastwagen, die an uns vorübergefahren waren. Es sah aus, als befände sich hier eine Haltestelle für dieses Transportmittel. Wir gingen zu einem der Fahrer, gaben ihm Geld und baten ihn, uns mitzunehmen, doch er gab das Geld zurück und lehnte ab. Ein Tibeter, der uns beobachtet hatte, sagte: »Steigt ruhig ein. Die Chinesen sind noch neu in dieser Gegend. Sie nehmen kein Geld von Tibetern, weil sie in unser Land gekommen sind, um uns zu helfen; sie nehmen euch unentgeltlich mit.«

Nachdem wir unser Bündel aufgeladen und auf der Ladefläche Platz genommen hatten, gesellten sich weitere Reisende zu uns und eine lange Fahrt begann. Wir kamen an endlosen Ackerflächen vorüber und abends näherten wir uns einer großen Stadt. Da alle Leute ausstiegen, folgten Acha und ich ihrem Beispiel. Wir wussten weder, wohin der Lastwagen fuhr, noch wo wir uns befanden oder wo Siling lag, unser nächstes Ziel. Der chinesische Fahrer verstand unseren Dialekt nicht und wir sprachen nicht Chinesisch. Wir waren im chinesischen Teil der Stadt gelandet und weit und breit war kein Tibeter in Sicht, den wir nach einer Herberge hätten fragen können. Schließlich stießen wir auf eine unbebaute Fläche mit einem kleinen Fluss in der Nähe, sammelten Feuerholz, bereiteten Thukpa zu und verbrachten die Nacht unter freiem Himmel. Ein weiterer Lastwagen rumpelte die Hauptstraße entlang, aber er war bereits vollbeladen mit Menschen und es gab keine Möglichkeit, mitzukommen.

Im Morgengrauen standen wir auf und beschlossen, den Weg nach Siling zu Fuß fortzusetzen. Wir schlugen die Richtung ein, die man uns gezeigt hatte, und gingen den ganzen Morgen. Am späten Nachmittag begegneten wir Chinesen, die auf Traktoren saßen und uns mitnahmen, nachdem wir ihnen »Siling« zugerufen hatten. Als wir uns einer großen Stadt näherten, stellten wir fest, dass wir uns in einem Außenbezirk von Siling befanden. Eine riesige Menschenmenge eilte geschäftig hin und her; alle trugen blaue Hosen und Jacken und wir konnten kaum unterscheiden, ob es sich um Tibeter oder Chinesen handelte. Wieder einmal waren wir auf der chinesischen Seite der Stadt gelandet. Wir fanden ein kleines Gasthaus, wo wir zu Abend aßen und schliefen.

Am nächsten Morgen in der Frühe beschloss ich, mich umzusehen und mich auf die Suche nach Tibetern zu begeben, während Acha im Gasthaus blieb, um unsere wenigen Habseligkeiten im Auge zu behalten. Da ich keinen einzigen Tibeter entdecken konnte, kehrte ich bedrückt ins Gasthaus zurück. Acha und ich machten uns dann gemeinsam auf den Weg, um die Stadt zu erkunden und nach Tibetern Ausschau zu halten. Endlich begegneten wir einem Landsmann, doch er stammte aus Kham. Da er den Amdo-Dialekt nicht verstand, war kein Austausch möglich. Wir waren schrecklich entmutigt. Schließlich erspähte ich einen Mann aus Amdo und fragte ihn, wo wir ein Gasthaus für Amdowas finden könnten. Er nahm uns freundlicherweise zu dem Gasthaus mit, in dem er selbst wohnte, und dort hatten sich viele unserer Landsleute einquartiert. Wir waren erleichtert und glücklich, uns mit Leuten unterhalten zu können, die unserer Sprache mächtig waren und aus der gleichen Provinz stammten. Wir erfuhren, dass es hier möglich war, einen Fahrschein für den Bus nach Lhasa zu kaufen. Der Bus, der direkt nach Lhasa ging, war voll, aber manchmal gab es noch freie Plätze in einem der Überlandbusse, die in den kleineren Ortschaften hielten. Nach vier Tagen Aufenthalt in Siling gelang es uns, einen Fahrschein für den Überlandbus nach Lhasa zu ergattern und unsere Reise fortzusetzen.

Dieser Bus fuhr über Gormo. Auf dem Weg kamen wir am Kokonor See vorüber. In Amdo heißt es, dass man in der Region Kokonor nichts als den blauen See und den blauen Himmel sieht. Aus der Ferne hatte es den Anschein, als läge eine majestätische blaue Gebirgskette vor uns, und erst als wir näher und näher kamen, entdeckten wir, dass es der berühmte See war. Er war riesig.

Während der Fahrt sahen wir einen anderen großen See am Fuße eines ausgedehnten Berges. Das Ufer war mit einer weißen Schicht bedeckt und ich erfuhr von unseren Mitreisenden, dass es sich um Salz handelte.

Nach einem weiteren Tag auf der unbefestigten Straße gelangten wir an ein malerisches Dorf mit vielen, weit verstreuten Nomadenzelten. Wir erfuhren, dass der Panchen Lama hier den Sommer in seinem Palast verbrachte, einem langen schmalen Bauwerk.

Auf der Straße zwischen dem Kokonor See und Gormo begegneten wir einem Menschenschlag, wie wir ihn nie zuvor gesehen hatten. Sie trugen eigenartige Gewänder und Hüte. Es waren mongolische Nomaden, die sich in dieser Region niedergelassen hatten. Es waren viele.

An einem anderen Tag erspähten wir weit vor uns auf dem Weg einen schwarz-roten Berg, der sich am Himmel zu bewegen schien. Beim Näherkommen entpuppte sich der Berg als gewaltiger Sandsturm. Wir waren mit Sand bedeckt und der Bus musste eine Weile halten, weil die Straße nicht mehr zu sehen war. Die Sandkörner waren so schmerzhaft wie Nadelstiche und wir deckten uns eilends mit allem zu, was wir in unserem Gepäck, auf dem wir saßen, zu fassen bekamen. Es wurde stockfinster, wie in der Nacht. Als sich der Sturm verzogen hatte und wir unsere Fahrt fortsetzen konnten, war der Himmel so klar, als dämmerte ein neuer Tag herauf. Ich hatte nie zuvor einen solchen Sandsturm erlebt. Einige Mitreisende meinten, das sei kein gutes Omen für unser neues Land.

Nach ungefähr einer Stunde erreichten wir Gormo. Dort gab es viele Häuser und unzählige Chinesen. Der Bus hielt und wir mussten aussteigen. Wir hörten, dass ringsum nur Chinesisch gesprochen wurde. Acha und ich hatten die größten Schwierigkeiten, einen Schlafplatz zu finden. Jeder Gasthof war mit Chinesen gefüllt und erst nach geraumer Zeit entdeckten wir eine kleine Hütte, in der wir die Nacht verbrachten. Früh am nächsten Morgen brachen wir auf, um nach Landsleuten aus Amdo Ausschau zu halten. Wir begegneten einem Amdowa, der uns einige Gästehäuser zeigte. Diese Unterkünfte waren zu teuer für uns und als wir nach einer preiswerten Unterkunft fragten, zeigte er uns mehrere Herbergen mit Schlafsälen. Wir fühlten uns nicht wohl bei dem Gedanken, mit so vielen Fremden in einem Raum zu übernachten. Dann trafen wir einen Amdo-Händler aus Labrang, der wissen wollte, ob wir mehr Gepäck hätten als das, was wir auf dem Rücken trugen. Als wir verneinten und sagten, dass wir Pilger seien, gestattete er uns, bei ihm und seinen beiden Freunden im Zimmer zu schlafen, vorausgesetzt, dass wir uns bei den chinesischen Behörden als seine Verwandten ausgaben.

Die drei Händler wollten so viele Waren nach Lhasa bringen, dass die Chinesen ihnen die Genehmigung verweigerten, Fahrscheine für die letzte Etappe ihrer Reise zu kaufen. Sie hatten zwei Monate in Gormo festgesessen und den Chinesen weisgemacht, dass ein Teil der mitgeführten Dinge zwei Verwandten gehörten, die sich ihnen bald anschließen würden. Wir kamen ihnen gerade recht und als Gegenleistung für das Nachtquartier gingen wir zu den chinesischen Behörden, um eine Erlaubnis für den Kauf von Fahrscheinen nach Lhasa zu erwirken. Damit konnten wir Fahrscheine für den nächsten Lastwagen nach Lhasa erstehen. Es dauerte indes noch zwei Tage, bis wir freie Plätze ergatterten. Es gab viele Menschen und Waren, die nach Lhasa befördert werden wollten.

Nach Gormo kamen wir auf ein ausgedehntes trostloses Hochplateau, wo weder Menschen noch Tiere lebten. Es gab nichts zu sehen außer einigen Bergen in weiter, weiter Ferne. Vermutlich war das die Changthang, die weitläufige »Nördliche Ebene«. Manchmal kamen wir an kleinen chinesischen Ortschaften vorüber. Endlich erreichten wir Amdo Tenma, die letzte Nomadensiedlung in Amdo. Hier hielten wir, um Tee zu trinken und zu essen, bevor wir nach Nagchu weiterfuhren. Wir reisten im dritten Monat des tibetischen Kalenders (Mai bis Anfang Juni) und es schneite in dieser Region. Es war furchtbar kalt. Ich trug meinen Schaffellumhang und ein Wollgewand darunter, trotzdem drang die Kälte durch. Ich schlief auch in dieser Kleidung.

In Nagchu standen viele Häuser, einige davon so uralt, dass sie aussahen, als könnten sie jeden Tag einstürzen. Als wir hier kurz Rast machten, begegneten wir keinem einzigen Nomaden. Normalerweise war Nagchu ein Ort, an dem die Nomaden aus der Umgebung Wolle, Käse und Fleisch gegen Getreide, Salz, Tee und andere Erzeugnisse tauschten, die Händler aus Lhasa an diesen Umschlagplatz brachten.

Zwischen Nagchu und Damshung fuhren wir abermals durch eine weitläufige, von einer Gebirgskette gesäumte Hochebene, die sehr idyllisch wirkte. Wir sahen viele schwarze Nomadenzelte und Nomaden mit ihren Herden. Wir hielten an einem chinesischen Zelt, um uns zu stärken, bevor wir die Fahrt fortsetzten. Ich wünschte, wir hätten länger bleiben können, um die herrliche Landschaft genauer in Augenschein zu nehmen.

Als wir uns Lhasa näherten, erhaschten wir einen flüchtigen Blick auf ein imposantes Gebäude, den Potala Palast, wie uns Mitreisende erklärten. Ich wusste nicht viel darüber, außer dass Gyalwa Rinpoche (Seine Heiligkeit der Dalai Lama) dort lebte. Tränen liefen über meine Wangen und ich spürte, wie mich tiefe Gläubigkeit erfasste. In der Altstadt von Lhasa angekommen, suchten wir unverzüglich unser Quartier Ganden Lonpo Khamtsen auf. Jeder Pilger von außerhalb der Stadt bekommt eine Herberge zugewiesen. Die Amdowas aus Rikon und Umgebung wohnten in diesem Gasthaus, das zum Kloster Ganden gehörte. Acha und ich wurden mit vielen anderen Pilgern aus Amdo in der Haupthalle untergebracht und wir kochten auf der Veranda. Überall trafen wir auf Amdowas. Die Leute kampierten sogar auf dem Dach. Ein Lama aus unserer Region, Alak Tri-ghen, wohnte ebenfalls hier.

Die Händler, als deren Verwandte wir uns ausgegeben hatten, beschlossen, den Khamtsen zu verlassen und in ihre eigene Unterkunft überzuwechseln, nachdem sie sich eine Nacht ausgeruht hatten. Bevor sie sich verabschiedeten, legten sie Acha und mir nahe, Geld zu verdienen. Sie rieten uns, Yakdung, einen Aluminiumtopf und Mehl zu kaufen, um selbst gebackenes Brot feilzubieten. Wir waren nicht daran gewöhnt, auf diese Weise Brot zu backen, und der Gedanke, damit unseren Lebensunterhalt zu verdienen, bereitete uns Unbehagen. Ein anderer Pilger aus Amdo empfahl uns, billige Waren auf dem Markt zu kaufen und für einen höheren Preis zu verkaufen, weil Brotbacken mit zu viel Arbeit verbunden sei. Wir waren verwirrt und wussten nicht, was wir tun und wie es weitergehen sollte.

Wir trafen in Lhasa ungefähr drei Tage vor der Kalachakra-Initiation durch Seine Heiligkeit den Dalai Lama ein. Eine alte Frau aus Lhasa, die sich mit uns anfreundete und in der Nähe wohnte, erzählte uns davon. Sie redete ununterbrochen und wir verstanden nicht jedes Wort, außer Gyalwa Rinpoche, Kalachakra und Norbulingkha. Ein Mönch aus Amdo übersetzte: Sie wollte uns zur Kalachakra-Belehrung in den Norbulingkha Palast mitnehmen. Dort würden sich viele Menschen einfinden und wir sollten sie zu der Glück verheißenden Zeremonie begleiten.

Am Tag der Kalachakra-Initiation gingen wir mit unserer neuen Freundin zum Norbulingkha. Die Palastanlagen waren herrlich. Der Weg war von Bäumen und grasbewachsenen Böschungen gesäumt. Einige Leute machten dort Rast, tranken Tee und sangen. Der Park, in dem unzählige Bäume und Blumen wuchsen, kam mir wie das Reich der Götter vor. Auch hier hatte sich eine große Menschenmenge in farbenprächtigen Gewändern und mit Speisen und Getränken eingefunden. Acha und ich hatten nur ein wenig Brot in der Tasche unserer Robe mitgenommen.

Da ich weder lesen noch schreiben konnte und auch nichts über das Dharma wusste, verstand ich kein Wort von dem, was Seine Heiligkeit sagte. Das bekümmerte mich zutiefst. Doch allein die Stimme Seiner Heiligkeit zu hören rührte mich zu Tränen und stimmte mich froh und traurig zugleich. Wir erhielten auch den Segen Seiner Heiligkeit. Es war ein unvergessliches Erlebnis.

Während unseres Aufenthalts in Lhasa begaben wir uns jeden Morgen auf den rituellen Rundgang um die Stadt Lhasa. Abends besuchten wir den Jokhang, den Haupttempel, an heiligen Tagen sogar dreimal am Tag. Wir pilgerten außerdem zu allen heiligen Stätten in und um Lhasa. Wir waren rundum glücklich. Meine Freundin sagte oft unter Tränen: »Ich bin meinem Mann dankbar. Weil er mich schlug und schlecht behandelte, beschloss ich, nach Lhasa zu pilgern, Gyalwa Rinpoche zu hören und seinen Segen zu empfangen. Wäre er ein guter Ehemann gewesen, wäre ich zu Hause geblieben und hätte weder den Jokhang noch die heiligen Stätten zu Gesicht bekommen.«

Inzwischen hatten wir eine feste Unterkunft bei einer Frau aus Amdo gefunden, die früher in der Nähe meines Geburtsorts gelebt hatte. Ihr Mann war in China, um Handel zu treiben, und sie bat uns, bei ihr zu wohnen, damit sie nicht allein war. Sie war ebenfalls Händlerin und verkaufte getrocknetes Schweinefleisch, das ihr aus China zugeschickt wurde, und getrocknete Dattelpflaumen aus Siling. Wir halfen ihr dabei. Die Bewohner von Lhasa waren sonderbar. Wenn die Leute sahen, dass jemand Waren bei einem bestimmten Händler kaufte, rissen sich mit einem Mal alle darum. Kaufte ihm niemand etwas ab, dachten sie wohl, die Waren taugten nichts, und gingen weiter, ohne das Angebot genauer in Augenschein zu nehmen. Bald begannen meine Freundin und ich einen eigenen Handel mit Dattelpflaumen. Obwohl die Verständigung schwierig war, machten wir mit dem Straßenverkauf der getrockneten Früchte ein gutes Geschäft. Wir hatten Geld für neue Kleider, Blusen und Schuhe, die in Indien hergestellt waren. Außerdem unternahmen wir eine Pilgerreise zu den Klöstern Ganden, Drepung und Sera und zu heiligen Stätten und Orten außerhalb von Lhasa.

Eines Tages tauchte zu unserer Überraschung Achas Schwager auf. Er fand uns, nachdem er im Lonpo Khamtsen Gasthaus Nachforschungen angestellt hatte. Er bestand darauf, dass Acha mit ihm nach Hause zurückkehrte. Er war gekommen, um sie zu holen. Sie hatte Angst, wieder misshandelt zu werden, und weigerte sich, ihn zu begleiten. Nach der Ankunft ihres Schwagers träumte sie oft von einer Frau, die sie suchte oder rief, und manchmal wachte sie nachts auf und beschuldigte mich, sie zum Narren zu halten. Als ich beteuerte, ich habe fest geschlafen und nichts dergleichen getan, wurde sie ärgerlich. Ihre Familie in Rikon brachte der Göttin Palden Lhamo Sühneopfer dar und deshalb dachten wir, Lhamo riefe sie nach Hause zurück.

Plötzlich wurde meine Freundin sehr krank und schwach. Wir beschlossen, einen Mönch aufzusuchen, der sich auf die Zukunftsschau verstand. Er eröffnete ihr, die Göttin Palden Lhamo rufe sie nach Hause zurück und es sei besser, ihr Folge zu leisten; andernfalls sei ihr Leben in Gefahr. Mir sagte er, es stünde mir frei, nach Hause zurückzukehren oder in Lhasa zu bleiben. Ich riet Acha zur Rückkehr, weil sie Mann und Kinder hatte und andernfalls ihr Leben aufs Spiel setzen würde. Da ich alleinstehend war und meine Eltern noch weitere Kinder hatten, die sich um sie kümmerten, beschloss ich, zuerst noch eine Pilgerreise nach Shigatse, Gyantse und Sakya zu machen. Der ältere Bruder meines Vaters hatte eine Schwägerin, Acha Ngawang, die in Shigatse lebte, da ihr

Mann dort Handel trieb; wir hatten uns in Lhasa getroffen und beschlossen, gemeinsam die Rückreise nach Rikon anzutreten. Der Schwager meiner Freundin Acha war immer noch in Lhasa und bemüht, sie zur Rückkehr zu bewegen. Er sagte: »Wir haben mit einem Glücksschal und einem Fass Chang deine Familie aufgesucht und nun musst du nach Hause kommen.« In Amdo hieß es, wenn man heiratete und die eigene Familie verließ, um im Haus des Ehemanns zu leben, gehörte man zu dessen Familie. Traurig nahmen wir Abschied voneinander. Ich blieb in Lhasa und sie kehrte mit ihrem Schwager nach Hause zurück.

Als Acha Ngawang und ihr Mann den Heimweg nach Shigatse antraten, schloss ich mich ihnen an. Wir fuhren mit dem Lastwagen. Unterwegs hatten wir eine Panne und wir mussten warten, bis ein anderer Lastwagen auftauchte. Dicke Seile wurden an beiden Fahrzeugen befestigt und wir wurden zu einer Werkstatt geschleppt, wo chinesische Mechaniker das Vehikel reparierten. Die Reise verzögerte sich, doch danach erreichten wir Shigatse ohne weitere Zwischenfälle. Acha Ngawang hatte ein großes Haus, einen Laden in der Nähe und zwei Hausmädchen. Ihr Mann und sie schienen sehr wohlhabend zu sein. Sie hatte unzählige Truhen in ihrem Raum, doch ich wusste nicht, was sie enthielten. Sie war sehr freundlich zu mir.

Sie hatte oft Gäste. Es gab etliche Amdowas, die in Shigatse lebten oder dort Handel trieben. Acha Ngawangs Ehemann hatte mehrere Brüder, die häufig bei uns aßen, und viele Freunde, die unmittelbar vor dem Essen auftauchten, sodass jeden Mittag oder Abend Mahlzeiten für zehn bis fünfzehn Personen zubereitet wurden. Ständig musste Tee gekocht oder Brot für die Besucher gebacken werden. Da wir Andowas waren, gab es am Abend Thukpa mit viel Fleisch, aber auch gekochtes Hammelfleisch, geröstetes Hammelfleisch, gedörrtes Hammelfleisch und Momos; jeden Tag wurde geschlemmt wie bei einem Fest. Achas Vorratskammer war mit getrockneten Schafskarkassen angefüllt

Eines Tages kam ein wichtiger Besuch ins Haus, ein Abgesandter des Panchen Lama aus dem Kloster Labrang, und ich wurde gebeten, den Tee zu servieren. Ich hatte keine Ahnung, wie man einen so hohen Gast mit Tee bewirtet. Acha Ngawang entschuldigte sich mit den Worten, ich sei vom Lande und kenne die Gepflogenheiten nicht. Sie fand das Ganze komisch, aber mir war meine Unwissenheit äußerst peinlich.

Ich fühlte mich ansonsten sehr wohl in diesem Haus. Meine Aufgabe bestand darin, beim Kochen zu helfen, den Gebetsraum der Familie zu kehren, das Wasser in den Opferschalen auszuwechseln, das Räucherwerk zu entzünden und mich überall dort nützlich zu machen, wo meine Hilfe gebraucht wurde. Ich wurde gut verköstigt und hatte keine Sorgen, sodass ich Gewicht zulegte und gesund und munter aussah. Ein anderer Verwandter, der Sohn meines Onkels, war ebenfalls nach Shigatse gezogen und hin und wieder suchte ich auch ihn und seine Frau auf. Acha besuchte mit mir das Kloster von Panchen Rinpoche und alle heiligen Stätten in der näheren Umgebung, was sehr freundlich von ihr war.

Nach und nach tauchten immer mehr Chinesen in Shigatse auf und eines Tages hörten wir vom Volksaufstand in Lhasa, der sich gegen die Okkupation richtete, und dass die Tibeter den Kampf verloren hatten. In Shigatse war alles ruhig, doch bald darauf zwangen die Chinesen alle wohlhabenden Händler, für sie zu arbeiten und Baumaterialien zu transportieren. Acha Ngawangs Mann reiste nach Indien, um mit Wolle zu handeln, deshalb bat sie mich, bei ihr zu bleiben und ihr Gesellschaft zu leisten. In dieser Zeit sollte der Erbe der Sakya-Übertragungslinie von Dolma Podang inthronisiert werden und deshalb reisten viele Leute nach Sakya, um ihm alles Gute zu wünschen und von ihm gesegnet zu werden. Ich begleitete Acha und wir erreichten das Kloster nach fünf Tagesmärschen. Ein Bündel mit Verpflegung und unsere Schlafdecken trugen wir auf dem Rücken. Unterwegs passierten wir einige Dörfer, wo wir ein Nachtquartier und Tee erhielten. Wir hatten Brot und Tsampa dabei und gelangten bequem und sicher ans Ziel.

In Sakya besuchten wir alle Tempel und Kapellen. Eine riesige Menschenmenge aus allen Teilen Tibets war hier zusammengeströmt. Anlässlich des festlichen Ereignisses wurden auch die rituellen Cham-Tänze aufgeführt. Sie fanden auf einem offenen Platz statt und auf den Dächern und Veranden der Häuser drängten sich die Zuschauer, spähten aus Fenstern und Türen. Zwei Tage lang tanzten die Mönche und am dritten Tag führten einige von ihnen den Sakya-Hexentanz auf. Ich erfuhr, dass es fünfundzwanzig Hexen gab. Die Männer durften am Tanz teilnehmen und der Besitzer des Gasthauses, in dem wir wohnten, war einer von ihnen. Frauen waren nicht zugelassen. Während des Hexentanzes wurden einige Zuschauerinnen unversehens krank oder verfielen in krampfähnliche Zuckungen. Das sei ein Zeichen, hieß es, dass in ihren Adern Hexenblut floss. Meine Begleiterin erkrankte nach dem Tanz. Ich war sehr besorgt.

Eines Morgens, als wir gerade Tee tranken, erblickten wir einen ärmlich gekleideten Lama aus Kham, der in unserer Nähe sein Nachtlager hatte. Jemand goss Tee in seinen Holzbecher, doch er trank nicht, sondern saß eine Zeit lang völlig reglos da. Als er aus seiner Starre erwachte, hob er seine Dorji und seine Glocke und siehe da, aus der Glocke floss Tee! Die Leute in seiner Nähe staunten über dieses unerklärliche Phänomen. Viele hatten von dem Lama und seiner Wundertat gehört und waren gekommen, um sich von ihm die Zukunft voraussagen zu lassen.

Eine Familie, in der eine junge Frau gestorben war, bat ihn um Hilfe, weil sie das Gefühl hatte, dass ihr Geist immer noch bei ihnen weilte. Sie hatten Angst und einige Familienmitglieder waren erkrankt. Der Lama sagte: »Ihr habt ein schwarzes Wollgewand für die Frau gemacht, doch sie hatte nie Gelegenheit, es zu tragen, deshalb haftet sie diesem Besitztum an. Gebt es einem Lama, um weiteres Unheil abzuwenden.« Als die Familie seinem Rat folgte und fortan Ruhe hatte, wuchsen der Ruhm des Lama und sein Zulauf.

Der Lama vollbrachte noch weitere Wundertaten. Während des Hexentanzes wurde eine erlesen gekleidete Frau aus der Region Tsang mit einem kostbaren Kopfschmuck und weiteren Juwelen um den Hals ruhelos; sie war nahe daran, aufzuspringen und mitzutanzen. Der Lama sprach einige Gebete und schaffte es, sie zu beruhigen. Sie hatte gewiss Hexenblut in den Adern. Die Tänzer brachten Tsampa als Brandopfer dar und es hieß, dass Menschen, die zur Hexerei neigten, davon angezogen wurden und nicht umhinkonnten, sich den Tänzern anzuschließen.

Ich hatte das Glück, viele heilige Stätten sehen zu dürfen, doch leider kam ich nie nach Gyantse. Dafür besuchte ich eine besonders bekannte Pilgerstätte nördlich von Lhasa, in der Nomadenregion. Ich begleitete meinen Cousin und seine Frau aus Shigatse, die dort Handel trieben. Die Nomaden brachten Wolle, Fleisch, Käse und Butter mit und tauschten sie gegen Mehl, Salz, Reis und Tee ein. An diesen Ort kamen viele Nomaden und wir nutzten die Gelegenheit, die heilige Stätte zu besuchen.

Bei meiner Rückkehr nach Shigatse war ein Mönch namens »Sekretär« in Acha Ngawangs Laden eingezogen, in Begleitung einer Nonne. Und wir hatten noch einen weiteren

Neuzugang im Haushalt: Ein Freund der Familie aus Amdo war in seine Heimatprovinz zurückgekehrt und hatte seine Frau Achas Obhut anvertraut. Damals herrschte große Unruhe im Land und es gingen Gerüchte über Misshandlungen von Tibetern seitens der Chinesen und andere unliebsame Zwischenfälle um. Acha hörte bisweilen Radio. Eines Tages trafen wir sie völlig aufgelöst an, sodass ich schon um ihren Verstand fürchtete. Wie sich herausstellte, weinte sie vor Freude, weil Gyalwa Rinpoche (Dalai Lama) die Flucht nach Indien geglückt war. Ihr Mann war nicht aus Indien zurückgekehrt, deshalb fand sie, es sei auch für uns an der Zeit, Tibet zu verlassen und zu versuchen, nach Indien zu gelangen.

Wir besuchten noch einmal alle Tempel in der Stadt und erhielten eine Audienz beim Panchen Rinpoche. Ein Freund der Familie war gerade aus Amdo eingetroffen, beladen mit Weihegaben für den Panchen Rinpoche und andere Lamas; er war froh, ihnen seine Schätze überlassen zu können. Wir brachten Butterlampenopfer dar und rezitierten Gebete. Der Mann aus Amdo brachte zahlreiche Butterlampenopfer dar und später hörte ich, dass er nach Indien geflohen und dort uralt geworden war. Das hatte er vermutlich den Weihegaben für den Panchen Rinpoche und die anderen Lamas und seinem unerschütterlichen Glauben zu verdanken.

Wir gingen auch auf einen hohen Berg außerhalb der Stadt, um Gebete zu rezitieren und Gebetsfahnen aufzuziehen. Der Weg war beschwerlich: Wir mussten einen weiten Fußmarsch zurücklegen und einen kleinen Pass erklimmen. Um drei Uhr morgens brachen wir auf, ausgerüstet mit Tee, Brot, einem kleinen Imbiss, Gebetsfahnen und Gebeten, die auf Papier gedruckt waren und in die Luft geworfen wurden. Viele Menschen hatten sich dort eingefunden, um Rauchopfer darzubringen, Gebetsfahnen aufzuziehen und Papiergebete dem Wind anheimzugeben. Unsere Papiergebete wurden vom Wind erfasst und hoch in den Himmel hinaufgetragen, empor zu den Göttern, ein gutes Zeichen. Ein schwarzer Vogel mit weißen Streifen (Taka) flog dreimal um unsere Gebetsfahnen herum, bevor er in Richtung Indien verschwand. Wir waren überzeugt, dass es sich dabei um eine Gottheit handelte, die uns den Weg wies. Ich habe mir die Geschichte nicht ausgedacht, viele Leute sahen den Vogel. Wir wussten, es war ein Zeichen, nach Indien aufzubrechen, und wir beteten noch inbrünstiger und baten die Schutzgötter, sich unserer anzunehmen.

Guten Mutes nahmen wir unser Mittagsmahl ein. Wir entdeckten einige arme Amdowas, die gekommen waren, um an dieser Stelle Rauchopfer darzubringen und Gebete zu sprechen. Es waren Pilger. Sie hatten nicht viel Verpflegung bei sich, deshalb lud Acha Ngawang sie ein, die Mahlzeit mit uns zu teilen. Wir hatten genug zu essen und kehrten gemeinsam auf dem staubigen Weg zurück. Zu Hause angekommen, widmeten wir uns in noch größerem Umfang der religiösen Praxis. Wir besuchten verschiedene heilige Lamas, Klöster und Kapellen, luden Mönche ein, bei uns zu Hause zu beten, und brachten jeden Tag Rauchopfer dar.

In dieser Zeit waren wir ein reiner Frauenhaushalt. Eines Tages tauchte ein Mann vor unserer Tür auf und rief: »Oloe, wollt ihr Yakdung kaufen?« Seine Kleidung war zerlumpt, sein Schuhwerk abgetragen und sein Haar wirr; er hatte einen langen Bart und sah wie ein Bettler aus. Ein Esel begleitete ihn. Das Tier trug einen alten Wollsack auf dem Rücken, an dem ein Kochtopf befestigt war. Als ich wissen wollte, wie viel Yakdung er habe, erwiderte er, mehr als genug, doch in dem Sack war nicht viel. Dann fragte er nach Acha, die gerade damit beschäftigt war, den Mönchen, die zum Gebet gekommen waren, eine Mahlzeit vorzusetzen. Als Acha an die Tür kam, erkannte sie einen Freund der Familie in dem vermeintlichen Bettler und bat ihn ins Haus. Sie gab ihm zu essen und ein Nachtquartier. Später erfuhr ich, dass es sich um einen wohlhabenden Händler aus Shigatse handelte, der als Leibwächter mit dem Panchen Rinpoche aus Amdo gekommen war. Nun trieb er wieder Handel und war von Achas Ehemann geschickt worden, uns nach Indien zu holen. Er hatte sich verkleidet, weil jeder in Shigatse ihn kannte.

Er blieb fünf Tage, während wir packten und die letzten Vorbereitungen für die Reise nach Kalimpong trafen. Acha besaß einiges an Silber, zum Beispiel Wasseropferschalen, Butterlampen, Teegestelle und Hauben sowie eine Kassette mit chinesischen Silberdollar. Wir konnten nicht alles mitnehmen, da einige Amdowas, die zu uns nach Hause kamen, in den Diensten der Chinesen standen. Trotz aller Vorsicht bemerkte jedoch einer von ihnen, wie wir später erfuhren, dass verschiedene Gegenstände in Achas Haus fehlten; er hatte den Verdacht gehabt, dass sie das Land verlassen wollte, doch da sie immer gut zu ihm gewesen war, verzichtete er darauf, seinem Vorgesetzten Meldung zu erstatten.

Acha, die Nonne, die Frau aus Amdo und ich verließen Shigatse, mit dem Freund der Familie als Führer. Acha und ich beschlossen, so viel Silber mitzunehmen, wie wir tragen konnten, versteckt in unseren Kleiderbündeln. Unser Führer hatte Waren eingekauft, mit denen er in Indien Handel treiben wollte, wie chinesische Seide, einen chinesischen Teppich und andere Gegenstände. Es war geplant, um zwei Uhr morgens aufzubrechen. Wir bereiteten Tee zu, bevor wir uns schlafen legten, und als wir aufwachten und ihn tranken, um uns vor der langen Reise zu stärken, hörten wir, wie ein paar Esel vor unsere Tür getrieben wurden. Unser Führer hatte beschlossen, vorauszugehen, und ein paar Esel für uns aufgetrieben, mit denen wir ihm folgen sollten. Wir zahlten das Doppelte des üblichen Preises für die Esel und für sechzig

Sang trugen sie unser Marschgepäck, als wir die Stadt in Richtung Hrey verließen.

In Hrey versuchten wir, Pferde oder Maultiere zu mieten, aber niemand war gewillt, uns Packtiere gleich welcher Art zu überlassen. Schließlich gelang es uns doch noch, ein paar Esel aufzutreiben, die uns in die Hochebene von Hrey brachten. Diese Region ist Nomadengebiet. Wir gelangten in ein grasbewachsenes Tal mit vielen Nomadenzelten, wo wir Fleisch, Käse und Sauermilch kaufen und eine köstliche Mahlzeit zubereiten konnten. Wir hatten das Glück, keinem einzigen Chinesen zu begegnen, der unsere Flucht vielleicht vereitelt hätte.

In Phari trafen wir auf Aku, den Gehilfen unseres Führers. Er hatte drei weitere Begleiter für unsere Karawane und zwölf Pferde und Maultiere aufgetrieben, als er Shigatse verließ. Zwei der Männer lebten in Phari, der andere stammte aus Yatung und sie trieben Handel zwischen Kalimpong, Indien und Shigatse.

Von Phari ging es nach Lachen in Sikkim, wo wir die gemieteten Packtiere zurückschickten und Yaks ausliehen, die unsere Habe nach Gangtok, unserem nächsten Ziel, befördern sollten. Die Straße war sehr schlecht und es ging steil bergauf und bergab. Irgendwann kamen selbst die Yaks nicht mehr weiter und wir mussten Lastträger anheuern. In dieser Region wuchsen Äpfel, die köstlich schmeckten.

Aku kannte sich gut in dieser Gegend aus. Er beherrschte den Lachen-Dialekt, Nepalesisch, Hindi und die in Shigatse gebräuchliche Mundart. Er war ein freundlicher Mann und kümmerte sich gut um uns. Der Fußmarsch dauerte viele Tage. Wir mussten zahlreiche hohe Pässe überqueren, bis wir in ein Tal mit einem großen Fluss gelangten. Hier gab es eine richtige Straße, auf der einige Fahrzeuge unterwegs waren. Wir erwischten einen Bus, der uns heil nach Gangtok brachte, wo wir übernachteten. Am nächsten Tag fuhren wir mit dem Bus nach Kalimpong.

Acha Ngawang war überglücklich, ihren Mann wiederzusehen. Er hatte die ganze obere Etage eines fünfstöckigen Hauses mitten in der Stadt gemietet. In der Wohnung gab es Toiletten, eine Vorrichtung, die ich noch nie gesehen hatte, und so begann mein Leben als tibetischer Flüchtling in Indien.

Acha Lhamo lebt heute mit ihrem Mann, ihrem Sohn und ihrer Tochter in Dharamsala. Ich sehe sie und ihre Tochter oft bei ihrem rituellen Rundgang um den Palast Seiner Heiligkeit und den Haupttempel in Dharamsala. Sie wirkt zufrieden und glücklich, hat immer ein Lächeln auf den Lippen. Nie hört man ein Wort der Klage, obwohl das Leben für sie und die anderen Flüchtlinge nicht leicht ist. Sie und ihr Mann sind tiefgläubige, aufrichtige, hart arbeitende Menschen und es ist eine Freude, sie zu kennen. Ich bin Acho Lhamo sehr dankbar für die Bereitschaft, ihre Lebensgeschichte zu erzählen.

Sonam Deki – Schwiegertochter eines Premierministers

Mein Name ist Sonam Deki. Ich wurde in die Familie Malampa hineingeboren. Ich hatte einen älteren Bruder, eine Schwester, die Nonne wurde, zwei jüngere Brüder und zwei jüngere Schwestern. Meine Eltern und die Großmutter mütterlicherseits lebten ebenfalls bei uns auf dem Malampa-Landgut im Nyemo Distrikt, vier Tagesreisen von Lhasa entfernt – wenn man sich Zeit ließ. Wenn man in aller Frühe aufbrach und in flottem Tempo ritt, erreichte man Lhasa in zwei Tagen.

Das Malampa-Landgut befand sich in der Provinz Ü-Tsang im Distrikt Nyemo Moenkar. Es lag in einem ausgedehnten schmalen Talkessel mit einem Fluss, der kristallklares Wasser führte. Das Land in der Nähe des Flusses wurde für den Ackerbau genutzt. An der Westseite unseres Anwesens ragten hohe, zerklüftete Berge auf. Die Ostseite wurde ebenfalls von einer Gebirgskette gesäumt; dort lebte die Familie Thoenpa, die einem alten Adelsgeschlecht entstammte, auf einem Landsitz, nicht weit von unserem entfernt. Das Kloster Geyche gehörte ebenfalls zur Familie Thoenpa, obwohl unsere Familie der Lehnsherr war, der dem Kloster die meisten Pfründe verliehen hatte. Es hieß, dass sich das Malampa-Landgut weder in Tsang noch in Zentraltibet, sondern in Geyche befand. Wir lagen gewissermaßen auf der Grenze zwischen Tsang und Ü oder Zentraltibet.

Die Gebäude waren inmitten der Felder errichtet und der Fluss führte direkt an der Vorderseite vorbei. Es war eine fruchtbare, ertragreiche Region. Wir bauten Weizen, Gerste, Erbsen, Bohnen, Senfsamen, Rettich, Steckrüben, Bockshornklee, Knoblauch und Kümmelsamen an. Das Hauptgebäude war ein viergeschossiges stattliches Wohnhaus. Im obersten Stockwerk befand sich die Dabla-Kapelle, die Neychu-Kapelle und ein weiterer kleinerer Gebetsraum. In einem anderen Raum bewahrten wir nicht benutzte Schlafmatten, Zelte und Teppiche auf. Die Veranda vor diesen Räumen bot einen ungehinderten Ausblick auf das weitläufige Tal, die Berge und die Landschaft mit ihrem malerischen türkisblauen Himmel und den weißen Wolken.

Im Stockwerk darunter befand sich unsere riesige Zeremonienhalle, getragen von zwölf Säulen. Bei älteren Gebäuden betrug der Abstand zwischen den Säulen ungefähr zwei Meter und jede Säule hatte etwa dreißig Zentimeter Durchmesser. Das Neujahrsfest, Hochzeiten und alle Glück verheißenden Ereignisse wurden in dieser Halle gefeiert. Eine Küche mit vier Pfeilern, eine Kapelle für Gonpo, unsere Schutzgottheit, und drei Wohnschlafräume für die Familienmitglieder nahmen den Rest des Stockwerks ein. Am anderen Ende lag ein weiterer Wohnraum mit einer kleinen offenen Veranda, auf der wir uns an kalten Wintertagen sonnten.

Im zweiten Stock, direkt unter der weitläufigen Zeremonienhalle, befand sich ein allgemeiner Vorratsraum. In dem angrenzenden Raum mit vier Säulen wurden gepökelte Lamm- und Yakfleischstreifen an Stricken aufgehängt und für unsere Mahlzeiten getrocknet. Unterhalb der Gonpo-Kapelle, in einem Raum gleicher Größe, wurde das aus Senfsamen gepresste Öl für den Eigenbedarf aufbewahrt. Zwei weitere Räume waren mit Haushalts- und Gebrauchsgegenständen angefüllt, die nicht ständig benutzt wurden, uns jedoch dann und wann gute Dienste leisten konnten. Hier befand sich auch ein kleiner Gebetsraum für die Göttin Palden Lhamo.

Das Öl wurde im Winter gepresst. Die Senfsamen wurden gekocht, durchpassiert und auf großen dicken Baumwolltüchern ausgebreitet. Die Dorfbewohner kamen und pressten sie mit ihren bloßen Füßen aus. Danach wurden die Tücher mit den ausgepressten Senfsamen zu einem Beutel zusammengelegt und über riesigen Holzbottichen aufgehängt, die Seite an Seite im Raum standen. Schwere Steine wurden auf die Öffnung der Bottiche gehievt, damit die Tücher nicht in das Behältnis rutschten. Manchmal nahmen unsere Pächter die Senfsamen auch mit nach Hause, um sie auszupressen und das fertige Öl abzuliefern. Dieser Handdienst war eine Form der Vergütung für das Land, das sie von uns gepachtet hatten.

Das ganze Erdgeschoss diente als Lagerraum; hier wurden sämtliche Nahrungsmittel gelagert, wie Butter, Käse, Teeziegel, Gerste, Weizen, Erbsen, Salz und geröstetes Gerstenmehl, Tsampa.

Ungefähr sechzig Familien lebten auf unserem Landgut. Alle hatten Land von uns erhalten. Einigen gehörte der Grund und Boden, auf dem sie wohnten und arbeiteten, andere pachteten ihn von uns und mussten dafür sogenannte Handdienste leisten, zum Beispiel Öl für uns pressen, uns beim Bestellen der Felder helfen und für die Familie weben. Nur jeweils ein Familienmitglied arbeitete für uns, den anderen stand es frei, das eigene Land zu bestellen oder das Gut zu verlassen, um anderswo ihren Lebensunterhalt zu verdienen. Jede Familie lieferte einen Teil der Ernte an uns ab, als Entgelt für das Land, das wir ihnen verpachtet oder überlassen hatten.

Ungefähr ein Dutzend Familien auf unserem Landgut

mussten ein Mitglied als Dienstboten zu uns oder in das Haus meines Onkels in Lhasa schicken. Manchmal wurde auch ein Junge oder Mädchen für solche Arbeiten eingestellt, die nicht zum Handdienst verpflichtet waren, aber einen aufgeweckten Eindruck machten. Sie hatten freie Kost und Unterkunft und ihre Familien erhielten als Bezahlung ein Stück Land sowie jeweils eine Garnitur Sommer- und Winterbekleidung.

Fünf Mönche betreuten die Kapellen in unserem Haus und verrichteten täglich Gebete für die Familie. Des Weiteren hatten wir ungefähr dreißig Hilfskräfte, zum Beispiel Pferdeknechte, Maultiertreiber, Weberinnen, Schafhirten, Wasserträger und Hausangestellte für das Anwesen. Unser Haus in Lhasa war nicht groß, deshalb reichten sieben Bedienstete von unserem Landgut aus, die dort für uns arbeiteten.

Die Weberinnen stellten Teppiche und Wollstoffe her. Die bessere Wolle wurde für die Garderobe der Familie und als Geschenk für Verwandte verwendet. Aus der Wolle zweiter Güteklasse wurden die Roben der Mönche und aus den gröberen Stoffen die Kleidung für die Bediensteten gefertigt. Die Weberinnen, Frauen aus dem Dorf, arbeiteten das ganze Jahr hindurch für uns. Wir verkauften die Wollstoffe nicht. Wir waren keine Händler, daher wäre es ungebührlich gewesen, unsere Erzeugnisse zu veräußern. Die Wollstoffe und Teppiche waren ausschließlich für den Eigenbedarf bestimmt und wurden häufig an Verwandte und Freunde verschenkt.

Die Wolle stammte von unserer Schafherde. Ungefähr dreißig Nomadenfamilien gehörten zu unserem Anwesen. Sie lebten auf einer höher gelegenen Ebene, etwa einen Tagesritt von Malampa entfernt. Sie wohnten in Häusern und Zelten. Wir besaßen ungefähr sechzig Yaks und Dri, annähernd dreißig Dzo und Kühe, um die sich die Nomaden im

Hochland kümmerten. Die Nomaden hatten auch eigene Herden. Darüber hinaus besaßen wir etwa hundert Schafe und Ziegen, die wegen der Wolle gehalten wurden. Sie grasten mal hier, mal da auf unserem Land.

Bis zum neunten Lebensjahr wuchs ich auf unserem Landgut auf. Meine jüngeren Schwestern und ich verbrachten die meisten Tage in einem kleinen Gartenhaus, Glückshaus genannt. Selbst im Winter hielten wir uns dort mit unseren Kinderfrauen auf. Wir nahmen unser Mittagsmahl dort ein und den ganzen Tag stand Tee zur Verfügung. Die Mahlzeiten wurden uns vom Haupthaus gebracht. Wir spielten Verstecken zwischen den Bäumen, vergnügten uns im Matsch, schwammen während der Sommermonate im Fluss und spritzten uns gegenseitig nass. Wir hatten viel Spaß und obwohl es keine anderen Spielkameraden gab, hatte ich eine unbeschwerte Kindheit. Die Kinderfrauen tratschten miteinander, erzählten uns zahlreiche Geschichten und krempelten oder spannen Wolle. Sie waren stets beschäftigt, doch ihre Hauptaufgabe bestand darin, uns zu betreuen.

Die Familie nahm die Morgen- und die Abendmahlzeit gemeinsam ein. Meine Eltern saßen auf hohen Kissen, thronten über uns. Wir Kinder hatten in einiger Entfernung auf niedrigeren Kissen Platz genommen, in einer Reihe, vom ältesten bis zum jüngsten. Unsere Kinderfrauen servierten uns das Essen. Die Morgenmahlzeit bestand aus Tsampa, mit Buttertee vermischt, ein Getreidebrei, den wir noch mit Butter und geriebenem Käse anreicherten. Manchmal gab es auch Suppenreste vom Vorabend.

Am Nachmittag standen geröstete Tsampabällchen mit Gemüse und Pökelfleischstreifen auf dem Speiseplan. Dazu gab es Buttertee. Abends wurden abwechselnd Reis- und Gemüsegerichte gekocht, manchmal auch Nudelsuppe, Momo oder mit Fleisch gefüllte Pfannkuchen, Sha-Bhalib genannt, zu denen man süß-sauer eingelegten scharfen Rettich aß. Jeden Abend vor dem Schlafengehen erhielten wir eine dicke heiße Gersten-, Weizen- oder Hafersuppe. Blieben Reste übrig, wurden diese zum Frühstück serviert, wobei die aufgewärmte Suppe noch besser als die frisch zubereitete schmeckte. Nach der Suppe wurden wir müde und alle schickten sich an, zu Bett zu gehen.

Unsere Kinderfrauen servierten uns nicht nur das Essen, sondern waren Tag und Nacht um uns. Sie verbrachten mehr Zeit mit uns als unsere Mutter. Meine Brüder hatten ein Dienstmädchen, während wir drei jüngeren Schwestern von drei Nonnen betreut wurden. Sie hießen Chuki, Chungda und Pey. Sie brachten uns gute Umgangsformen, eine anständige Körperhaltung beim Gehen und Sitzen und Respekt gegenüber unseren Eltern und älteren Menschen bei. Sie ermahnten uns, den Eltern zu gehorchen, fleißig zu lernen und den Löffel beim Essen richtig zu halten. Ich erinnere mich noch heute mit großer Dankbarkeit an sie. Wenn wir unfolgsam waren, zwickten sie uns und wenn wir Widerworte gaben, zogen sie uns heftig an den Wangen, was schmerzhaft war. Wir liebten sie und hingen sehr an ihnen.

Meine Mutter war eine viel beschäftigte Frau. Frühmorgens holte sie die Zutaten für die Nachmittags- und Abendmahlzeit sowie Tee für den ganzen Tag, Butter und Salz aus der Vorratskammer und gab sie an die Köchin aus. Spätnachmittags suchte sie den Lagerraum abermals auf, um die Rationen für die Morgenmahlzeit und den Tee für den nächsten Tag abzumessen. Während des Tages beaufsichtigte sie das Weben, verteilte Wolle an die Frauen und überprüfte die Herstellung von Butter und Käse.

Mein Vater führte die Aufsicht bei der Feldarbeit. Einen Großteil seiner Zeit empfing er indes Leute auf dem Gut, die seinen Rat suchten oder als Bittsteller zu ihm kamen. Bei

Streitigkeiten diente er den Parteien als Schlichter. Er reiste oft nach Lhasa, um meinem Onkel und meinem älteren Bruder, die der tibetischen Regierung angehörten, Erzeugnisse von unserem Landgut zu bringen. Außerdem suchte er den Repräsentanten der Regierung in der Hauptstadt unseres Distrikts auf, um Abgaben zu entrichten.

Ich hatte eine glückliche Kindheit. Am liebsten mochte ich die Zeit nach dem Abendessen, wenn wir mit unseren Eltern und der Großmutter mütterlicherseits beisammensaßen, während die Sonne über den Bergen unterging. Draußen auf der Veranda waren die Weberinnen damit beschäftigt, Wolle zu krempeln und zu spinnen. Sie saßen mit gekreuzten Beinen auf niedrigen Kissen und sangen bei der Arbeit. Tagsüber wurden Kleidung und Teppiche aus der Wolle gewebt.

Großmutter war blind. In unserer Familie war es seit jeher Brauch, dass sich die älteste Tochter einen Bräutigam ins Haus nahm. Der älteste Sohn ging in den Staatsdienst. Der älteste Bruder meiner Mutter wohnte in Lhasa und gehörte ebenfalls der Regierung an. Die übrigen Söhne heirateten in andere Familien ein, bei denen sie lebten. Die Familie auf dem Landgut hatte die Aufgabe, die Verwandten in Lhasa mit landwirtschaftlichen Erzeugnissen zu versorgen und die Ländereien zu verwalten. Wir waren ein großer, eng miteinander verbundener Familienclan. In den Familien der Regierungsmitglieder war es üblich, dass der älteste Sohn dem Staat diente und einer seiner Brüder die Verwaltung des Grundbesitzes übernahm. Kinderlose Familien waren darauf angewiesen, einen Verwalter auf ihrem Landgut oder den Ländereien einzustellen, zumeist einen Verwandten oder vertrauenswürdigen langjährigen Bediensteten.

Mit neun wurde ich in das Haus meines Onkels in Lhasa geschickt, wo auch mein Bruder lebte, um dort eine Privatschule zu besuchen. Ich erinnere mich verschwommen, wie ich mich mit meiner Kinderfrau und zwei Dienern auf den Weg machte. Einer der Diener ging zu Fuß; er hatte die Aufgabe, die Zügel meines Pferdes zu halten. Wir überquerten den Tsurpu La. Als wir die höchste Stelle des Tsurpu-Passes erreichten, fragte mich meine Kinderfrau, was ich auf dem Gipfel des Berges zurücklassen wolle. Ich holte eine runde, fettige Pastete, die ich als Wegzehrung mitgenommen hatte, aus der Falte meiner Robe, brach ein Stück ab und opferte es. Meine Eltern waren bei meiner Abreise nicht zu Hause gewesen. Sie hielten sich in einer anderen Stadt, in Gyantse auf.

In Lhasa lebte ich mit meinem Onkel, seiner Frau, die zugleich die Schwester meines Vaters war, ihrem Sohn und meinem Bruder im Hause Malampa. Die leibliche Mutter meines Cousins war in jungen Jahren gestorben, als sein Vater nach Kham gegangen war, um einen Posten im Amtssitz des Gouverneurs anzutreten. Sie hatte noch eine Tochter, die ebenfalls starb, und so heiratete mein Onkel die Schwester meines Vaters. Wenige Tage nach meiner Ankunft wurde ich in die Nyarongsha Schule in Lhasa geschickt, in der Jungen und Mädchen unterrichtet wurden.

Wir mussten sehr früh aufstehen und zu Fuß zur Schule gehen. Im Winter stand die Sonne noch hinter den Bergen und es war dunkel, wenn wir das Haus verließen. Die ersten Schulstunden am Morgen waren der Rezitation von Gebeten gewidmet, vor allem dem Jamphel-Yang-Gebet, in dem wir den Buddha der Weisheit um ein gutes Gedächtnis und eine rasche Auffassungsgabe baten. Bei Sonnenaufgang kehrten wir nach Hause zurück, wo wir das Frühmahl aus Tsampabrei und Buttertee einnahmen; danach ging der Unterricht weiter.

Wenn wir nach den Pausen zu spät kamen, fanden wir den

Haupteingang der Schule verschlossen vor und mussten durch die Hintertür eintreten. Dort wartete mit an Sicherheit grenzender Wahrscheinlichkeit eine Strafe auf uns: Es hagelte Schläge mit einem Bambusstöckchen, bei den Mädchen auf die Handflächen und bei den Jungen auf die Wangen oder aufs Hinterteil. Das Mittagsmahl nahmen wir wieder zu Hause ein und anschließend fand der Nachmittagsunterricht statt. Die Schule war erst um sechs Uhr abends zu Ende.

Zunächst schrieben wir auf Holztafeln, bis wir genug Geschick erworben hatten, um das handgeschöpfte tibetische Papier zu benutzen, das sehr kostbar war. Wir mussten schreiben, schreiben und nochmals schreiben, wobei großer Wert auf eine schöne Schrift gelegt wurde. Man brachte uns auch ein wenig Grammatik bei, doch darüber hinaus beschäftigten wir uns nur mit den Feinheiten der Kalligraphie.

Ich erinnere mich, dass ich in der Schule zum Tagträumen neigte. Dann kam der Klassenordner (ein älterer Schüler, der Aufsicht führte und befugt war, Strafen zu erteilen) und versetzte mir mit dem Bambusstöckchen einen Hieb auf Kopf oder Schultern, um meine Aufmerksamkeit wieder auf das Schreiben zu lenken. Ich ging drei Jahre zur Schule. Ich besuchte sie weder gerne noch ungern. Das mag daran gelegen haben, dass ich keine besonders gute Schülerin war. Wir hatten zwei freie Tage im Monat, jeweils am fünfzehnten und am letzten Tag des Monats, die als heilige Tage galten. Auch an den Feiertagen fiel der Unterricht aus. Ich freute mich immer auf die Ferien.

Unser Lehrer hieß Rigzen-la. Er war klein, hellhäutig und beleibt, mit einem runden Gesicht. Seine Stirn war kahl und das spärliche Haar an seinem Hinterkopf zu einem Zopf geflochten. Er war nicht nur Lehrer, sondern auch Arzt, der die Traditionelle Tibetische Medizin erlernt und viele Patienten hatte, die ihn aufsuchten. Da er weithin für seine Heilkunst bekannt war, verbrachte er nicht viel Zeit in der Schule, sodass die älteren Schüler, die als Klassenordner dienten, den Unterricht und die Leitung der Klasse übernehmen mussten.

Der Unterricht fand in einer großen Halle statt, in der alle Schüler zusammenkamen. Wir wurden je nach Kenntnisstand bestimmten Lerngruppen zugeteilt und die Schüler der jeweiligen Lerngruppen oder Klassen saßen getrennt voneinander. Wir waren ungefähr hundert Schüler. Vier ältere Schüler übernahmen die Aufgaben des Klassenordners und vier jüngere beaufsichtigten die verschiedenen Lerngruppen. Sie waren ausnahmslos sehr streng. Die Ngarongsha galt als eine der besten und größten Schulen in Lhasa. Diese Eliteschule wurden überwiegend von den Kindern der Regierungsmitglieder und großen Handelshäuser besucht. Wir hatten jedoch auch Schüler aus gewöhnlichen Familien und wir saßen alle zusammen und lernten gemeinsam in der großen Halle. Manche hatten bessere Kissen und Teppiche zum Sitzen, während andere auf einfachen Matten Platz nahmen. Wir mussten unsere eigenen Sitzkissen mitbringen. Einige Kinder aus reichem Hause hatten einen Diener dabei, der ihre Schreibtafeln säuberte, in angemessener Entfernung über sie wachte und sie auf dem Schulweg begleitete.

An den unterrichtsfreien Tagen schlenderte ich den Barkhor entlang und beobachtete die Leute, die den Markt oder die verschiedenen Läden besuchten. Ich spielte auch mit anderen Kindern in unserem Hof oder saß einfach zu Hause. Mein Onkel und meine Tante kümmerten sich nicht sonderlich um mich und mein Bruder, der inzwischen in den Staatsdienst eingetreten war, verbrachte den ganzen Tag in irgendeinem Büro.

Als ich zwölf war, wurde die Ehe meines Bruders mit einem Mädchen aus der Yuthok-Familie arrangiert. Mein Vater kam nach Lhasa, um bei den Hochzeitsvorbereitungen zu helfen. Er blieb zwei Monate und leitete alles in die Wege. Kurz nach seiner Ankunft nahm er mich aus der Schule und unterrichtete mich jeden Morgen zu Hause.

Die Hochzeit war ein glanzvolles Ereignis, da die Braut die jüngste Tochter der Yuthok, der Familie eines Dalai Lama, war. Das Fest dauerte eine ganze Woche. Meine Mutter und meine Geschwister kamen in die Stadt, um daran teilzunehmen. Nach dem Hochzeitsempfang und den Banketten kehrten meine Eltern auf das Landgut zurück und ich begleitete sie. Ich erhielt Hausunterricht von meinem Vater und musste nun auch rechnen lernen, nach der altüberlieferten und ziemlich komplizierten tibetischen Methode. Dabei wurden die Zahlen in einer Art Singsang laut aufgesagt und Bohnen, Holzstöckchen, Aprikosenkerne, eckige Steine und Muscheln als Anschauungsmaterial benutzt. Ich war hoffnungslos unbegabt auf diesem Gebiet. Doch mein Vater war sehr geduldig und ich bin ihm noch heute für die Kenntnisse dankbar, die ich besitze, mögen sie auch noch so begrenzt sein.

Ich musste nie bei der Hausarbeit helfen. Sobald ich einen Besen in die Hand nahm, riefen die Dienstboten erschrocken: »Leg sofort den Besen weg, du bringst Unglück über das Haus!« Oder: »Es gilt als schlechtes Omen, wenn die Herrin des Hauses den Besen schwingt, also rühre ihn bitte nicht an!«

Meine Großmutter brachte uns dennoch das eine oder andere bei. Sie pflegte zu sagen: »Ihr solltet zumindest wissen, wie es gemacht wird. Vielleicht habt ihr eines Tages keine Hilfe und müsst sämtliche Arbeiten im Haus allein verrichten. Und selbst wenn ihr in der glücklichen Lage seid, Dienstboten zu haben, die für euch arbeiten, könnt ihr ihnen genau sagen, was zu tun ist.«

Als wir älter wurden, mussten wir auch auf den Feldern

helfen. Im Frühjahr musste ich die Aussaat und im Herbst die Ernte beaufsichtigen. Unsere Dorfbewohner kamen, um Handdienste zu leisten, und so verbrachte ich etwa zwei Monate im Jahr den ganzen Tag im Freien. Ich musste um vier Uhr morgens aufstehen und aufs Feld hinaus. Wenn die Sonne über den Bergen aufging, versorgte man uns mit Tsampa und Tee. Auch das Mittagsmahl wurde aufs Feld hinausgebracht. Wenn die Sonne über den Bergen unterging, war mein Tagwerk beendet und ich kehrte nach Hause zurück. Meine ältere Schwester und ich übernahmen abwechselnd die Aufsicht über die Feldarbeit, bei der uns vier Bedienstete halfen.

Als ich fünfzehn Jahre alt war, erkrankte mein Vater und starb. Möglicherweise war die Ursache Bluthochdruck oder ein Herzanfall. Er war einundvierzig Jahre alt und ein zutiefst gläubiger Mann. Jeden Morgen hatte er Stunden im Gebet verbracht und sich mehrmals in Retreats begeben. Er starb auf dem Rückweg von einem Kloster unweit unseres Landgutes, wo er Belehrungen von einem Hohen Lama empfangen hatte.

Nach dem Tod meines Vaters setzte meine ältere Schwester, die Nonne war, das Werk meines Vaters fort und übernahm die Verwaltung der Ländereien. Sie kümmerte sich um den Verkauf von Butter, Käse, Fleisch und Wolle, die von unseren Nomaden stammten und gegen Salz, Tee, Zucker und andere Erzeugnisse für den Bedarf des Haushalts eingetauscht wurden. Meine Mutter führte weiterhin die Aufsicht über die Hausarbeit und in ihrer freien Zeit nähte und stickte sie. Meine Großmutter brachte mir Grammatik bei und überwachte meine Schönschriftübungen. Mir oblag die Beaufsichtigung der Feldarbeit, bis ich neunzehn Jahre alt war und nach Lhasa geschickt wurde, um zu heiraten.

Eines Tages reiste meine Mutter nach Lhasa, um den Verwandten in der Stadt den ihnen zustehenden Anteil an unseren landwirtschaftlichen Erzeugnissen zu bringen. Ich musste sie begleiten, weil ich als Braut zur Familie Lukhang in Lhasa gebracht werden sollte. Man räumte mir kein Mitspracherecht ein. Ich hatte bereits mehrere Heiratsanträge abgelehnt, da ich zu Hause bleiben wollte. Doch nun stand fest, dass ein Sohn meines Onkels in Lhasa die Ländereien übernehmen würde und meine jüngeren Schwestern und ich heiraten und das Haus verlassen sollten. Meine Mutter hatte die Entscheidung bereits gefällt.

Der Sohn der Familie Lukhang hatte mich ein Jahr zuvor in Lhasa auf der Straße gesehen und seinen Eltern erklärt, er wolle mich und keine andere zur Frau. Zumindest war der Mann, den ich heiraten sollte, kein völlig Fremder: Ich kannte ihn von der Schule in Lhasa, die wir beide besucht hatten. Dieses Mal blieb mir keine andere Wahl, als mich zu fügen, da ich mit einer Ablehnung in beiden Familien einen Sturm der Entrüstung entfacht hätte, und ich wollte weder meine Mutter noch sonst jemanden verärgern.

Man ließ neue Kleider für mich schneidern, bei der Anprobe hieß es jedoch, sie wären für die Frau meines Cousins. Erst als Kleider und Schmuck – Kopfputz, Halsketten, Armbänder und Ringe – angefertigt waren, teilte man mir mit, dass sie für meine Hochzeit bestimmt waren. Vier Truhen mit Kleidung und eine vollständige Garnitur Schmuck wurden von meiner eigenen Familie beigesteuert. Am Hochzeitstag musste ich jedoch die Kleider und den Schmuck tragen, die mir die Familie Lukhang geschickt hatte.

In Lhasa angekommen, wurde ich zu meiner Schwägerin in das Haus Yuthok gebracht; von dort ging es weiter zum Hause Lukhang, da das Haus meines Bruders zu klein war für die zahlreichen Leute, die an der »Brautübergabe-Zeremonie« teilnahmen.

Einen Tag vor der eigentlichen Hochzeit trafen ein Bevollmächtigter und Bedienstete der Familie Lukhang ein, in festlichen Gewändern und auf edlen Pferden mit kostbaren Sätteln und Zubehör. Sie kamen, um die Braut abzuholen, und brachten eine vollständige Garnitur Kleidung und Schmuck nebst einem weißen Khata aus dem Hause Lukhang mit. Dieser Glück verheißende Schal wurde während einer feierlichen Zeremonie überreicht, bei der den Gästen Reis, Droma und Buttertee vorgesetzt wurde. Am nächsten Morgen, bevor ich das Haus Yuthok verließ, nahmen wir auf hohen thronähnlichen Kissen in dem aufwendig geschmückten Zeremonialraum Platz, wo ein weiteres Ritual stattfand. Ich trug den gesamten Schmuck, der mir von meiner neuen Familie überbracht worden war. Bei dieser Zeremonie wurde der Dhata – ein Pfeil, mit fünf bunten Schals umwickelt und an einen Melong, eine runde verzierte Scheibe aus Bronze, Silber oder Messing, gebunden – unter meinen Gewändern auf dem Rücken befestigt. Er symbolisierte, dass die Familie Lukhang von nun an einen Anspruch auf mich hatte.

In Begleitung einer Brautjungfer, einer Bediensteten der Familie Lukhang, wurde ich auf einem prachtvoll geschmückten Pferd zum Haus Lukhang gebracht. Ungefähr zwanzig Männer gaben uns zu Pferde und auf Maultieren das Geleit und unterwegs stimmten sie unentwegt »Sheychen« an, ein Glück verheißendes Lied. Der Mann, der den Brautzug anführte, trug einen gemalten Thangka mit dem Rad des Lebens als Glücksbringer.

Ich war mit Schmuckstücken beladen und in eine weiße Wolldecke gehüllt; ein roter Hut, Soksha genannt und in der Regel den männlichen Bediensteten der Regierungsbeamten vorbehalten, war oben auf meinem Patuk, dem juwelenbesetzten Kopfschmuck, befestigt. Das Gewicht der Seiden-

und Brokatstoffe, Juwelen und anderen Teile des Brautstaats war erdrückend. Ich beugte den Kopf noch tiefer, um die Menschenmenge nicht zu sehen, die den Straßenrand säumte und gaffte. Ich hoffte vor allem, dass sich keiner meiner ehemaligen Mitschüler unter den Schaulustigen befand. Unterwegs wurde der Brautzug mehrmals von festlich gekleideten Mädchen mit einer Schale Chang und von Männern mit dem Chema, einem Kästchen, in dem sich Glück verheißende Tsampa- und Weizenkörner befanden, aufgehalten.

Am Hause Lukhang angekommen, half man mir vor dem Haupteingang vom Pferd. Ich musste beim Absteigen auf ein Brokatkissen treten, das auf einem Tigerfell mit Klauen lag. Unter dem Tigerfell befanden sich eine Menge Reis, Weizen und eine Kiste mit Tee, Symbole für Glück und Wohlstand in meinem neuen Heim.

Dann wurde ich ins Haus geführt, wo mich meine Schwiegermutter, festlich gekleidet und mit Juwelen geschmückt, mit einem Krug Milch an der Küchentür begrüßte. Jemand nahm meine rechte Hand und tauchte den Ringfinger in den Krug, doch ich war so schüchtern und gebeugt unter der Last meines Brautschmucks, dass ich nicht einmal den Blick zu heben und meiner Schwiegermutter ins Gesicht zu schauen vermochte.

Dann betraten wir die Zeremonienhalle des Hauses. Alle nahmen auf schmalen Podesten Platz, die einem Thron glichen, und die Bediensteten, die den Brautzug begleitet hatten, sangen die letzten Strophen des traditionellen Liedes und führten einen langsamen Tanz vor den Familienmitgliedern auf. Mein Schwiegervater saß auf dem höchsten Podest, gefolgt von meiner Schwiegermutter; mein Mann und ich bekamen gemeinsam mit den anderen jüngeren Familienangehörigen einen Sitz zugewiesen, dessen Höhe und Position dem Alter entsprach. Reis, Droma und Tee wurden gereicht, wie es die Tradition verlangte. Der Dhata, der geschmückte Pfeil, wurde von meinem Rücken entfernt und ein langjähriger Diener trug ein langes Gedicht mit einer klangvollen Melodie vor. Das Lied besagte, dass von nun an die Tochter aus dem Hause Malampa zum Hause Lukhang gehörte. Die jungvermählte Ehefrau musste sich um alle kümmern, die zur Familie zählten, angefangen von den Göttern in den Gebetsräumen bis hin zu den Hunden im Zwinger. Ich musste bestätigen, dass ich nicht mehr zum Hause Malampa, sondern zum Hause Lukhang gehörte. Als Nächstes rezitierte ein Vertreter des Hauses Malampa ein Gedicht, in dem ich ermahnt wurde, freundlich zu meinen neuen Familienangehörigen zu sein und den Älteren zu gehorchen. Zum Schluss wurde ein Ehevertrag verlesen, in dem festgelegt war, wie zu verfahren sei, falls die Ehe aufgelöst würde, und welche Entschädigung die Ehefrau in einem solchen Fall erhalten sollte. Nach diesem langen Vortrag wurde abermals Chang, Weizen und Tsampa angeboten. Der letzte Tee, der gereicht wurde, kündigte das Ende der Zeremonie an.

Dann betraten meine Eltern die Halle mit den Geschenken für die Familie des Bräutigams und Khata für alle Teilnehmer der Zeremonie. Ein Vertreter meiner Herkunftsfamilie las die Liste der Dinge vor, die zu meinem Heiratsgut gehörten. Sie war von Hand geschrieben, auf einem langen tibetischen Pergamentpapierstreifen, der in kleine Falten gelegt wurde. Damit ging die Hochzeitszeremonie in der großen Halle der Familie zu Ende.

Unmittelbar danach mussten mein Mann und ich zur Rauchopferzeremonie, die auf dem Dach des Hauses abgehalten wurde. Ich war so erschöpft und das Festgewand so schwer, dass ich von meiner Brautjungfer und den Dienern mehr oder weniger die Treppe hinauf und ins Freie getragen werden musste. Abermals trug der Vertreter der Familie

Lukhang ein langes, Glück verheißendes Gedicht vor. Auch ein tantrischer Meister war anwesend, ein heiliger Mann, der Gebete rezitierte und Rauchopfer darbrachte, um die Hausgötter gnädig zu stimmen und der Familie Glück zu bringen.

Nach der Zeremonie auf dem Dach wurden mein Ehemann und ich von einigen Bediensteten in unseren Wohntrakt begleitet. Man führte mich in einen kleinen Raum, wo ich von meinem schweren Brautschmuck befreit wurde. Inzwischen war es beinahe Mittag und man setzte mir eine Mahlzeit vor, die ich allein einnahm. Ich verbrachte den ganzen Nachmittag in meinem neuen Reich. Meine Brautjungfer gesellte sich von Zeit zu Zeit zu mir und es tat gut, wenigstens ein paar vertraute Gesichter unter den vielen Fremden zu entdecken. Davon abgesehen war ich dankbar, dass ich nach dem anstrengenden Vormittag allein sein und mich ausruhen durfte.

Ich harrte den ganzen Tag in dem Raum aus, obwohl ich ein dringendes Bedürfnis verspürte, doch ich traute mich nicht, allein einen Fuß vor die Tür zu setzen. Die Toilette befand sich ein Stockwerk tiefer. Am Abend war meine Blase voll und ich hatte große Schmerzen. Die Familie erfuhr, dass es mir schlecht ging, und fürchtete, das sei das Werk eines bösen Geistes. Vermutlich hatten die Dienstboten, die mir Tee und einen kleinen Imbiss brachten, die Kunde verbreitet, ich sei krank. Meine Schwiegermutter erfuhr, dass ich kein einziges Mal den Raum verlassen hatte, und sagte: »Das Mädchen hatte den ganzen Tag keine Gelegenheit, die Blase zu entleeren. Sie muss auf die Toilette, das ist alles.« Sie kam zu mir, nahm mich bei der Hand und begleitete mich nach unten. Etliche Dienstboten sahen zu und ich war schrecklich verlegen. Sobald ich meine Notdurft verrichtet hatte, waren die Schmerzen verschwunden und ich fühlte mich unendlich erleichtert.

Ich sah meine Schwiegermutter am nächsten Tag wieder; sie betrat mein neues Wohnzimmer. Sie machte keine Anstalten, sich mit mir zu unterhalten, und ging, nachdem sie ein paar Worte mit meinem Ehemann gewechselt hatte. Ich war zu schüchtern, um das Wort an sie zu richten, und so verlief unsere zweite Begegnung schweigend. Die Hochzeitszeremonie dauerte drei Tage. Viele Verwandte und Freunde der beiden Familien kamen, um Schals, Geschenke und Glückwünsche zu überbringen. Mein Mann sprach mit allen Besuchern, während ich mich in meinem Raum einschloss. Die Familie Lukhang hatte engen Kontakt zu vielen Klöstern in Lhasa und Umgebung, sodass auch viele Mönche erschienen, um uns Glück zu wünschen. Am Abend des dritten Tages versammelte sich die Dienerschaft in festlichen Gewändern und mit Schmuck angetan im Hof, sang abermals den Sheychen und tanzte dazu. Ich spähte durch die Vorhänge meines Fensters zu ihnen hinab. Große Schalen mit Chang wurden ausgeteilt, was zur Folge hatte, dass sie lauter sangen und feuriger tanzten als am ersten Tag der Zeremonie.

Ich blieb fast eine ganze Woche in meinem Raum und wenn niemand in der Nähe war, schlüpfte ich auf die Toilette. Meine Brautjungfer leistete mir ungefähr zwei Monate lang Gesellschaft; sie war eine angenehme Gefährtin und das einzige vertraute Gesicht weit und breit. Da ich von Natur aus schüchtern war und mich unter Fremden befand, war das für mich eine schwierige Zeit.

Nach ungefähr zehn Tagen schickte Amala, meine Schwiegermutter, nach mir und ich wurde in die Vorratskammer gebracht, um ihr bei der Zuteilung der Lebensmittel für den Koch zu helfen. Dort stand ein kleiner Korb mit Droma, den kleinen Süßkartoffeln, die bei den Tibetern als Glück verheißend gelten, und mehrere Körbe mit Reis und Getreide. Ich musste die Körbe anheben und den Inhalt berühren. Dann wurde ich gebeten, die Süßkartoffeln Pala, meinem Schwiegervater, zu bringen. Diese symbolischen Gesten sollten Glück verheißen und bildeten den Auftakt der Pflichten in meinem neuen Heim.

Pala war ein ernster, schweigsamer Mann. Er saß auf einem hohen Kissen in seinem Wohnraum und ich hatte Angst, mich ihm zu nähern. Ich stellte den Korb auf einem Tisch unweit der Tür ab und verließ auf leisen Sohlen den Raum. Er sprach kein Wort. Meine Schwiegereltern waren beide ernsthafte Menschen und wir brachten ihnen große Achtung entgegen. Ich lebte acht Jahre mit ihnen unter einem Dach und ich habe sie als traditionsbewusst und besonnen in Erinnerung. Meine Schwiegermutter konnte sehr offen und freimütig sein, wenn sie das Wort ergriff.

Die Familie nahm die Mahlzeiten gemeinsam ein. Manchmal aßen mein Mann und ich in unserem eigenen Wohntrakt, doch meine Schwiegereltern missbilligten ein solches Verhalten. Sie fanden, dass es von Unhöflichkeit und mangelndem Respekt zeugte. Wenn ich einmal zu faul war, am Essen teilzunehmen, rügte mich Amala wegen meines schlechten Benehmens.

Nach geraumer Zeit wurde ich gebeten, Amala im Lagerraum zu helfen. Im Haus lebten ungefähr neun Dienstboten und Amala verbrachte den ganzen Tag damit, dem Koch die Zutaten für die Mahlzeiten auszuhändigen und die Bestände zu überprüfen. Sie achtete darauf, dass nichts verschwendet wurde. Der Koch musste vor ihren Augen den Tee zubereiten. Sie überwachte jede Kleinigkeit.

Wir hatten auch einige Frauen, die zum Weben ins Haus kamen. Sie stellten Schürzen, Wollstoffe für die Kleidung der Familienmitglieder und Dienstboten oder als Geschenk für Verwandte und Freunde her. Amala und ich beaufsichtigten auch den Gemüsegarten. Wir bauten Kohlköpfe, Blumenkohl, Rettich, Karotten, Tomaten, Bockshornklee, Chinakohl und O-suen an, eine Gemüsesorte, die es nur in Tibet gab. Was wir nicht verbrauchten, wurde verkauft.

Amala ging oft zum Tsuklhakhang, den Zentraltempel in der Innenstadt, um Butterlampenopfer darzubringen. Jeden Morgen machte sie ihren Rundgang auf dem Lingkor, der rings um die Altstadt von Lhasa führt, um religiöse Verdienste zu erwerben. Sie war stets bei guter Gesundheit und nie krank. Trotz ihrer Körperfülle ging sie sehr schnell. Als ich sie einmal auf dem rituellen Rundgang begleitete, konnte ich nicht Schritt mit ihr halten und deshalb beschloss sie, künftig auf meine Gesellschaft zu verzichten. »So eine junge Frau; was ist nur los mit dir?«, schimpfte sie, als der Abstand zwischen uns zunehmend größer wurde. Ihre Dienerin ging ein paar Schritte hinter ihr und begleitete sie jeden Morgen.

Schon bald hatte ich mich in meinem neuen Heim eingelebt und verbrachte einen großen Teil des Tages mit Amala im Vorratsraum. Mein Mann hatte zwei Schwestern; die eine war verheiratet und lebte im Haus ihres Mannes, die jüngere Schwester Wangmo-la war Nonne und lebte bei uns. Sie stand in aller Frühe auf und verbrachte den ganzen Vormittag im Gebet.

Zweimal im Monat erhielt ich die Erlaubnis, meinen Bruder und meine Schwägerin Mingyur-la zu besuchen. Meine Mutter kam ungefähr dreimal im Jahr zu Besuch. Ich hatte nie mehr die Gelegenheit, nach Tsang zurückzukehren, in das Haus, in dem ich meine Kindheit verbracht hatte.

Mein Mann und sein Vater verbrachten den Tag in ihrem jeweiligen Ministerium. Wenn sie am Nachmittag heimkehrten, empfingen sie Besucher oder beschäftigten sich anderweitig. Pala betete viel, wenn er zu Hause war. Er liebte Pferde. Wir besaßen ungefähr ein Dutzend Pferde und

Maultiere. Jeden Morgen ging Pala in den Stall, um nach den Tieren zu sehen, sie zu füttern und mit dem Pferdeknecht zu plaudern. Wir hielten auch vier Milchkühe und einige Vögel in Käfigen. Darunter war auch ein Papagei, der viel Lärm machte.

Die Familie Lukhang gab einen großen Teil ihres Geldes für religiöse Verrichtungen aus. Dreimal im Monat kamen Mönche aus dem Kloster Drepung Gomang und eine Reihe mongolischer Mönche zu uns nach Hause, um Gebete zu verrichten, und in den verschiedenen Tempeln und Klöstern in Lhasa und Umgebung wurden zahllose Butterlampenopfer dargebracht. Die Mönche wurden verköstigt und mit unzähligen Kannen Buttertee bewirtet.

Losar, das tibetische Neujahrsfest, war eine geschäftige und aufregende Zeit. Die Vorbereitungen begannen schon Tage vorher, denn wir mussten sechs- bis siebenhundert Brote, Khabsey genannt, in Fett ausbacken. Sie waren etwa fünfundzwanzig Zentimeter lang und an den Enden wie runde Schalen geformt; die Mitte wurde zusammengefaltet und war schmal und flach. Sie wurden auch Eselsohren genannt. Außerdem mussten wir Brote für die Deka zubereiten, fünf oder sechs Schichten Brot von unterschiedlicher Form, die zusammen mit anderen Esswaren als Opfergabe auf dem Altar dargebracht wurden und während der Losar-Zeremonie auf keinem Tisch fehlen durften.

Den ersten Tag des neuen Jahres verbrachten wir zu Hause; wir standen früh am Morgen auf und legten unsere Festtagsgewänder und unseren kostbarsten Schmuck an. Die Familie fand sich in der Haupthalle ein, um an einer Zeremonie mit Tee, Reis und Droma und Weizensuppe teilzunehmen; dabei wurde Chang, Weizen und Tsampa als Opfergabe dargebracht und allen Tashi Delek, Gesundheit und Glück, für das neue Jahr gewünscht. Es gab auch eine köstliche heiße Biersuppe und andere spezielle Gerichte für dieses Fest und das tibetische Gerstenbier floss in Strömen.

Am zweiten und dritten Tag des Neujahrsfestes empfingen wir Besucher und mein Mann begab sich zu nahen Verwandten und Freunden, um ihnen Tashi Delek für das kommende Jahr zu wünschen, wobei er allen Khabsey (eine volle Deka) und den traditionellen weißen Glücksschal überreichte. Meine Schwiegereltern blieben zu Hause.

Am dritten Tag fand eine ähnliche Zeremonie wie am ersten Tag in unserer Haupthalle statt, bei der die Bediensteten Schals und Khabsey erhielten. Auch bei dieser Gelegenheit waren wir mit festlichen Gewändern und dem dazugehörigen Schmuck angetan.

Die Familie Lukhang war sehr konservativ und traditionsverhaftet. Es gab keine Geselligkeiten in unserem Haus und meine Schwiegereltern lehnten es ab, Feste oder Zusammenkünfte gleich welcher Art zu besuchen. Wenn die Familie eingeladen wurde, ging mein Mann und da ich nicht aufgefordert wurde, ihn zu begleiten, blieb auch ich zu Hause.

In meiner Jugend war es Mode, Lederschuhe zu tragen, die aus Indien eingeführt wurden. Ich besaß ein Paar, aber ich verließ das Haus in tibetischen Stiefeln und zog sie erst draußen vor dem Eingangstor im Haus eines unserer Pächter an, wenn ich meinen Bruder besuchte oder zum Einkaufen auf den Markt ging. Bei meiner Rückkehr achtete ich darauf, das Haus wieder in den traditionellen Sompa-Stiefeln zu betreten. Pala war traditionsbewusst und missbilligte alles, was aus dem Ausland kam, vor allem Erzeugnisse aus dem Westen. Leider war es ihm beschieden, in einem fremden Land zu sterben, als er Tibet verlassen und nach Indien fliehen musste, weil die Lebensbedingungen in seiner Heimat unerträglich für ihn wurden.

Pala war der letzte Premierminister Tibets, als die Chinesen unser Land 1949 besetzten. Da er keinen Hehl draus machte, dass er ihnen misstraute, zwangen sie unseren weltlichen und religiösen Führer, Seine Heiligkeit den Dalai Lama, ihn von seinem Posten zu entfernen. Pala und Amala flohen mit Wangmo-la nach Indien. Wangmo-la hatte zu dem Zeitpunkt ihr Gelübde als Nonne aufgegeben und einen kleinen Sohn.

Ich habe acht Kinder zur Welt gebracht, die alle zu Hause geboren wurden. Mein ältestes Kind war ein Mädchen. Meine Dienerin stand mir bei der Niederkunft bei. Amala sah von Zeit zu Zeit nach mir. Sersang Rinpoche, ein heiliger Mann, hatte Butter gesegnet, die man mir in kleinen Stücken verabreichte, um die Geburt zu erleichtern. Alle Kinder kamen in einem kahlen Raum zur Welt, weil es sich nicht ziemte, vor Statuen oder Bildnissen der Buddhas zu entbinden. Fünf Kinder starben. Ich hatte eine nach innen gerichtete Brustwarze und sie bekamen nicht genug Milch, waren jedoch ohnehin sehr schwach bei der Geburt. Sie erhielten Kuhmilch als Ersatz und Tsampa, doch sie überlebten nicht.

Mein jüngstes Kind wurde nach der Okkupation unseres Landes geboren. Mein Mann war im Gefängnis und ich musste das große Haus räumen. Ich hatte keine Dienstboten mehr, aber ein ehemaliges Dienstmädchen, das inzwischen auf dem Lande lebte, kam, um mir Beistand zu leisten, und kehrte tags darauf nach Hause zurück.

In Zentraltibet war es üblich, eine schwangere Frau vom siebten Monat an jeden Tag zu massieren. Sie wurde vom unteren Rückenbereich bis zum Bauch mit geklärtem Butterfett eingerieben und blieb danach noch eine Weile in der Sonne liegen. Wenn sie genug Zeit hatte, wurde sie dreimal am Tag massiert. Der untere Rückenbereich musste warm gehalten werden und deshalb trugen wir einen besonderen Wickel um die Taille und viele einen Schal um den Unterleib.

Die Geburtshelferin, zumeist eine nahe Verwandte oder Freundin, durchtrennte die Nabelschnur mit einem sauberen Messer und band sie mit einem sauberen Schafwollfaden ab.

Nach der Geburt wurde die Mutter warm gehalten. Ein mit warmer Butter getränktes Baumwolltuch wurde auf Scheitel, Schläfen, Hinterhaupt und Nacken gedrückt. Man gab ihr eine stärkende Brühe aus Knochen und Butter und eine Suppe aus dem klein gehackten Fleisch vom unteren Teil eines Schafes oder Yaks zu trinken. Diese aus Suppe und Butter bestehende Kost hatte eine Heilwirkung: Sie trug zur Beseitigung von Störungen des Loong bei, der Windenergie des Körpers, die während der Geburt aus dem Gleichgewicht gerät.

Um die Figur wiederzuerlangen, wurde der Unterleib gleich nach der Niederkunft straff mit einem Rohseidenschal umwickelt, um zu verhindern, dass Luft in den Bauch gelangte und ihn aufblähte. Nach der Niederkunft musste man sich einen Monat lang in geschlossenen Räumen aufhalten.

Gleich nach der Geburt schob man dem Kind ein winziges Stück frische, mit Tsampa vermischte Butter in den Mund. Danach bekam es Muttermilch. Nach einem Monat erhielt es regelmäßig Tsampa in kleinen Mengen. Im Hause Lukhang pflegten wir frische Butter und fein gemahlenen Zucker mit Tsampa und tibetischem Buttertee zu vermischen; dieser Brei wurde schon in den ersten Tagen nach der Geburt gefüttert, jeweils ein kleiner Löffel voll. Wenn das Kind sechs oder sieben Monate alt war, ergänzten wir die Kost mit Thukpa. Es wurde ebenfalls mit geklärter Butter oder warmem Senföl massiert und, mit einem leichten Baumwolllaken zugedeckt, in die Sonne gelegt. Es wurde dreimal am Tag massiert und einmal in der Woche in warmem Wasser gebadet.

Am dritten Tag nach der Geburt eines Sohnes wurde eine sogenannte Bhangsel-Zeremonie abgehalten; bei einer Tochter fand sie am vierten Tag statt. Es handelte sich dabei um ein Reinigungsritual. Amala besuchte uns, mit neuen Gewändern und allem dazugehörigen Schmuck angetan. Zuerst reichte sie meinem Mann und danach mir und meiner Tochter eine Khata. Man setzte uns Buttertee, Reis und Droma vor. Freunde und Verwandte besuchten uns mit den traditionellen Glücksschals und Geschenken wie Stoffe für Windeln oder Seife.

Für einen Säugling fertigten wir lange Blusen im traditionellen tibetischen Stil aus warmer Baumwolle oder Seide an. Er trug Windeln aus Stoff und ein langes, selbst genähtes Gewand, das vorn mit Bändern geschlossen wurde. Das Kind wurde in Decken gewickelt, bis es das Krabbelalter erreichte. Wenn es älter wurde, trug es die gleiche Kleidung wie die Erwachsenen; die Jungen hatten hinten einen Schlitz in der Hose, damit sie leichter die Toilette benutzen konnten.

Einen Monat nach der Geburt meiner Tochter durfte ich zum ersten Mal das Haus verlassen. Es war Brauch, den Säugling in den Jokhang zu bringen, den Haupttempel der Stadt. Ich trug mein Festgewand und meinen Schmuck. Meine Tochter und ich wurden von zwei Dienerinnen und einem Diener begleitet, die Schals und ein großes silbernes Behältnis mit geschmolzener Butter für die zahllosen Butterlampen in den Gebetsräumen des dreistöckigen Tempels trugen. Meine Schwiegermutter hatte mir eingeschärft, nach dem Besuch des Tempels umgehend nach Hause zurückzukehren.

Meine Tochter wurde von ihrer Kinderfrau auf dem Rücken getragen. Sie war in einen großen weißbraunen Rohseidenschal gewickelt, der von einer Silberbrosche mit Häkchen über der Brust zusammengehalten wurde. Ein breiter, handgewebter Gürtel aus Wolle und Brokat war über dem Schal befestigt. Daran hingen verschiedenfarbige kleine Beutel aus Seide und Brokat, ein silbernes Amulett mit Reliquien und einige große Muscheln und ein Schneckengehäuse, um böse Geister abzuwehren.

Amala war mir eine große Hilfe; sie zeigte mir, wie man einen Säugling hält, füttert und welche Kost er braucht. Ich war eine völlig unerfahrene junge Mutter. Pala ließ sich nicht blicken, wenn Töchter zur Welt kamen. Als mein viertes Kind geboren wurde, ein Junge, stattete er uns nach meiner Rückkehr aus dem Tempel einen Besuch ab. Mein Sohn war zu dem Zeitpunkt über einen Monat alt. Pala betrat den Raum, legte einen langen weißen Schal um Dorji Tsetens Hals, berührte mit seiner Stirn die Stirn des Kindes und sprach ein Gebet. Ich weiß nicht, welches.

Kinderkrankheiten wie Masern, Durchfall und Fieber waren in Tibet weit verbreitet; das galt auch für die Leberverschiebung. Sie äußerte sich in Atemnot und bei schwachen Kindern in Erstickungsanfällen. In Lhasa lebte eine alte Frau, von der es hieß, sie verstünde sich auf die Behandlung dieser Krankheit.

Sie nahm ein in Fett getränktes Wollknäuel, tauchte es in eiskaltes Wasser und presste es auf den Bauch des Kindes, was zur Folge hatte, dass es nach Luft schnappte. Dann legte sie einen Melong, eine runde unverzierte Scheibe aus Silber oder Metall, auf den Leberbereich und machte eine Bewegung, als wollte sie die Leber in Richtung Körpermitte stoßen. Sie wiederholte den Vorgang auf der anderen Körperseite. Der Melong haftete am Körper und die verschobene Leber befand sich wieder an der richtigen Stelle.

Als die Chinesen nach Tibet kamen, wurde mein Mann als Mitglied des Stabes von Gouverneur Ngabo nach Chamdo geschickt. Ngabo bat ihn, ein Jahr lang in Kongpo zu bleiben. Ich lebte weiterhin in Lhasa, auch nach der Okkupation der Chinesen. Dann musste mein Mann für mehrere Jahre ins Gefängnis. Ich wurde aus unserem Haus geworfen und verrichtete viele Jahre harte körperliche Arbeit, um zu überleben. Als sich Tibet Anfang der Achtzigerjahre öffnete, gingen mein Mann und ich nach Indien, um den Segen Seiner Heiligkeit des Dalai Lama zu empfangen und in der freien Welt ein neues Leben zu beginnen. Mein Mann traf seine Schwester Wangmo-la wieder, die damals mit ihren Kindern in den Vereinigten Staaten lebte. Nach kurzer Krankheit starb mein Mann. Mein Sohn kam zu uns nach Indien, bevor er in die Vereinigten Staaten auswanderte, um bei seiner Tante zu leben. Er hat in seiner neuen Heimat studiert und Arbeit gefunden. Ich bin Nonne geworden und lebe in Dharamsala, Indien; ich habe auf ein weltliches Leben verzichtet, um meine letzten Jahre in Gebet und Kontemplation zu verbringen.

Ich war dieser zurückhaltenden stillen Nonne mehrmals auf dem heiligen Pfad in Dharamsala begegnet. Sie war von einer Aura der Würde und Heiterkeit umgeben. Eines Tages tauchte sie bei einer anderen Nonne auf, die auch ich zu besuchen pflegte, und ich erfuhr, dass sie die Schwiegertochter unseres mutigen, patriotischen Premierministers Lukhang war. Es dauerte geraume Zeit, bis sie sich bereit erklärte, ihre Geschichte zu erzählen. Sie sagte: »Ich bin eine unwichtige Person und kann nichts Interessantes berichten.« Doch ihre Lebensgeschichte vermittelt faszinierende Einblicke in die Rolle der Frauen in Tibet.

Samthen Dolma – Bauersfrau aus der Provinz Kham

Mein Name lautet Samthen Dolma. Ich bin siebzig Jahre alt. Ich wurde in Jangthue im Distrikt Dayab geboren, der sich im Südosten des Landes, in Kham, befindet. Meine Mutter kam als Braut nach Jangthue. Es war ein kleines, hübsches Dorf, in dem ich den größten Teil meiner Kindheit und Jugend verbrachte. Die Nachbarn waren freundlich und hilfsbereit und ich vermisse meine Heimat.

Jangthue war von hohen Bergen umgeben. Die oberen Regionen waren zerklüftet und kahl, dort sah man weder Bäume noch Sträucher; weiter unten standen Büsche, deren Blätter getrocknet und für Räucherwerk verwendet wurden. Am Fuße der Berge gab es Sträucher verschiedener Art und unten im Tal wuchs jede Menge Gras. Im Sommer blühten viele Blumen auf den Wiesen, darunter eine weiße mit roter Spitze und eine goldfarbene, aus deren Wurzeln Tee zubereitet wurde. Zwischen den Steilhängen, unweit der Felsen, wuchs ein weiterer Strauch, aus dem Tee gemacht wurde. Das Tal war mit Gras bedeckt und von vielen Bächen und Flüsschen durchzogen, die in einen großen Fluss mündeten. Das Wasser war klar und frisch, doch im Sommer wurde der Fluss ziemlich schlammig.

In meinem Dorf gab es viele Häuser, die dicht nebeneinander errichtet waren. Unser Haus war mehrstöckig. Zu ebener Erde waren die Tiere untergebracht, wir lebten im ersten Stock und ganz oben befand sich der Gebetsraum, in dem wir unsere Gebete verrichteten und religiöse Zeremonien abhielten. Auf dieser Ebene gab es auch eine große Vorratskammer, in der Getreide und Fleisch getrocknet wurden.

Oberhalb des Dorfes, in den Bergen, hatten Nomaden ihre Yakhaarzelte aufgeschlagen; sie hüteten unser Vieh. Einige Dorfbewohner, die große Yak-, Dri- und Dzoherden besaßen, lebten während der Sommermonate dort oben bei den Nomaden.

Ich war das einzige Kind, weil mein Vater starb, als ich noch klein war, und wuchs bei meiner Mutter auf. Als ich ungefähr elf war, starb sie und ich wurde von Verwandten meines Vaters aufgenommen. Die Verwandten meiner Mutter lebten weit entfernt und hatten uns nie besucht, weil sie sich um die eigene Familie kümmern mussten und viel Arbeit hatten. Ich erinnere mich indes an den Besuch entfernter Verwandter, die ungefähr zwei Monate bei uns blieben, als meine Mutter noch lebte.

Meine Mutter war Bäuerin. Sie musste den Acker pflügen, die Saat ausbringen, Unkraut jäten, die Felder bewässern, düngen und die Ernte einbringen. Sie hatte viel Arbeit. Wir bauten Gerste an, die im Herbst geerntet wurde. Wir schnitten die Halme, bündelten und trockneten sie. Einige unserer Nachbarn kamen und halfen bei der Feldarbeit.

Auch im Haus gab es für meine Mutter viel zu tun. Dabei ging ich ihr ebenfalls zur Hand. Mithilfe unserer freundlichen Nachbarn gelang es uns, unsere Abgaben zu entrichten und nicht zu darben. Die Abgaben mussten wir an das Kloster und die Lokalregierung entrichten. Wenn es uns nicht gelungen wäre, sie aufzubringen, hätte man unser Stück Land beschlagnahmt. Wenn es in einer Familie keine arbeitsfähigen Personen gab, war sie oft gezwungen, Fremde ins Haus zu holen, die bei ihnen wohnten und die Arbeit im Haus und auf dem Feld übernahmen.

Meine Familie besaß außerdem Kühe, Dzo und Dri; wir hatten Milch und stellten unsere eigene Butter her, die an unsere Helfer aus dem Dorf verteilt wurde. Sie erhielten außerdem Gerste als Entlohnung für ihre Dienste. Im Sommer waren alle Dorfbewohner draußen im Sonnenschein und bestellten gemeinsam die Felder, wobei oft gesungen wurde. Die kleinen Kinder liefen hin und her, um den Erwachsenen zu helfen, waren jedoch meistens im Weg.

Meine Mutter stand morgens sehr früh auf. Wenn Gerste für Tsampa geröstet oder besondere Arbeiten im Haus verrichtet werden mussten, erledigte sie diese, bevor das übliche Tagwerk im Haus und auf den Feldern begann. Unser Leben war einfach, aber glücklich. Unsere Mahlzeiten waren ebenfalls bescheiden. Die erste Mahlzeit am Morgen bestand aus Tsampa und da wir uns nicht jeden Tag Buttertee leisten konnten, tranken wir meistens heißes Wasser, mit ein wenig Milch und einer Prise Salz vermischt. Danach gingen wir aufs Feld. Wir nahmen Thukpa mit und aßen unsere Suppe gegen zehn Uhr morgens.

Mittags gab es Tsampa, Sauermilch oder Chang, ein Gerstenbier. Um drei Uhr nachmittags machten wir abermals eine Pause und stärkten uns mit Tsampa, Sauermilch oder Chang. Unsere letzte Mahlzeit bestand wieder aus Thukpa, wenn wir abends nach Hause zurückgekehrt waren. In unserem Tal gab es nirgendwo Gemüse oder Früchte. Wir hatten keine Läden und keine Verwendung für Geld. Man erhielt alles durch den Tausch von Waren. Wolle oder Tsampa konnte man beispielsweise gegen Fleisch eintauschen.

Da wir unsere eigenen Dzo und Kühe hielten, hatten wir viel Milch, die wir in Holzkübeln lagerten. Abends kochten wir die Milch, füllten sie in die Kübel zurück und ließen sie über Nacht auf dem Dach stehen, wo es kühl war; am nächsten Morgen wurde die Milch zu Butter, Sauermilch und Käse verarbeitet. Buttermilch war ein köstliches Getränk. Wir hatten jeden Tag Milch und Buttermilch zum Trinken und jeden zweiten Tag machten wir Butter. Die kleinen Butterbällchen wurden zu einer großen Kugel geformt und in einen sauberen, gründlich gewaschenen Schafsmagen gefüllt. Der Schafsmagen wurde zugenäht und die Butter für die künftige Verwendung gelagert. Wir hatten alle genug Nahrung für den Eigenbedarf und alles schmeckte vorzüglich.

Nach der Abendmahlzeit fütterten und tränkten die jungen Mädchen die Tiere, deckten sie mit Wolldecken zu, wenn es draußen kalt war, und erledigten die letzten Arbeiten im Haus. Die Zeit danach gehörte uns. Die Mädchen aus der Nachbarschaft kamen zusammen, sangen Volkslieder und tanzten, bis uns die Müdigkeit übermannte. Wenn ich an meine Kindheit in Tibet zurückdenke, wird mir bewusst, wie unbeschwert und glücklich sie war. Wir kannten weder Neid auf unsere Nachbarn noch Eifersucht. In der heutigen Zeit sind Neid und Eifersucht weit verbreitet, selbst unter Freunden. Ich weiß nicht, was mit den Menschen geschehen ist. In Tibet halfen wir uns gegenseitig und waren zufrieden mit unserem Leben, obwohl wir damals bei Weitem nicht so viele Dinge wie heute besaßen.

Brennmaterial war sehr knapp in unserer Region. Es gab kaum Bäume, von den Weihrauchsträuchern und einigen spärlichen Büschen in den Bergen abgesehen. Ich sammelte getrocknete Kuhfladen für den Küchenofen, weil es kein Holz gab. In unserem Dorf war man stillschweigend übereingekommen, den Dung auf den Bergen oder den Feldern, die der Allgemeinheit gehörten, nicht täglich, sondern nur an einem bestimmten Tag aufzulesen. Dann holten wir so viel Dung, wie wir fanden und lagern konnten.

Hoch droben auf dem Berg wuchs ein Busch, der sich hervorragend als Brennholz eignete. Oft ging ich in aller Frühe mit meinen Freundinnen zu der Stelle hinauf und kehrte gegen Mittag mit einer großen Ladung Zweige auf dem Rücken zurück. Es gab viel Arbeit und ich war immer beschäftigt.

Zu Beginn des Frühjahrs mussten die Jugendlichen die Exkremente aus dem Schafstall aufs Feld hinausbringen. Sie wurden gesammelt, in einem Schuppen aufgeschichtet und ein Jahr gelagert, um zu reifen. Wir halfen den Erwachsenen, sie in Körben auf dem Rücken oder in den Falten unserer Kleider dorthin zu tragen. Der Dünger wurde von den Yaks zu den Feldern befördert, da diese weit vom Haus entfernt lagen.

Im Herbst leerten wir unsere Toiletten, die weiteren Dünger für unsere Felder lieferten. Von Zeit zu Zeit streuten wir Küchenasche auf die menschlichen Exkremente. Die Toilette war ein ganzes Stockwerk hoch. In der kalten regenarmen Region Tibets trockneten die Exkremente schnell und gaben einen ausgezeichneten Dünger für die Felder ab. Wir verstreuten ihn auf der Erde. Wenn es an der Zeit war, die Felder zu düngen, kamen die Nachbarn abermals und halfen uns. Als Ausgleich halfen wir ihnen. Es war harte Arbeit, doch dabei wurde gesungen und gelacht. Es kam mir nie wie Arbeit vor, weil wir viel Spaß hatten.

Ich musste auch Wasser für den Hausgebrauch holen. Wir trugen es in Holzkübeln auf dem Rücken vom großen Fluss herauf, der sich unterhalb des Dorfes befand. Die Kübel waren aus Holzbrettern gemacht und ganz ohne Nägel; sie wurden durch Einschnitte an den Kanten ineinander verkeilt und mit der Rinde von Ästen zusammengebunden. Ein breiter Tragegurt aus Wolle wurde zu beiden Seiten des Eimers an Haken befestigt und um den Kopf geschlungen, um das Gewicht des Wasserbehältnisses zu unterstützen.

Eine dicke Baumwollschärpe um die Taille hielt den Kübel aufrecht.

Im Winter war es schwierig, Wasser zu holen, weil der Fluss bisweilen von einer dicken Eisschicht bedeckt war. Wir mussten mit einem spitzen Gegenstand runde Löcher hineinschlagen und das Wasser mit einer großen Messing- oder Kupferkelle schöpfen. Meine Freundinnen und ich schlitterten auf dem Eis und spielten miteinander, bevor wir das Wasser nach Hause brachten. Wir gingen in Gruppen zum Wasserholen. Das war unerlässlich, weil wir uns gegenseitig helfen mussten, die Kübel auf den Rücken zu hieven. Aber wir hatten dabei so viel Spaß, dass wir uns schon immer darauf freuten. Wir gingen morgens und abends zum Wasserholen. Manchmal spielten die Freundinnen einem der Mädchen einen Streich und kippten ihren Kübel auf halbem Weg nach Hause um, sodass sie zum Fluss zurückkehren musste. Dann lachten alle und einige von uns begleiteten das Opfer, um beim Füllen zu helfen. Ob das heute noch möglich wäre? Gewiss hätte es deswegen einen erbitterten Streit gegeben! Bevor wir Wasser holten, mussten wir das Gebet der Zuflucht zu den Drei Juwelen verrichten und für die Gabe danken.

In unserer Region hieß es, dass man am ersten Tag des neuen Jahres mit etwas Glück eine goldene Spange im Fluss finden könne. Ich stand an diesem Tag besonders früh auf und wartete endlos, dass sie im Wasser auftauchte, doch ich hatte nie Glück und auch meine Freundinnen wurden nicht fündig. Bald wurden wir der Suche überdrüssig; nur die jüngeren Mädchen gaben die Hoffnung nicht auf, doch noch in den Besitz eines solchen Schatzes zu gelangen.

Wenn ich nicht im Haus oder auf dem Feld arbeiten musste, freute ich mich darauf, mit meinen Freundinnen in der Nachbarschaft zu spielen. In unserem Dorf gab es eine

Lehmart, die wir mit Wasser mischten. Daraus machten wir verschiedene Haushaltsgegenstände wie Töpfe, Teller und Becher und konnten uns stundenlang mit diesem Spiel vergnügen. Wir bauten auch Häuser aus Stöckchen und Steinen, besuchten uns gegenseitig, bereiteten Mahlzeiten aus Steinen, Zweigen, Blumen und Blättern zu, was immer wir gerade fanden, und setzten sie unseren Gästen vor. Manchmal brachten wir für unsere Feste richtige Esswaren mit, die wir zu Hause stibitzt hatten.

Da es keine Geschäfte gab, in denen man Kleidung oder auch nur Nahrungsmittel kaufen konnte, mussten wir alles, was wir zum Leben brauchten, selbst herstellen. Im Winter gehörte es zu den Aufgaben der Mädchen, Wolle zu krempeln und zu spinnen. Es gab in unserer Gegend nur wenige Frauen, die weben konnten, und folglich waren sie sehr gefragt. Wir bezahlten sie für die Stoffe, die sie fertigten, mit Getreide, Tsampa, Käse und Butter. Die Stoffe aus Schafwolle waren schlicht und ohne Muster, ließen keinen Regen durch. Bei der Feldarbeit trugen wir Kleider aus dieser einfachen weißen Wolle und bei besonderen Anlässen Roben aus feineren Wollstoffen, die kastanienbraun, dunkelbraun oder schwarz eingefärbt wurden. Die Farben stammten von verschiedenen Blättern und Beeren.

In unserer Region trug man langärmelige Gewänder statt der gestreiften Schürzen, die in Zentraltibet oder rund um Chamdo in der Provinz Kham zur Landestracht gehörten. In bestimmten Teilen unserer Provinz band man eine schwarze Schürze um, damit die Kleidung nicht schmutzig wurde. Im Sommer trugen wir Gewänder aus gewebten Wollstoffen, im Winter Schaffellkleidung mit einer langärmeligen Hemdbluse aus Rohseide oder Baumwolle. Das Vlies befand sich innen, am Körper. Außen wurden die Häute mit Fett eingerieben und mit Händen und Füßen kräftig durchgewalkt, bis sie weich und geschmeidig waren. Die Lammfellroben hatten bei uns eine aufgenähte blaue Wollborte. Meistens wurden sie in ihrer natürlichen Schattierung belassen, ohne Färbung oder Muster. Die Fellkleidung hielt selbst im strengsten Winter warm.

Die wohlhabenderen Dorfbewohner trugen Lammfellroben. Es war leichter, die Häute der Jungtiere zu walken, die im Vergleich zu denen ausgewachsener Schafe schneeweiß und butterweich waren.

Die Winter waren sehr kalt und wir hatten viel Schnee. Meistens blieben wir drinnen. Die Mädchen aus dem Dorf trafen sich reihum zu Hause, spannen Wolle und sangen dabei. Sobald die Sonne schien, war es warm genug, um draußen im Hof zu sitzen. Blieb die Sonne einen Tag aus, was nicht oft vorkam, zündeten wir mit Schafs- und Kuhdung ein Feuer in den Kohlebecken an, das uns warm hielt. Abends gingen wir nach Hause zurück, um das Vieh zu versorgen, es mit warmen Wolldecken für die Nacht zu versehen und unser Nachtlager zu bereiten.

An den langen Winterabenden kamen die Dorfbewohner manchmal an den heiligen Tagen zusammen, um das Mantra des Guru Padmasambhava zu rezitieren. Bei diesen Treffen bereiteten zwei oder drei Familien abwechselnd große Töpfe Gerstensuppe oder Bhatuk zu, als Mahlzeit für alle. Bhatuk, eine Fleischbrühe mit Teigbällchen, war mein Leibgericht. Nach dem Essen sangen und tanzten die Jungen und Mädchen des Dorfes, während die Erwachsenen zuschauten.

Wir waren sehr religiös. Jede Familie hatte einen Hausaltar. Es gab auch einen großen Tempel im Dorf, der allen zugänglich war. Überall verstreut waren kleine Kapellen und viele Mani-Steine mit Gebeten, die zu einem Wall aufgetürmt waren. Im Sommer wurden die heiligen Schriften aus unserem Tempel in einer feierlichen, von den Dorfältesten angeführten Prozession auf dem Rücken der jungen Männern durch das Dorf getragen. Die Mädchen hatten Körbe mit Esswaren auf dem Rücken und der Festzug bewegte sich über die Felder, die Bergpfade hinauf und hinunter, einmal rund um das ganze Dorf. An einer mit Gras bewachsenen ebenen Stelle legten wir eine Rast ein und aßen unser Mittagsmahl. Die Mädchen sammelten Zweige, Yakdung und trockenes Gras, um ein Feuer zu entzünden und das Wasser für den Tee zu kochen. Alle hatten das beste Tsampa, gekochtes Fleisch, Butter, Käse und Chang mitgenommen, teilten Speisen und Getränke und genossen das Schlemmermahl. Danach wurde gesungen, getanzt und gelacht, bis die Sonne unterging und es Zeit war, ins Dorf zurückzukehren.

Ein weiteres religiöses Ritual war Nyungney. Es wurde im Tempel abgehalten und ging mit vielen Fastentagen, Niederwerfungen und Gebeten einher; jedes Haus musste ein Mitglied in den Tempel schicken und die größeren Familien zwei oder drei, sonst wurde eine Butterspende als Strafe verhängt. Die Butter wurde für die Butterlampenopfer im Tempel verwendet. Jede Familie trug mit einem bestimmten Anteil Butter dazu bei. Während der Fastentage durften wir nur eine einzige Mahlzeit am Morgen zu uns nehmen. Anschließend fand ein Schlemmermahl statt und manche Brote waren so groß wie ein Kochtopfdeckel mittleren Umfangs. Jede Familie brachte zu diesem Festschmaus etwas mit und die Teilnehmer aßen gemeinsam. Troma, Teigopfer, und Reis trieften vor Butter und ich staunte immer wieder, wie viel die Leute verdrücken konnten. Die meisten Mädchen kamen in den Tempel, um ihre Niederwerfungen zu machen und bei dem Ereignis dabei zu sein. Abends auf dem Heimweg sangen wir »Om Mani Padme Hum« und »Om Benza Sattva Hum«, die Mantren von Avalokiteshvara und Vajrasattva. Es war herrlich.

Hochzeiten waren ein wichtiger Anlass, auf den sich alle Dorfbewohner freuten. Die meisten Ehen waren arrangiert. Ich erinnere mich noch heute an die Hochzeit, die in unserem Dorf stattfand. Die Braut, ihre Familienangehörigen und Freunde ritten auf Pferden und Maultieren zum Haus des Bräutigams. Die Familie musste das traditionelle Thue zubereiten, Käsewürfel oder Bällchen mit Butter, braunem Zucker und Tsampa. Thue und Dörrfleisch wurden den Dorfbewohnern von der Hochzeitsgesellschaft zugeworfen. Es war bei uns Brauch, den Weg zu säumen, den der Brautzug nahm, und große Tücher auf dem Boden auszubreiten, um die Esswaren aufzufangen.

Wenn die Braut aus einer wohlhabenden Familie stammte, gehörten Kleidung, Ohrringe, Ringe, Spangen, Halsketten und Haarschmuck zu ihrer Mitgift. Wenn ein junger Mann sein Elternhaus verließ, um in die Familie der Braut einzuheiraten, bekam er Pferde, Maultiere, Schwerter und Gewehre als Heiratsgut. Seine Familie schickte außerdem Speisen und Getränke. Selbst die ärmsten Familien gaben ihren Söhnen oder Töchtern Geschenke mit, wenn sie heirateten.

Während der Hochzeit wurde viel gesungen. In unserem Dorf lebte ein Mann, der sich darauf verstand, Glück verheißende Lieder vorzutragen. Er wurde zu allen Hochzeiten gerufen. Er trug eine weiße Robe, bis zu den Knien hochgezogen, ein Hemd, weite Hosen und eine schwere Schärpe. Um den Kopf hatte er einen beigefarbenen Rohseidenschal gewickelt. Er sang Loblieder auf den Dhata, einen Pfeil, mit geflochtenen Schals in den Farben des Regenbogens umwickelt, an dem ein rundes Amulett aus Silber oder Messing befestigt wurde. Jede Familie besaß einen Dhata; der Dhata aus dem Haus des Bräutigams wurde mit der Hochzeitsgesellschaft zum Haus der Braut geschickt, um den Anspruch auf sie geltend zu machen. Dieser geschmückte Pfeil wurde am Nacken unter der Kleidung befestigt und war ein Zeichen dafür, dass die Familie ihres Mannes von nun an ein Anrecht auf sie hatte. Der Sänger pries nicht nur den Dhata, sondern auch das neue Gewand der Braut: »Drei junge Mädchen haben den Wollfaden für dieses Festgewand gesponnen und Mutter Asu hat den Stoff gewebt.«

Wenn der Brautzug das Eingangstor zum Anwesen des Bräutigams erreichte, wurde es verriegelt und erst dann wieder geöffnet, wenn ein Glück verheißendes Lied angestimmt wurde. Der Mann im weißen Gewand sang: »Eine Seite des Tors ist aus Gold, die andere aus Silber, der Riegel ist mit Korallen und Türkisen besetzt und die Bänder auf dem Riegel sind aus reiner Seide. Ich ersuche nun den Besitzer des Hauses, das Tor zu öffnen.« Wenn das Tor aufging, betrat die Braut den Hof und der Sänger sang: »Die Pfeiler dieses Hauses sind aus Gold, die Balken aus Silber und wir betreten das Glück verheißende Haus.« Die Lieder waren sehr lang und die restlichen Verse sind mir entfallen. Dann wurde die Braut in die Küche geführt, wo an einem Pfeiler neben dem Ofen Löffel, Siebe und Schöpfkellen hingen. Der Sänger rezitierte: »Dieser Pfeiler ist aus Gold, das Gebälk aus Silber und das Teesieb aus Türkisen und Korallen.« Danach wurde die Braut in den Hauptraum des Hauses geleitet und der Sänger stimmte Lobgesänge auf den Bräutigam und seine Familie an. Auch diese Verse waren sehr kunstvoll und lang.

Schließlich besang er das vortreffliche Wesen der Braut und bat ihre neue Familie, freundlich zu ihr zu sein. »Unsere Tochter kennt niemanden außer ihrer Mutter, sie ist nur über die Schwelle ihres eigenen Hauses getreten, hat nie etwas anderes getrunken als Wasser aus ihrem eigenen Haus; wir brauchen schmackhafte Speisen für sie und weiche Kleidung für ihren Körper.« Während der Zeremonie wurden Tee und Reis mit Droma gereicht, dann überreichte man dem frischvermählten Paar und den Familienmitgliedern des Bräutigams Glück verheißende Schals. Verwandte und Freunde brachten Fleisch, Tsampa, Milch, Sauermilch, Käse und Chang und drei Tage lang wurde gesungen, getanzt und gefeiert. Nach einem Monat kehrte die jungvermählte Ehefrau für einen Monat in das Haus ihrer Eltern zurück, bevor sie den Rest ihres Lebens in ihrem neuen Heim verbrachte.

In unserem Dorf gab es ein Mädchen aus einer wohlhabenden Familie, das sich weigerte zu heiraten; der Bräutigam lebte in einem weit entfernten Dorf und stammte ebenfalls aus reichem Hause. Die Ehe war von den älteren Familienmitgliedern arrangiert worden. Sie war sehr unglücklich darüber, weil sie nicht von ihrer Familie getrennt sein wollte. Sie lief von zu Hause fort, doch ihre Eltern spürten sie auf und sperrten sie bis zur Hochzeit in ihre Kammer. An ihrem Hochzeitstag weinte sie bitterlich und war so außer sich, dass sie während des Brautzugs vom Pferd fiel, doch es nutzte nichts. Sie hatte keine andere Wahl, als sich in ihr Schicksal zu fügen. Es war der traurigste Tag ihres Lebens und wir litten mit ihr.

In unserem Dorf waren alle kerngesund. Ich kann mich nicht erinnern, dass irgendjemand krank war. Die Menschen starben, wenn sie alt und schwach wurden. Es gab mehrere hochbetagte Dorfbewohner, die nur noch auf ihrem Bett lagen oder draußen vor dem Haus in der Sonne saßen, die Gebetskette in der Hand. Wenn ihre Zeit gekommen war, verließen sie diese Welt. Sie schwanden gewissermaßen dahin, sobald ihre Kräfte nachließen.

Wir hatten keinen Doktor im Dorf und keine Arzneien, die man kaufen konnte. Es gab einen Arzt, der die Traditionelle Tibetische Medizin praktizierte, doch er lebte einen Tagesritt oder zwei entfernt. Wenn jemand nicht transportfähig war, brachte man eine Urinprobe zu ihm; dann stellte er die Diagnose und gab die Arznei für den Patienten mit. Ich kann mich nicht erinnern, dass in meiner Jugend jemand krank gewesen wäre.

Wir hatten oft Besuch von Lamas. Einige reisten mit großem Tross. Sie trafen meistens im Spätherbst ein, nach der Ernte. Bei ihrer Ankunft eilten Dorfbewohner von Haus zu Haus und verkündeten lauthals, dass die Lamas da wären und alle zu den Gebeten und Einweihungen kommen sollten. Die Lamas gingen als Erstes zu unserem bescheidenen Dorftempel, wo wir uns zu Gebeten und Langlebe-Einweihungen einfanden. Die älteren männlichen Dorfbewohner achteten darauf, dass alle an diesen Belehrungen teilnahmen. Wir mussten Getreide mitbringen, das in einem großen Holzbottich vor dem Tempel gesammelt und dem Lama übergeben wurde. Er erhielt auch Butter, Käse, Sauermilch und Tsampa.

Besucher waren in unserem Dorf eine Seltenheit. Von Zeit zu Zeit machten Pilger auf dem Hin- oder Rückweg von Zentraltibet bei uns Rast. Einige waren arm wie die Bettler und alle erhielten eine Mahlzeit und ein Nachtquartier. In unserem Dorf gab es keinen Armen. Die älteren Leute pflegten zu sagen, dass der Segen Ling Gesars, der im Auftrag Buddhas auf die Erde gesandt wurde, um Recht und Ordnung zu schaffen, auf unserem Dorf ruhe. Wenn Bettler vor unserer Tür standen, nahm ich heimlich Brot oder andere Nahrungsmittel aus der Küche, verbarg sie in den Falten meines Ärmels und steckte sie ihnen zu. Ich achtete darauf, dass die Erwachsenen nichts merkten und mich nicht ausschalten. Kein Bettler wurde in unserem Dorf hungrig fortgeschickt.

Die Mädchen legten großen Wert auf ihr äußeres Erscheinungsbild. Wir rieben uns das Gesicht mit einer dunklen Paste ein, um die Haut vor Sonne und Wind zu schützen.

Sie bestand aus geröstetem Gerstenmehl, vermischt mit dem Saft einer roten Beerenart aus den Bergen. Der Teint wurde dadurch rötlich braun. Eine andere Beerenart aus den Bergen wurde in einem Topf über dem offenen Feuer geröstet und mit Wasser zu einer Paste verrührt, die als Schminke diente. Bei besonderen Anlässen, zum Beispiel bei einem Dorffest, wuschen die Mädchen die Paste ab, sodass die makellose Haut zum Vorschein kam, die hell war und von allen bewundert wurde. Helle Haut galt als Schönheitsideal. Wangen und Lippen wurden mit dem Saft von roten Beeren eingerieben. Einige Mädchen besaßen kleine runde Metalldöschen mit einem Spiegel auf dem Deckel, in denen Beeren und Blätter für die Zubereitung der Schönheitsmittel aufbewahrt wurden. Sie trugen sie ständig in den Falten ihrer Kleider mit sich herum. Die Döschen wurden vermutlich in Indien oder China hergestellt.

Wir Mädchen liebten neue Kleider und Geschmeide. Jedes Mädchen besaß einen schlichten Ohrring und eine Halskette mit Korallen und Türkisen. Die Mädchen aus reicherem Haus trugen längere Halsketten, an denen zusätzlich Gzi- und Bernstein aufgefädelt waren.

Eines der aufregendsten Ereignisse in meiner Kindheit war der Austausch des Disziplinarmeisters in dem Kloster, das sich in unserer Region befand. Jedes Haus im Dorf musste ein Familienmitglied als Vertretung schicken oder dem Kloster zur Strafe ein Schaf überlassen. Natürlich gingen wir an diesem Tag alle mit Freuden zum Kloster. Die Feierlichkeiten dauerten ungefähr eine Woche und waren in unserer Gegend sehr beliebt und bekannt.

Zu diesem Anlass trugen wir unsere besten Kleider und Schmuckstücke. Es wurde viel gesungen und getanzt und die Haupttänzer mussten sich dreimal am Tag umziehen. Am Morgen traten sie in gelben Seidenroben, nachmittags in

Kostümen von einer anderen Farbe und am Abend in dickeren Seidengewändern auf. Sie trugen Silberschmuck mit Türkisen und Korallen, Gzi-Halsbänder und Silberketten mit Glöckchen um die Taille. Manchmal schlossen sich die Zuschauer den Tänzern an.

Als ich ungefähr dreiundzwanzig Jahre alt war, beschloss ich, nach Lhasa zu pilgern. Damals lebte ich beim Bruder meiner Mutter. Bei den jungen Leuten aus Kham waren Pilgerreisen nach Lhasa sehr beliebt. Wenn die Eltern Einwände erhoben, stahlen sich viele heimlich davon. Ich brach mit meiner Cousine auf, die ein paar Jahre älter war als ich – ohne Erlaubnis. In meiner Jugend kannte ich keine Furcht. Wir machten uns ganz allein auf den Weg, gingen die weite Strecke bis Lhasa zu Fuß. Wenn wir unterwegs anderen Reisenden begegneten, schlossen wir uns ihnen an. Doch manchmal waren wir auch auf uns selbst gestellt. Wir waren beherzt und abenteuerlustig und hatten zum Glück keine Probleme.

Wir trugen warme Schaffellkleidung, das Vlies nach innen, und darüber eine Wollrobe. Decken hatten wir nicht mitgenommen, wir schliefen in unserer warmen Kleidung. Wir hatten nur ein wenig Butter, getrockneten Käse, Tsampa und Teeblätter dabei, reisten mit leichtem Gepäck. Meistens ernährten wir uns von Tsampa. Wenn wir auf menschliche Behausungen stießen, baten wir um ein Nachtquartier. Die Leute waren sehr freundlich und nahmen Pilger bereitwillig auf. Ab und zu mussten wir die Nacht notgedrungen im Freien verbringen, doch wir fühlten uns stets sicher. Während der Pilgerreise rezitierten meine Cousine und ich immer wieder das Mantra der Dolma, Tara, um den Schutz der Göttin zu erbitten. Sie war uns gewogen und geleitete uns unbeschadet nach Lhasa.

Der Aufenthalt in Lhasa war herrlich. Nach unserer Ankunft in der heiligen Stadt fanden wir freundliche Menschen, die uns erlaubten, in ihrem Hof ein Lager aufzuschlagen; wir sammelten Steine und errichteten eine behelfsmäßige Feuerstelle. Die Bewohner von Lhasa waren sehr hilfsbereit und großzügig gegenüber Pilgern. Wir kaufen Tee und andere Nahrungsmittel für unsere Mahlzeiten und ließen uns häuslich nieder. Dann begaben wir uns auf den rituellen Rundgang um den Haupttempel und in den Jokhang, um zu beten. Wir besuchten auch die drei berühmten Klöster Ganden, Drepung und Sera und verbrachten annähernd sechs Wochen in Lhasa.

In Lhasa gab es viele Häuser und Läden, doch mein Interesse galt vor allem der Umrundung des Jokhang Tempels und des Lingkor, ein Pilgerpfad, der rings um die Stadt führt. Pilger aus ganz Tibet kamen hierher. Neben dem Besuch der Kapellen und Tempel in der Innenstadt verdingten wir uns in einem Haushalt, wo wir freie Kost erhielten. Meine Cousine beschloss, in Lhasa zu bleiben, ich hingegen hatte Heimweh und wollte nach Kham zurückkehren. Doch vorher nutzte ich die Gelegenheit, mich einer Pilgergruppe anzuschließen, die zu den heiligen Stätten in Kongpo, Osttibet, aufbrach. Unterwegs gab es noch weitere heilige Stätten, die ich besuchen wollte.

In Tsari, Südtibet, gab es einen berühmten heiligen Berg mit einem Rundweg für die Pilger. Der Gipfel des Berges war schneebedeckt. Wir brauchten mehrere Tage für die Umrundung. An manchen Tagen begegneten wir keinem einzigen Menschen. An manchen Stellen war der Pfad sehr steil und wir mussten uns aneinander festhalten, um das Gleichgewicht zu bewahren. Bei einem Fehltritt wären wir mehrere tausend Meter den Hang hinuntergerollt. Eines Tages war so viel Schnee gefallen, dass wir nur mit Mühe einen Fuß vor den anderen setzen konnten. Außerdem war es bitterkalt und die einzige Möglichkeit, sich zu wärmen, bestand darin, unentwegt in Bewegung zu bleiben. Wir hatten Tsampa, Hirsebrot und gekochtes Schweinefleisch mitgenommen. Das Schweinefleisch war köstlich und ein weitverbreitetes Nahrungsmittel in Kongpo. Auch Hirsebier und ein anderes aus Hirse hergestelltes alkoholisches Getränk erfreuten sich großer Beliebtheit.

Nach der Umrundung des heiligen Berges wurde ich so krank, dass ich meine Reise unterbrechen musste. Ich fand Aufnahme in einem Dorf, dem Tode nahe. Ich war fünfundzwanzig Jahre alt und in jenem Jahr allem Anschein nach vom Pech verfolgt. Ich beschloss, erst wieder zu Kräften zu kommen und mich dann einer anderen Pilgergruppe nach Chamdo anzuschließen. Da ich Kost und Logis brauchte, verdingte ich mich als Hausgehilfin. Ich kam bei den betagten Eltern eines jungen kinderreichen Paares unter. Die Kinder und Enkelkinder hatten ihr eigenes Heim, Vater und Mutter lebten allein. Ich bekam Essen und Kleidung, aber kein Geld für meine Dienste. Die beiden waren Bauern, deshalb musste ich auch auf dem Feld arbeiten, das Vieh versorgen und Brennholz für den Winter sammeln.

Kongpo hatte viele heilige Berge und Stätten. Es gab viele Flüsse und Wasserläufe und die Region war sehr fruchtbar. Die Bevölkerung bestand überwiegend aus Bauern, die von morgens bis abends auf den Feldern arbeiteten. An Nahrung herrschte kein Mangel. Wir aßen Tsampa, Brot aus Weizen und Hirse, Schweinefleisch und Reis und tranken Buttertee oder Chang. Die Hausgehilfinnen nahmen die Mahlzeiten gemeinsam mit ihren Dienstherren ein und wurden behandelt, als gehörten sie zur Familie.

Die Bewohner von Kongpo liebten Hüte. Die Männer trugen merkwürdig spitze Hüte. Die Gewänder wurden mit einer um die Taille geschlungenen Schärpe hochgezogen und darüber kam ein kurzer Umhang, der ebenfalls in Taillenhöhe mit einen schmalen Gürtel zusammengerafft wurde. Die Gewänder und Hüte waren aus schwarzer Wolle. Die Hüte der Frauen waren mit Brokatflicken verziert und hatten zwei spitze Enden, die Hörnern glichen. Hier verrichteten die Männer Tätigkeiten wie Wolle krempeln, spinnen und weben. In Kham wurde das als Frauenarbeit betrachtet und man sah nie Männer am Webstuhl. Kochen war keine Männerarbeit, weder hier noch in Kham, es sei denn, sie waren Bedienstete.

Ich blieb vier Jahre in dieser Region, bis wir eines Tages erfuhren, dass viele Tibeter nach Indien flohen; ich folgte ihnen, denn es hieß, die Chinesen hätten einen Krieg gegen unsere Landsleute begonnen. Es war eine beschwerliche Reise. Die Wege waren kaum gangbar und an vielen Tagen weinte ich vor Verzweiflung. Es gab keine richtigen Straßen und wir mussten das Stammesgebiet der Poyul durchqueren. Diese Menschen waren halb nackt, trugen Tierfelle statt Kleidung und viele waren mit langen Schwertern, Pfeil und Bogen ausgerüstet. Sie standen in dem Ruf, wild und grausam zu sein. Wir begegneten einigen von ihnen im Dschungel. Sie fügten uns kein Leid zu und erwiesen sich überraschenderweise als sehr hilfsbereit. Wir erfuhren, dass andere Tibeter, die vor uns diesen Fluchtweg nach Indien benutzt hatten, ihnen Geschenke gemacht und sie gebeten hatten, Flüchtlingen zu helfen.

Es gab keine richtige Route, der wir folgen konnten. Wir suchten uns unseren Weg durch hohe, zerklüftete Gebirgsketten, über denen sich ein endloser blauer Himmel spannte. Manchmal mussten wir Steilhänge mithilfe von Bambustrittleitern erklimmen und breite, reißende Flüsse auf Hängebrücken aus Bambusstangen überqueren, die mit Stricken zusammengebunden waren. Uns blieb keine andere Wahl, als weiterzugehen: Entweder nahmen wir die halsbrecherische Flucht auf uns oder liefen Gefahr, den Chinesen in die Hände zu fallen und getötet zu werden. Ich weiß nicht, wie es mir gelang, die Hängebrücken zu überqueren und die Leitern bis zum Gipfel der Berge zu erklimmen, die in schwindelnde Höhen hinaufführten.

Ein älterer Mann, der wie ein Nomade aussah, fiel von einer schmalen Hängebrücke auf einen großen nassen Felsen unter uns. Dann glitt er in den tosenden Wasserfall und entschwand unseren Blicken. Wir konnten nichts weiter tun, als für ihn beten und hoffen, dass uns ein ähnliches Schicksal erspart blieb. Es gab keine Möglichkeit, ihm zu helfen, weil wir diese brodelnden Flüsse selbst nur mit Mühe und Not überqueren konnten. Die Angehörigen der Bergstämme waren an die Strickleitern gewöhnt und eilten im Laufschritt von einem Ufer zum anderen.

Wir begegneten zahlreichen Menschen, die den gleichen Fluchtweg nach Indien gewählt hatten. Es dauerte ungefähr drei Wochen, bis wir die Grenze erreichten, wobei wir nur selten Ruhepausen einlegten. Zum Glück hatten wir genug zu essen. Der Weg war so schlecht, dass viele unterwegs ihr Vieh, überschüssige Butter, Tee und Tsampa zurücklassen mussten, sodass wir unseren Vorrat auffüllen konnten, während wir einer unbekannten Welt entgegengingen. Unsere größte Angst war, von den Chinesen gefasst zu werden, deshalb marschierten wir so schnell wie möglich und machten nur Rast, um ein paar Stunden zu schlafen. In solchen Zeiten hatten die meisten Menschen nur noch das eigene Überleben im Sinn. Die Angst vor den Chinesen war so groß, dass ältere Menschen, Mütter und Kinder sich selbst überlassen blieben; wir bildeten die Nachhut bei diesem Massenexodus und mussten versuchen, uns auf eigene Faust in Sicherheit zu bringen.

Als wir die indische Grenze erreichten, kamen uns viele Menschen mit Essen, Arzneien und Kleidung entgegen. Wir stiegen zu Fuß von den Bergen herab und gelangten an einen Ort namens Guwahati, auf einem Vorhügel gelegen. Hier wurden die Flüchtlinge auf Busse und ein Flugzeug verteilt, die uns nach Missamari brachten. Es hieß, die indische Regierung schicke uns dorthin. Ich wurde zum Glück in das Flugzeug gesetzt, weil ich mit meiner ältesten Tochter schwanger war und mich sehr schwach fühlte. Die Kranken, Sterbenden und Alten reisten auf dem Luftweg. Nachdem ich in dieses Furcht einflößende Ding verfrachtet worden war, erhoben wir uns in die Lüfte. Da ich nie zuvor ein Flugzeug gesehen hatte, war mein erster Flug eine beängstigende Erfahrung und ich war überglücklich, als wir wohlbehalten an unserem Bestimmungsort ankamen. Beim Aussteigen sahen wir, dass wir uns in einer Landschaft befanden, in der es keine Berge gab! Eine weitläufige Ebene mit kleinen weißen Häusern kam in Sicht, ein hübscher, wenn auch ungewohnter Anblick. Die Straßen waren befestigt und recht schön. Von dieser Stadt aus fuhren wir mehrere Stunden mit dem Bus, bis wir schließlich nach Missamari gelangten.

Wir erreichten ohne weitere Zwischenfälle das Durchgangslager und wurden in Bambushütten untergebracht. Das Klima im indischen Flachland war unerträglich. Es war glühend heiß. Trotzdem lockerten wir zum ersten Mal nach langer Zeit unsere Schärpen, reckten und streckten uns und schliefen uns aus. Ich vermisste die Berge. Es gab einige tibetische und indische Regierungsbeauftragte, die sich um die Flüchtlinge kümmerten. Wir bekamen Nahrungsmittel wie Reis, Mehl, Dal-Hülsenfrüchte, Speiseöl und Milchpulver zugeteilt, doch bei der Hitze zu kochen war eine Qual. Weit und breit war kein einziger Baum in Sicht, der Schatten spendete und uns vor den erbarmungslosen Strahlen der

Sonne schützte. Wir erhielten auch verschiedene Gemüsesorten, aber da wir sie nie zuvor gesehen hatten, hatten wir keine Ahnung, wie sie zubereitet wurden, und warfen sie weg. Nachdem wir einen Monat lang im Lager Missamari ausharren mussten, wurden mein Mann und ich der Gruppe zugeteilt, die nach Gangtok geschickt und für die Arbeit im Straßenbau eingeteilt wurde. Doch das ist eine andere Geschichte in meinem bewegten Leben.

Samthen Dolma und ihr Mann ließen sich schließlich als Bauern in der tibetischen Siedlung Deki Larsoe in Bylakuppe im südindischen Bundesstaat Karnataka nieder. Ihr gut aussehender Khampa-Ehemann, Vater ihrer vier Kinder, verschwand eines Tages nach Nepal. Samthen Dolma zog ihre Kinder allein groß und als ihr Enkel in das Drikung-Kagyü-Kloster in Rewalsar im indischen Bundesstaat Himachal eintrat, zog sie mit ihrer Tochter und dem Enkel, einem kleinen Rinpoche, nach Rewalsar. Ihr ältester Sohn ging als Händler nach Nepal und nahm seine jüngere Schwester mit. Der zweitälteste Sohn wurde ebenfalls als Rinpoche im Drinkung-Kagyü-Institut in Dehra Dun anerkannt. Das kleine Haus und das Land in Bylakuppe wurden anderweitig verpachtet und als Sicherheit gegen ein Darlehen verpfändet, das Samten Dolma aufnehmen musste, um ihre Kinder durchzubringen.

Samthen Dolma wurde später Nonne. Sie lebte im Retreat Center des Drikung-Kagyü-Instituts in Dehra Dun, wo ich sie kennenlernte. Der Leiter des Instituts, Drikung Kyabgon, hatte ihr eine kleine Unterkunft zur Verfügung gestellt und sie kümmerte sich um den Garten des Anwesens. Um fünf Uhr morgens war sie bereits auf den Beinen und sang ihre Mantren Om mani padme hum und Om vajra guru padme siddhi hum. Sie wusste nicht viel über das Dharma, war jedoch ein tiefgläubiger Mensch. Sie war Analphabetin, glaubte aber an das Gesetz des Karma – das Gesetz von Ursache und Wirkung – und strebte nach Erlangen der Buddhaschaft in ihren künftigen Leben.

Sie hatte stets ein Lächeln auf den Lippen und konnte über jeden Scherz lachen. Ihre kleine Kammer war angefüllt mit Fotos und Plakaten von verschiedenen Gottheiten, Lamas, Kindern und Enkelkindern. Ihr kostbarster Besitz waren die Messingstatuen auf dem Hausaltar und ein großes hölzernes Gebetsrad mit Gebeten, auf Papier geschrieben, das sie morgens und abends drehte, während sie ihre Mantren rezitierte.

Manchmal erhielt sie Besuch von ihren Kindern und ihrer Familie; sie war zufrieden mit ihrem Leben, doch sie wollte immer wieder wissen: »Wann werden die Chinesen unser Land verlassen und wann kann Seine Heiligkeit nach Tibet zurückkehren?« Jedes Mal, wenn ich das Retreat Center besuchte, brachte sie mir Blumen und stellte die gleiche Frage.

Samthen Dolma lebt inzwischen bei ihren Kindern und Enkeln in den Vereinigten Staaten. Ich hoffe, dass sie dort glücklich geworden ist und ihre Heimat nicht mehr so vermisst wie damals in Indien.

Lady Lhalu –
Adelige aus Lhasa

Lhalu Lhacham oder Lady Lhalu war eine hochgewachsene, kräftig gebaute Frau. Sie hatte einen makellosen hellen Teint, der jedoch von einer dicken Schicht Schminke überdeckt wurde. Sie wirkte hoheitsvoll und war stets prächtig gekleidet, bestach durch ihre Anmut und starke Präsenz. Sie war bei Arm und Reich gleichermaßen bekannt und beliebt. Sie war eine kluge, redegewandte Frau, eine einzigartige Persönlichkeit unter den Damen der tibetischen Oberschicht. Sie gehörte nicht nur dem Adelsstand an, sondern zeichnete sich auch durch inneren Adel aus.

Lady Lhalus Name lautete Yangzom Tsering; sie wurde 1880 in Lhasa, der Hauptstadt Tibets, geboren. Sie war die jüngste Schwester des angesehenen tibetischen Premierministers Lonchen Shata Paljor Dorjee. Auf Anordnung ihrer Eltern wurde sie Nonne, doch sie interessierte sich mehr für ihr äußeres Erscheinungsbild als für ihre religiösen Gelübde und Praktiken.

In der Zeit, als sie mit ihrer Mutter im Shata Garden House lebte, fühlte sich der ältere Bruder Seiner Heiligkeit des Dreizehnten Dalai Lama, Yabshi Langdun Kung, der in der Nähe wohnte, unwiderstehlich zu ihr hingezogen und sie wurde seine Geliebte. Er war ihr sehr zugetan und hätte sie zu seiner zweiten Frau genommen, wenn ihm seine rechtmäßige

Ehefrau keinen Erben geschenkt hätte. Doch diese brachte ungefähr zur gleichen Zeit wie Yangzom Tsering einen Sohn zur Welt. Als Langdun Kung in jungen Jahren starb, war sie eine alleinstehende Frau mit einem unehelichen Sohn.

Yangzom Tserings Leben änderte sich von Grund auf, als sie heiratete. Ihre Nichten, Töchter von Shata Lonchen, waren mit Lhalu Jigme Namgyal verheiratet, dem Sohn des jüngeren Bruders Seiner Heiligkeit des Zwölften Dalai Lama. Die ältere der beiden brachte einen Sohn zur Welt, aber Mutter und Kind starben an den Pocken und die jüngere Frau blieb kinderlos. Die langjährigen Bediensteten der Familie Yabshi Lhalu waren zutiefst besorgt über das Fehlen eines Erben im Hause Lhalu, das die Familien von zwei Dalai Lamas hervorgebracht hatte (des achten und zwölften) und somit zu den angesehensten Adelsgeschlechtern zählte. Der Schatzmeister und der Kämmerer des Hauses Lhalu suchten Premierminister Shata auf, um seinen Rat bei der Suche nach einer geeigneten Braut einzuholen. Shata Longchen ließ sich mit seiner Empfehlung Zeit. Erst als sich die Bediensteten abermals an ihn wandten, schlug er seine Schwester Yangzom Tsering als dritte Ehefrau von Lhalu Kung vor.

Shata Longchen erklärte den beiden Bediensteten: »Meines Erachtens wäre Yangzom Tsering als Frau für Kung Jigme Namgyal am besten geeignet, da sie die Tante der gegenwärtigen Ehefrau ist. Da die beiden miteinander verwandt sind, kann man davon ausgehen, dass sie sich gut vertragen. Dazu kommt, dass ihr Sohn, der Neffe Seiner Heiligkeit des Dreizehnten Dalai Lama, Kungs Titel übernehmen und als Erbe des Hauses Lhalu eingesetzt werden könnte, sollte Yangzom Tsering der Familie keinen Erben schenken. Auch Seine Heiligkeit wird diesem Arrangement zustimmen.« Die beiden ranghohen Bediensteten des Hauses Lhalu baten ihren Herrn, Yangzom Tsering zur Frau zu nehmen, und Kung Jigme Namgyal stimmte zu.

Im Laufe der Zeit stellte sich heraus, dass die beiden Frauen nicht gut miteinander auskamen, und die erste Frau verließ die Familie Lhalu und wurde mit dem Medium des *Samye-Orakels* verheiratet. Sie erhielt die Phenpo Pora Ländereien, um die Ausgaben ihres Haushalts zu bestreiten, und andere wertvolle Geschenke als Abfindung. Die Verbindung zum Samye-Orakel währte indes nicht lange und schließlich wurde sie Nonne.

Kung Jigme Namgyal starb 1918 im Alter von siebenunddreißig Jahren an einem Magenleiden. Er hinterließ keinen Erben für das Haus Lhalu, sodass die Witwe, ihre Familie und die langjährigen Bediensteten eine Eingabe an Seine Heiligkeit den Dalai Lama richteten, mit der Bitte, Phuntsok Rabgyal, dem unehelichen Sohn seines Bruders Langdun Kung und Yangzom Tserings, den Titel Yabshi Lhalu Kung zu verleihen und ihn zum Erben des Hauses Lhalu zu bestimmen. Zur Erleichterung von Lady Lhalu und ihrer Dienerschaft gab Seine Heiligkeit dem Ersuchen statt.

Phuntsok Rabgyal war fünfzehn, als er den offiziellen Titel Kung erhielt. Es war ein Freudentag für das Haus Lhalu. Da seinem Halbbruder Yabshi Langdun Kunga Wangchuk ebenfalls der Titel Kung zuerkannt wurde, pflegten sie während der Staatszeremonien Seite an Seite zu sitzen. Phuntsok Rabgyal wurde vom Dreizehnten Dalai Lama bevorzugt, da er gebildeter und intelligenter war. Lady Lhalu sorgte dafür, dass auch sein äußeres Erscheinungsbild tadellos war. Sie achtete außerdem darauf, dass seine Bediensteten, die in etwa die gleiche Größe hatten, immer makellos gekleidet waren.

Mit siebzehn starb Lhalu Kung nach einer unverhofften Krankheit. Seine Mutter, Lady Lhalu, und die Bediensteten waren untröstlich und ließen im ganzen Lande Gebete für ihn verrichten, betrauerten zutiefst den Tod des einzigen Erben. Danach begab sich Lady Lhalu auf eine Pilgerreise zu den heiligen Stätten in Südtibet und mietete im Anschluss ein Haus im Zentrum von Lhasa, da sie noch zu niedergeschlagen war, um in das Haus Lhalu zurückzukehren.

Während ihres Aufenthalts in Lhasa hatte sie viele Verehrer und ein Regierungsbeamter namens Jingpa, ein ausnehmend kluger junger Mann, stand in ihrer Gunst ganz oben. Sie waren oft zusammen und allmählich begann ihr Herz, das nach dem Tod ihres Sohnes gebrochen war, zu heilen. Folgender Auszug stammt aus einem Liebesbrief, den er in dieser Zeit an Lady Lhalu schrieb:

Welch üppiges schwarzes Haar,
Die Stirn wie ein Juwel geformt
Und mit zarten Linien geschmückt;
Welch herrliche Mandelaugen,
Der Atem süß wie Sandelholz und
Ein Gemüt, so mitfühlend wie eine Dakini.

Tsarong Dzasa (mein Großvater), der vermutlich zu ihren Verehrern zählte, besuchte sie eines Tages und riet ihr, in das Haus Lhalu zurückzukehren, da der Dalai Lama bemerkt hatte, dass es unbewohnt und vernachlässigt wirkte. Der Dalai Lama pflegte durch sein Teleskop einen Blick auf die Umgebung des Potala zu werfen und das Haus Lhalu befand sich unmittelbar hinter dem Palast. Auch Sir Charles Bell berichtete in seinem Buch *The People of Tibet*, dass 1921, als er das Haus Lhalu besuchte, die beiden Kung, Vater und Sohn, unlängst verstorben waren und das Anwesen, das der Obhut der Bediensteten überlassen worden sei, einen verwahrlosten Eindruck gemacht habe.

Als Lady Lhalu in das Haus Lhalu zurückkehrte, baten die ranghohen Bediensteten ihre Herrin, einen Bräutigam zu nehmen, um der Familie vielleicht einen weiteren Erben zu schenken. Verwandte und Freunde schlugen den jüngeren der beiden Söhne des Hauses Rampa, die sich eine Frau teilten, als den am besten geeigneten Kandidaten vor. Die Entscheidung fiel zu seinen Gunsten und so kam der jüngere Rampa-Sohn als Bräutigam in das Haus Lhalu. Da er in eine Yabshi-Familie einheiratete, die Familie eines Dalai Lama, erhielt er den Titel Dzasa zuerkannt.

Damals lebte die Witwe des Bruders des Zwölften Dalai Lama, Yishey Wangchuk, ebenfalls im Hause Lhalu. Sie war achtzig Jahre alt und Nonne geworden. Als nun ein neues Mitglied in die Familie kam, zog sie es vor, in einem getrennten Trakt des Anwesens zu wohnen und ihre restlichen Tage im Gebet zu verbringen. Sie bat um einen Anteil an den Ländereien, um ihren Lebensunterhalt zu bestreiten, und erhielt 500 Khal (1 Khal = 15 Kilogramm) Gerste, Lohn für fünf Bedienstete und Brennholz für ihre Küche.

Wie sich herausstellte, kamen Lady Lhalu und ihr Bräutigam nicht gut miteinander aus. Rampa Sey trauerte immer noch seiner ersten Frau nach, was Yangzom Tsering-la verdross und fortwährend zu Unstimmigkeiten führte. Bald darauf kehrte der Bräutigam in das Haus Rampa zurück. Nach Verlassen des Hauses Lhalu wurde der Titel Dzasa durch Rimshi ersetzt, eine Bezeichnung, die auf einen niedrigen Rang hinwies.

Der tibetische Regierungsbeamte Jingpa, Lady Lhalus ehemaliger Geliebter, war von seiner Angebeteten mit Geschenken und Gunstbeweisen überhäuft worden und in dieser Zeit komponierte er ein Lied, das überall in den Straßen von Lhasa gesungen wurde:

*Rampa war dem Wasser nahe
Und so geschah es, dass er ertrank.
Lhalu war den Bergen nahe
Und so suchte Lady Lhalu Zuflucht in den Bergen.*

Nach dieser Wende in ihrem Leben sandte Lady Lhalu eine Bittschrift an Seine Heiligkeit den Dreizehnten Dalai Lama, in der es hieß: »Da die Familie Lhalu keinen Erben hat und eingedenk der Interessen und Gebete aller früheren und derzeitigen Insassen dieses Hauses möchte ich Eure Heiligkeit ersuchen, mir ein Einkommen zu gewähren, mit dem ich meinen Lebensunterhalt zu bestreiten vermag; ich möchte alle Ländereien der Familie und auch dieses Anwesen an Euch übergeben, damit dieses Haus in ein Kloster umgewandelt werden kann.« Seine Heiligkeit antwortete darauf: »Eure Beweggründe sind sehr edel, doch die Lhalu-Ländereien gehörten den Familien von zwei Dalai Lamas. Ihr habt euch umsichtig um das Wohlergehen der Mutter des Zwölften Dalai Lama und der Frau seines Bruders gekümmert. Ihr seid eine verständige Frau, großherzig und mit vielen Verbindung, deshalb lege ich Euch nahe, einen Sohn zu adoptieren und Euch weiterhin um die Angelegenheiten des Hauses Lhalu zu kümmern.«

Zu diesem Zeitpunkt erhob eine Familie namens Bonjang, Nachfahren des Achten Dalai Lama, bei der tibetischen Regierung Anspruch auf die Lhalu-Besitzungen, da es für diese keinen Erben gab. Die Regierung entschied, dass das Oberhaupt der Familie Bonjang zwar mit dem Achten Dalai Lama verwandt, jedoch kein direkter Abkömmling der Familie sei. Der Fall wurde ad acta gelegt und Lady Lhalu sah sich gezwungen, im Hause Lhalu zu leben und die Ländereien zu verwalten.

Abermals berieten die ranghohen Bediensteten des Hauses

Lhalu über die Möglichkeit, einen Sohn aus einem der tibetischen Adelsgeschlechter zu adoptieren. Sie überbrachten dem Dalai Lama eine Liste mit den Namen mehrerer Kandidaten und baten ihn, einen Erben zu bestimmen. Der Dalai Lama entschied sich jedoch für keinen der Genannten, sondern für Tsewang Dorjee, den Sohn von Lungshar; er entstammte einer alten, allerdings wenig bekannten Familie, die seit mehreren Generationen Regierungsbeamte stellte und sich der Gunst des Dreizehnten Dalai Lama erfreute. Zu diesem Zeitpunkt lebte Lady Lhalu zudem mit dem Vater des Jungen zusammen. Und so kam Tsewang Dorjee mit zwölf Jahren als Adoptivsohn von Lady Lhalu in das Haus Lhalu.

Als er einundzwanzig Jahre alt war, baten die ranghohen Bediensteten des Hauses Lady Lhalu, ihren Adoptivsohn zum Ehemann zu nehmen, damit sie der Familie vielleicht doch noch den ersehnten Erben schenkte. Lady Lhalu war doppelt so alt wie er, doch danach lebten sie wie Mann und Frau zusammen.

Einige Zeit später wurde Lhalu Tsewang Dorjees Vater als Staatsfeind inhaftiert, weil er das tibetische Regierungssystem modernisieren und nach britischem Vorbild umgestalten wollte. Der Dreizehnte Dalai Lama hatte Lungshar nach England geschickt, um sich über die Fortschritte von vier jungen Regierungsbeamten zu informieren, die dort eine moderne Erziehung bekamen. Lungshar war beeindruckt von den britischen Regierungsstrukturen, doch seine Pläne der Umgestaltung wurden vereitelt; die Ermittlungen führten zum Verlust seines Augenlichts und zu einer lebenslangen Haftstrafe. Darüber hinaus wurde verfügt, dass seine Söhne und Enkel, die ganze Abstammungslinie Lungshars ein für alle Mal vom Staatsdienst ausgeschlossen sein sollte. Lhalu Tsewang Dorjee, der den ehrgeizigen Plan seines Vaters unterstützt hatte, musste den Haarknoten auf dem Scheitel lösen, der zur Amtstracht ranghoher Regierungsbeamter gehörte, und wurde aus dem Staatsdienst entlassen.

Während Lungshars Gefängnisaufenthalt ließ ihm Lady Lhalu Essen und Kleidung zukommen und sorgte dafür, dass er alles hatte, was er brauchte. Aufgrund ihres Einflusses und ihrer Großzügigkeit gegenüber Freund und Feind war es ihr möglich, nach wenigen Jahren seine Entlassung zu erwirken. Sie richtete eine Bittschrift an die Regierung, in der sie versicherte, sie sei bereit, die volle Verantwortung zu übernehmen, dass er sich künftig jedweder politischen Aktivität enthalten werde. Nach der Entlassung lebte Lungshar in seinem eigenen Haus, doch sie lud ihn oft ins Haus Lhalu ein.

Lady Lhalu war eine großherzige Frau, aufgeschlossen, freimütig und geistreich. Sie galt als außerordentlich intelligent, scharfsinnig und zielstrebig. Natürlich war es von Vorteil, dass sie die Schwester des berühmten Premierministers Shata war. Da sie in die Familie des Zwölften Dalai Lama eingeheiratet und einen Sohn vom Bruder des Dreizehnten Dalai Lama hatte, bekleidete sie obendrein eine besondere Stellung in der tibetischen Gesellschaft. Sie hatte Verbindung zu den meisten Lamas und buddhistischen Würdenträgern, aber auch zu hohen Regierungsbeamten und Geschäftsleuten aus den führenden Handelshäusern in Lhasa. Als ihr junger Ehemann aus dem Staatsdienst entlassen wurde, ohne die Möglichkeit einer Revision dieser Entscheidung, fasste sie einen kühnen Plan und machte sich umgehend daran, ihn in die Tat umzusetzen.

Ihr Ehemann war nach dem Verlust seiner Stellung ein einfacher Mann aus dem Volke; das galt auch für seine Nachkommen, falls sie nun einen Sohn geboren hätte. Doch Lady Lhalu sann auf Abhilfe. Sie hatte eine hübsche Freundin namens Doeyang-la. Sie war die zweite Frau des Prinzen von Derge aus der Provinz Kham und hielt sich gerade in Lhasa auf, um ein Anliegen zu Gehör zu bringen, bei dem es um den Sohn der ersten Frau des Derge-Prinzen ging. Eines Tages kam Doeyang-la zu Lady Lhalu, um sich einen Rat zu holen, wie sie ihren Fall gewinnen könne, der inzwischen dem Kabinett vorgelegt worden war. Ein ranghoher Minister namens Trimon fühlte sich über alle Maßen zu der schönen Khampa-Lady hingezogen und hatte Andeutungen gemacht, er sei in der Lage, ihr Problem zu lösen, wenn sie bereit sei, seine Mätresse zu werden. Lady Lhalu erklärte ihrer Freundin, um ihren Fall zu gewinnen, sei es unabdingbar, die Beziehungen zu Minister Trimon zu vertiefen. Sie nahm die junge Frau unter ihre Fittiche, brachte ihr bei, wie man sich schminkt, und lieh ihr prachtvolle Gewänder und Bedienstete, die sie in Lhasa auf Schritt und Tritt begleiteten, um noch größeren Eindruck auf den Minister zu machen. Diesem wollte die schöne Lady nicht mehr aus dem Kopf gehen und bald darauf wurde sie seine Mätresse und erhielt zahlreiche Beweise seiner Gunst.

Doeyang-la wollte sich nun erkenntlich zeigen und ihrer Freundin Lady Lhalu helfen; die beiden Frauen dachten sich nun die Geschichte aus, dass nicht Lungshar der leibliche Vater von Lhalu Tsewang Dorjee war, sondern dessen Cousin Sheykar Lingpa, mit dem seine Mutter geschlafen habe. Als der Schatzmeister und der Kämmerer des Hauses den Fall dem Kashag, dem Ministerrat der tibetischen Regierung vortrugen, wurde die Geschichte von Minister Trimon untermauert. Man befragte Frau Lungshar, die jedoch eingeweiht war und die Angaben bestätigte. Und so erhielt Tsewang Dorjee seinen Posten in der tibetischen Regierung zurück.

Doch das Paar blieb kinderlos. Lhalu war ohne Erbe. Wieder einmal waren die ranghohen Bediensteten des Hauses und Lady Lhalu zutiefst bekümmert und besorgt über den Fortbestand der Abstammungslinie. Für den Herrn des Hauses musste eine zweite Frau gefunden werden. Dringend.

Lhalu Tsewang Dorjee war ein belesener und intelligenter junger Mann. Er diente der tibetischen Regierung als Minister. Ich hörte von meinem Vater, der damals ebenfalls dem Ministerium angehörte, dass er sich zur Schwester meines Vaters, meiner Tante Kunsang-la, hingezogen fühlte. Man munkelte, dass Lhalu sie gerne zur Frau genommen hätte, Lady Lhalu jedoch darauf bestand, dass er ihre Nichte aus der Familie Thoenpa heiratete. Schließlich wurde mithilfe einer Zukunftsschau durch den Lehrer des Dalai Lama Trichang Rinpoche entschieden, dass Lady Lhalus Wunsch stattzugeben sei.

Ich begegnete Lady Lhalu erstmals, als ich ungefähr acht Jahre alt war. Meine Schwester Norzin und ich, angetan mit unseren besten Brokatgewändern, unseren goldenen, mit Türkisen besetzten Glücksamuletten und baumelnden Tutu-Halsketten besuchten die tibetische Oper im Norbulingkha Sommerpalast des Dalai Lama. Meine Großmutter und meine Mutter waren von Lady Lhalu zum Tee und einem kleinen Imbiss eingeladen worden.

Die imposante Lady war prachtvoll gekleidet und über und über mit glitzernden Juwelen behängt. Sie musterte meine Schwester und mich und sagte zu meiner Mutter: »Hübsche Mädchen, aber viel zu blass. Ein wenig Farbe auf Wangen und Lippen würde ihnen gut tun.« Sie befahl einer Dienerin, Puder und Rouge zu bringen und uns zu schminken. Meine Großmutter schwieg und blieb gelassen. Meine Mutter war offensichtlich nicht besonders erfreut, doch sie hütete ihre Zunge, während unsere Pausbacken und Lippen mit einer dicken Schicht Schminke versehen wurden. Die damals etwa sieben Jahre alte Adoptivtochter von Lady Lhalu, Tse-Wangmo-la, war mit kostbaren Kleidern, Puder und Rouge wie eine Puppe herausgeputzt. Meiner Schwester Norzin und mir verschlug es vor Schreck die Sprache. Außerdem hatte man uns beigebracht, im Beisein von Erwachsenen still und gehorsam zu sein.

Tse-Wangmo-la war das älteste Kind von Tsewang Dorjee und Lady Lhalus Nichte, seiner zweiten Frau. Nach ihr kamen noch vier Söhne zur Welt. Im Laufe der Zeit stellte sich heraus, dass Tante und Nichte nicht gut miteinander auskamen, sodass Tsewang Dorjee, seine zweite Frau und die Kinder in ein anderes Haus in Lhasa zogen. Lady Lhalu blieb auf ihrem Anwesen, adoptierte Tse-Wangmo und ernannte sie zu ihrer Erbin.

Ich traf Lady Lhalu erst nach meiner Rückkehr aus Indien wieder, vier Jahre nach unserer Begegnung in der Oper. Eines Tages kündigte sie ihren Besuch im Hause Tsarong an. Wir erinnerten uns auf Anhieb an Lady Lhalu und sie sorgte dafür, dass man sie nicht vergaß, denn das ganze Haus stand kopf angesichts des bevorstehenden Ereignisses. Sie hatte ihren Schatzmeister Chatzo Kusho geschickt, der die Familie davon in Kenntnis setzte, dass sie uns am nächsten Tag die Ehre erweisen werde. Er wurde von zwei weiteren männlichen Bediensteten begleitet.

Chatzo Kusho war ein würdevoller, kleiner, fülliger Mann, der leichte Verbeugungen von den jungen Regierungsbeamten und tiefe Verbeugungen von den Bediensteten der ranghohen Regierungsbeamten einheimste. Sein stets lächelndes rundes Gesicht wurde von spärlichen, schwarzen, lockigen Haaren eingerahmt, die hinten zu einem Zopf geflochten und mit einer roten Seidenquaste zusammengebunden waren. Am linken Ohr hatte er einen Solji, einen langen spitz zulaufenden, mit Türkisen besetzten goldenen Ohrring, und am anderen Ohr einen einzelnen Türkis mit tiefblauer Färbung, der auf seinen Rang als hoher Bediensteter eines Adelshauses hindeutete. Er trug eine lange goldfarbene Seidenrobe, in der Taille von einer roten Seidenschärpe gehalten, und seine winzigen plumpen Füße steckten in schwarzen Samtstiefeln mit weißen Sohlen. Auf seinem Kopf thronte der Bokhto, ein runder, leicht aufgebauschter, wie ein Pfannkuchen geformter Hut, in der Regel ein Kennzeichen junger, rangniederer Regierungsbeamter.

Die beiden anderen Bediensteten trugen ein ähnliches Gewand aus feinster schwarzer Wolle, in Tibet Sherma genannt, und den Soksha, einen roten runden Hut mit Quasten, der auf ihren untergeordneten Stand hinwies. Am linken Ohr hatten sie einen runden goldenen, mit Türkisen besetzten Kreolen-Ohrring und am rechten einen einzelnen Türkis.

Als Lady Lhalu unser Haus besuchte, kam sie mir ziemlich alt vor. Sie hatte reichlich Gewicht angesetzt und wirkte beleibt. Wie bei allen adeligen Damen in Lhasa war ihr Haar in der Mitte gescheitelt, straff nach hinten gekämmt und zu zwei Zöpfen geflochten; die Enden waren mit dicken rosa- und türkisfarbenen Seidenquasten zusammengebunden. Das großflächige ovale Gesicht war von schütteren, pechschwarz gefärbten Haaren umrahmt. Ihre Haut war kalkweiß gepudert. Die Wangen, deren Fleisch bis auf den faltigen Hals hing, waren mit grellrosa Rouge und ihre schmalen Lippen scharlachrot geschminkt. Die spärlichen Augenbrauen waren mit einem schwarzen Stift aus Indien kräftig nachgezogen. Doch trotz der gekünstelten Aufmachung haftete ihrem Gesicht ein gewisser Zauber an.

Als Witwe von hohem Stand setzte Lady Lhalu nie einen Fuß vor die Tür ihres Hauses, ohne ihr gesamtes Geschmeide anzulegen, das nicht nur aus einer einfachen Halskette und Ohrringen bestand. Die älteren Frauen der Adelsfamilien in Lhasa und die Ehefrauen der tibetischen Regierungsbeamten vom vierten Rang aufwärts trugen einen langen, dreieckigen Kopfputz aus rotem Filz, auf den unzählige Perlenschnüre und große, runde rote Korallen genäht waren. Diese juwelengeschmückte Kopfbedeckung, Mutik Patou genannt, wurde mit Haken an einer Langhaarperücke befestigt, die wie der Patou geformt und zu zwei Zöpfen geflochten war, deren Enden fast bis zu den Knöcheln reichten und mit weiteren bunten Seidenquasten umwickelt wurden. Dazu trugen sie riesige Ohrgehänge aus Gold und Türkisen, die so schwer waren, dass sie mit goldenen Haken am Unterbau des Kopfputzes befestigt werden mussten. Unter diesen monströsen Ohrgehängen trugen sie zusätzlich normale Ohrringe an den Ohrläppchen.

Den Hals schmückte ein kurzes Halsband mit kostbaren Steinen aller Art und Farbe, an dem ein großes goldenes, mit Türkisen besetztes Amulett hing, und eine zweite längere Halskette. An der rechten Halsseite hing eine Kette aus kleinen Edelsteinen, Tutu genannt, die bis zur Taille reichte. Das war die einfache Schmuckgarnitur. Bei offiziellen Anlässen kamen weitere Gold- und Türkisanhänger und Ketten in Brust und Taillenhöhe hinzu, die knapp über den bestickten roten Stiefeln endeten. Auch auf dem Rücken hingen Medaillons und Ketten.

Lady Lhalu verließ das Haus nie ohne ihre Zofen, die ebenfalls gepudert, geschminkt und festlich herausgeputzt waren. Auch sie trugen mit Korallen besetzte, dreieckige Kopfbedeckungen, mit Türkisen besetzte goldene Amulette, die an Ketten aus Perlen und Halbedelsteinen hingen, und den Tutu. Der Schatzmeister des Hauses Lhalu, Lhalu Chatzo Kushoe, schritt voran, während zwei weitere männliche Bedienstete in ihrem formalen Aufzug die Nachhut bildeten.

Lady Lhalu besuchte unser Haus einmal im Jahr. Sie saß auf einem edlem Pferd, geführt von einem Stallknecht mit dem »Langlebe-Hut« aus Brokat mit Fellbesatz. Ihr Gefolge war ebenfalls beritten, stieg jedoch am Haupteingang ab und legte den Weg durch den Hof zu Fuß zurück, angeführt von dem ehrenwerten Schatzmeister, der Lady Lhalu vorausging. Lady Lhalu ritt bis zur Treppe des Haupthauses, wo sie mit viel Brimborium abstieg. Ihr Besuch wurde stets mit großer Spannung erwartet, weil sie für jedes Mitglied des Hauses Geschenke mitbrachte. Wir Kinder erhielten eine Seidenbluse, verpackt in feinstes, handgeschöpftes tibetisches Papier, und köstliches Naschwerk.

Das Haus Lhalu war bekannt für die einmaligen Leckereien, die dort zubereitet wurden: Sho-para, runde, weiche süße Kuchen aus Sauermilch, Ngar-chu, eine Delikatesse aus Hüttenkäse, und Sen-chang, scharfe süßsaure Stäbchen aus fermentiertem Reis und Zucker. Diese Süßigkeiten waren in ganz Lhasa unübertroffen. Es gab auch einen in Öl frittierten knusprigen Käse, der mit Puderzucker bestäubt war und auf der Zunge zerging. Man konnte nicht genug davon bekommen.

Lady Lhalu begab sich unverzüglich in den Wohntrakt meiner Großeltern, gefolgt von meinen Eltern, die sie im Hof in Empfang genommen hatten. Mein Vater pflegte sie an der Hand zu nehmen und die Treppe hinaufzugeleiten. Die Kinder wurden auf Verlangen herbeigerufen. Meinen Großeltern erwies sie großen Respekt. Sie aß bei uns zu Mittag und verbrachte vier bis fünf Stunden in unserem Haus, wobei sie mit meinem Großvater und den erwachsenen Familienmitgliedern plauderte.

Es hieß, dass Besucher in ihrem Haus, egal zu welcher Tageszeit, ein Mahl mit acht Gängen vorgesetzt bekamen. Sie war großzügig und gastfreundlich, doch es war auch bekannt, dass sie sich hohe Geldbeträge vom Schatzamt der tibetischen Regierung auslieh und viele Waren für den persönlichen Bedarf oder als Geschenk für Freunde auf Kredit kaufte; die Händler in Lhasa waren nur allzu gerne bereit, ihren Wünschen zu entsprechen, da sie wussten, dass ihnen die Rückzahlung sicher war. Sie gab darüber hinaus große Summen für religiöse Opferzeremonien und Almosen aus.

Jeden Sommer und jeden Winter fand ein Fest im Garten ihres Anwesens statt. Sie lebte allein in ihrem riesigen Haus mit ihrer Adoptivtochter und ihren Bediensteten. Zu diesem Fest lud sie ihre zahlreichen Freunde und Verwandten ein. Auch die Gesandten der britischen und später indischen Mission waren stets willkommen. Auf dem Anwesen befand sich ein malerischer See mit einer kleinen Insel in der Mitte; im Sommer stellte man dort große weiße Segeltuchzelte auf, bestickt mit blauen Glückssymbolen und Blumen. Die Gäste wurden auf Holzflößen zu dem »verwunschenen Palast« auf der Insel gerudert. Auf dem Anwesen wuchsen allerorts Bäume verschiedenster Art; die Trauerweiden, deren Zweige über dem Wasser hingen, waren besonders hübsch. Überall sah man purpurfarbene Schwertlilien und andere wild wachsende Blumen in einer Vielzahl von Formen und Farben. Zahllose Vögel flogen auf diesem friedvollen, idyllischen Fleckchen Erde umher.

Ich erinnere mich noch heute an eines dieser Sommerfeste, bei dem ich zu Gast war. Die Kinder wurden in einem eigenen Zelt untergebracht, in der Obhut ihrer Kinderfrauen. Es gab viel zu essen und zu trinken. Am aufregendsten fand ich indessen die Fahrt mit dem Holzfloß und das Erkunden des Anwesens. Unweit des Haupthauses stand ein kleiner Tempel und vor diesem Tempel befanden sich Holzabdeckungen; als wir diese öffneten, entdeckten wir darunter frisches, klares Wasser, in dem Patou-Fische schwammen (benannt nach dem Kopfputz, den die Damen von Stand in Lhasa trugen). Wir Kinder fütterten sie mit Tsampabällchen und bestaunten die Fische mit den roten Auswüchsen auf dem Kopf.

Es hieß auch, dass in den Sümpfen unweit des Lhalu-Anwesens Seelöwen hausten, deren Gebrüll man gehört zu haben meinte. Unsere Kinderfrauen schärften uns ein, nicht zu weit weg zu gehen, um nicht von den Seelöwen gefressen zu werden.

Das Winterfest im Hause Lhalu fand während des Dzonggyab-shabey-Festes um Monlam – dem Großen Gebetsfest – statt. Die Regierungsbeamten nahmen hinter dem Potala Palast, nicht weit vom Hause Lhalu entfernt, an Turnieren im Bogenschießen und Reiten teil. Die jüngeren Laienbeamten saßen in ihren traditionellen tibetischen Prunkgewändern hoch zu Ross und schossen mit Gewehren auf eine runde Zielscheibe aus Leder, die zwischen zwei Pfosten hing. Danach mussten sie das Ziel in vollem Galopp mit dem Bogen treffen, während die älteren, ranghöheren Regierungsbeamten in Zelten saßen und zuschauten. Hübsch gekleidete Chang-Mädchen reichten ihnen einen kleinen Imbiss, Tee und Chang, das tibetische Gerstenbier. Es war wie bei einem riesigen Picknick. Die Bewohner von Lhasa strömten in hellen Scharen herbei und brachten ihre eigenen Speisen und Getränke zu diesem Ereignis mit, das »Ansturm auf die Festung« genannt wurde. Lady Lhalu lud Freunde und Verwandte ein, die Darbietungen vom Dach ihres Hauses aus zu verfolgen.

Hier gab es ein Schlemmermahl aus mehreren Gängen, bestehend aus aufwendigen chinesischen Gerichten, die in zwei großen Salons serviert wurden; der eine Raum war den ranghohen Regierungsbeamten und ihren männlichen Verwandten und Freunden vorbehalten, in dem anderen speisten die Damen. Köstliches selbst gebrautes Gerstenbier, das leicht süßlich schmeckte, stand zum Ausschank bereit. Lady Lhalu kam in den Raum der Männer, um das Bankett feierlich zu eröffnen.

Mein Vater erinnerte sich: »Sobald die Regierungsbeamten Platz genommen hatten, betrat der Kämmerer des Hauses den Raum, nahm seinen gelben Pfannkuchen-Hut ab, verbeugte sich und entbot den ranghohen Ministern einen Gruß, die in der Mitte des Raumes saßen, danach erfolgte abermals ein Gruß, der an die rangniederen Beamten zu beiden Seiten des Raumes gerichtet war. Lady Lhalu trat nach ihrem Kämmerer ein, angetan mit kostbarem Brokat, farbenprächtiger Seide und ihrem exquisiten Geschmeide. Zwei weibliche Bedienstete folgten ihr, ebenfalls in Festtagsgewändern mit Korallen-Patou und Halsketten. Eine trug eine große Silberschale mit goldenen Reliefmustern, bis zum Rand mit Chang gefüllt, die andere einen großen silbernen Chang-Topf. Lady Lhalu beaufsichtigte das Ausschenken des Gerstenbiers an jeden Gast. Einmal kam ich zu spät zu der Zeremonie. Als sie mich sah, sagte sie: ›Da kommt Tsarong Sey, bitte koste den Shabthak Sum.‹ Man musste zweimal einen großen Schluck aus der Chang-Schale nehmen und sie beim letzten Mal leeren.«

Ich erinnere mich, wie ich während eines Winterfestes mit den Frauen an Lady Lhalus Tisch saß. Damals war ich vierzehn. Die Töchter von Shata, meine Schwester und ich waren eingeladen. Wir waren Spielkameradinnen von Tse-Wangmo-la, der Tochter des Hauses. Lady Lhalu war damals schon ziemlich alt, aber jung im Geiste. Einmal stand sie auf und furzte versehentlich. Es war ein peinlicher Moment, doch sie ging mit einem Scherz darüber hinweg: »Die ehrenwerten Männer haben ihre Schießwettbewerbe beendet und nun ist es an mir abzudrücken.« Alle kicherten und ich konnte mich vor Lachen kaum halten. Sie war schlagfertig und freimütig.

Die alte Dame war außerdem sehr religiös. Da sie in ihrer Jugend Nonne gewesen war, waren ihr die religiösen Praktiken vertraut geblieben. Zweimal im Jahr lud sie Mönche in ihr Haus ein, die sämtliche Belehrungen und Kommentare Buddhas lasen. Sie spendete das Gold und die Juwelen für das Bildnis Buddhas im Tempel von Lhasa und lud zu diesem Anlass Seine Heiligkeit den Dalai Lama ein. Als die kommunistischen Chinesen in Tibet einmarschierten und sich in Lhasa niederließen, war sie Gastgeberin der letzten Kalachakra-Initiation durch den Vierzehnten Dalai Lama, die 1954 im Norbulingkha Palast stattfand.

Damals sah ich sie zum letzten Mal. Ich besuchte die erste Secondary School in der Autonomen Region Tibet unweit des Hauses Lhalu. Wir Mädchen waren in den Klassenzimmern einquartiert, während die Jungen in Zelten schliefen. Es herrschte drangvolle Enge, wie in einer Sardinenbüchse. Eines Tages schickte Lady Lhalu einen Diener mit zwei Gehilfen, die ein großes Holztablett mit tibetischen Keksen, dem berühmten Käsegebäck des Hauses Lhalu, tibetischem Tee und indischem Tee für meine Cousine Tseten Yangkyi Shata, meine Schwester und mich brachten. Einige der chinesischen Lehrer kamen zu uns, als wir unter einem Baum saßen und eine Teepause machten. Sie spotteten: »Vermissen die Damen etwa ihre gewohnte Kost an unserer Schule?« Nach der peinlichen Teeparty wurde uns einige Tage später eine Einladung zum Mittagsmahl bei Lady Lhalu überbracht.

Wir drei Mädchen gingen zu Fuß und wurden von Lady Lhalu in ihrem Salon empfangen. Sie war festlich gekleidet und formvollendet geschminkt, wenn auch ohne ihr Geschmeide, vergewisserte sich, dass es uns an nichts fehlte, und plauderte mit uns. Nachdem in ihrer Anwesenheit Tee und ein kleiner Imbiss gereicht worden waren, wurden wir in einen anderen Raum gebracht, wo ein üppiges Mittagsmahl auf uns wartete. Wir hatten während der letzten Monate nur ungenießbares Essen in der Schule bekommen: nicht einmal den Dienstboten wurde ein so minderwertiges Tsampa zugemutet, deshalb waren wir hocherfreut über die Abwechslung. Danach verabschiedeten wir uns; es war das letzte Mal, dass ich Lady Lhalu zu Gesicht bekam, doch die Erinnerung an sie lebt bis zum heutigen Tage fort.

1959, während des Aufstands in Tibet, mit dem das Volk gegen die Anwesenheit der Chinesen protestierte, musste Lady Lhalu in eine kleine Dienstbotenkammer umziehen; ihre eigenen Räumlichkeiten wurden beschlagnahmt und den ärmeren Pächtern, die auf dem Landsitz wohnten, überlassen. Sie war immer gut zu ihren Pächtern und Bediensteten gewesen, deshalb halfen sie ihr, die schwerste Zeit ihres Lebens durchzustehen. Sie starb 1963; ihre Asche wurde nach Indien gebracht und an den heiligen buddhistischen Stätten verstreut. Damals schafften es nur wenige Menschen, das Land zu verlassen, doch da sie vom Glück begünstigt war, gelang es einer ihr nahestehenden Person, aus Tibet zu fliehen und ihre sterblichen Überreste nach Indien zu bringen.

Ngawang Choezin – Nonne aus Mi-Chung-Ri

Ich heiße Ngawang Choezin. Ich wurde im Jahr des Feuerkaninchens am elften Tag des sechsten Monats geboren. Ich bin heute ungefähr vierundsiebzig Jahre alt. Meine Familie ist unter dem Namen Gomang Khangsar bekannt und unser Haus, das ebenfalls Gomang Khangsar genannt wurde, befand sich unweit des Jokhang Tempels in Lhasa. Der Name meiner Mutter lautete Shilok Yudon und der meines Vaters Kalsang Thondup.

Meine Mutter gehörte zum Landgut Shata im Nyemo-Distrikt, Zentraltibet. Die Mitglieder der berühmten Familie Shata kannten uns sehr gut. Die Mutter meines Vaters stammte aus Kham. In den Adern meines Vaters floss tibetisches und nepalesisches Blut. Er lebte allein in Lhasa, ohne unmittelbare Verwandte.

Mein Vater, ein hochgewachsener, gut aussehender Mann, war ein bekannter Goldschmied und zeitweilig für den Dreizehnten Dalai Lama tätig gewesen. Meistens arbeitete er in seiner eigenen Werkstatt, doch da er als äußerst kunstfertig galt, war er sehr gefragt und nahm auch Aufträge an, die er im Haus der Kunden ausführte. Er war ein viel beschäftigter Mann. Im Winter reiste er geschäftlich nach Indien, wo er Edelsteine und Waren für den Krämerladen der Familie einkaufte.

Meine Mutter, Gomang Khangsar Amala, war eine liebenswürdige, freundliche Frau. Sie stand in aller Frühe auf, verrichtete ihre Gebete und begab sich zum Lingkor, auf ihren religiösen Rundgang. Sie hatte stets einen Stoffbeutel mit Tsampabällchen bei sich, um sowohl die Fische im Kanal und im Quellwasser am Lingkor als auch die streunenden Hunde in Lhasa zu füttern. Sie verbrachte mehr Zeit mit uns als unser Vater und war strenger. Sie starb zu Hause, nach der Rückkehr von ihrem rituellen Rundgang und dem Besuch des Jokhang und Ramoche Tempels.

Die jüngere Schwester meiner Mutter, die mittellos war, lebte bei uns und half bei der Hausarbeit. Nach dem Tod meiner Mutter kümmerte sie sich hingebungsvoll um mich. Manchmal besuchte sie ihre Familie auf dem Lande, aber die meiste Zeit war sie bei uns. Eine ältere Schwester übernahm die Führung des Geschäfts. Wir verkauften Decken und Süßigkeiten aus Indien, Walnüsse und getrocknete Aprikosen, Pfirsiche und Käse aus Kongpo und Dagpo. Wir führten die unterschiedlichsten Waren in unserem kleinen Krämerladen.

Meine Mutter und ich webten Wollkleidung, sobald die Hausarbeit erledigt war. Das Weben lernte sie in Nyemo, wo sie vor der Hochzeit gelebt hatte. Die Wolle bekam sie von den Nomaden aus dem Norden und anderen Händlern. Die Kleidung war für die Familienmitglieder bestimmt. Sie webte außerdem Chamtse, Wolldecken, die innen mit dicken Schnüren versehen waren. Sie kaufte auch Kamelhaarwolle; daraus ließ sie Decken fertigen, da sie sich nicht auf das Weben mit dieser feinen Wolle verstand. Wenn sie Stoffe färben musste, brachte sie diese zu einem nepalesischen Händler, der chemische Farben in Indien und Nepal kaufte. Es gab auch ein pflanzliches Färbemittel, das aus Tsona in Südosttibet stammte und rötlich war. Wie ich später erfuhr, lebte ein

Färber in dem Gebäude, in dem wir wohnten, doch damals ließ meine Mutter ihre Stoffe anderswo in der Stadt färben.

Unser Haus gehörte dem Drepung-Gomang-Kloster. Neben unserem Trakt befanden sich Räume für die Mönche, die hohe Ämter in der Regierung bekleideten, und einige weitere waren den Mönchen aus Drepung vorbehalten, wenn sie zu Gebeten in die Stadt kamen. Die Vorfahren meiner Eltern lebten bereits hier und als das Gomang-Kloster das alte Gebäude abriss und ein neues Haus errichtete, durfte meine Familie auch weiterhin einen Teil der Räume bewohnen. Wir waren Pächter des Klosters und mussten uns um das Anwesen kümmern, wenn die Gomang-Mönche im Anschluss an die Gebete in Lhasa wieder nach Drepung zurückkehrten. Wenn sie zu besonderen Gebetszeremonien in Lhasa weilten, hatte meine Familie die Aufgabe, für ihr Wohl zu sorgen.

Wir hatten fünf Räume, einen Laden und einen Lagerraum zu ebener Erde. Wir wohnten im ersten Stock. Mein Vater hatte seinen eigenen Raum, in dem er arbeitete und lebte. Des Weiteren gab es einen kleinen Gebetsraum für die Familie. Jedes tibetische Haus besaß einen solchen Gebetsraum, in den man Mönche zur Lesung der heiligen Schriften und zum Gebet einlud. In einem anderen Raum beteten wir Schwestern, nachdem wir Nonnen geworden waren. Es gab außerdem eine kleine Küche mit einem angrenzenden Vorratsraum, in dem wir Kinder nachts schliefen.

Da Gomang Khangsar ein großes Haus war, hatten wir viele Nachbarn und einen weitläufigen Hof, in dem die Pferde und Maultiere angebunden wurden. Wir lebten im ersten Stock, ganz in der Nähe der Familie, die den Beijing Store führte. Das Familienoberhaupt war ein chinesischer Geschäftsmann, der eine Tibeterin geheiratet hatte. Meine Mutter und die Frau des chinesischen Geschäftsmannes standen sich sehr nahe. Ich weiß nicht, ob sie befreundet oder miteinander verwandt waren. Im Erdgeschoss des Gebäudes befanden sich Läden, unter anderem auch der Beijing Store, die sich im Besitz von Moslems, Nepalesen, Chinesen und Tibetern befanden. Die Wohnräume lagen im ersten Stock. Die Nachbarn kamen sehr gut miteinander aus. Wir besuchten uns gegenseitig an unserem jeweiligen Neujahrsfest. Wenn die Nepalesen Neujahr feierten, wünschten sie uns viel Glück und brachten uns Sang-khang Bhalib, spezielle Kekse, und wir brachten ihnen und unseren anderen Nachbarn an Neujahr unser tibetisches Khab-sey-Gebäck und wünschten Tashi Delek. Wir luden uns gegenseitig zum Essen ein und standen auf freundschaftlichem Fuß miteinander.

Unser Wasser holten wir aus Brunnen. Wir hatten viele Brunnen in Lhasa und jeder hatte einen Namen, zum Beispiel Dung-yu-Brunnen. Er wurde von einer Quelle gespeist, von der es hieß, die Göttin Palden Lhamo habe ihren Fußabdruck in ihr hinterlassen. Das Wasser in den Opferschalen vor der Statue des Buddha Shakyamuni im Jokhang Tempel stammte aus diesem Brunnen. Ein anderer Brunnen, Türkisbrunnen genannt, galt ebenfalls als heilig. Dem Vernehmen nach wurde ein riesiger Türkis darin gefunden und von Je Tsongkhapa [einem großen buddhistischen Meister, der im 14. Jahrhundert in Tibet lebte] der Buddha-Statue im Jokhang als Opfergabe dargebracht. Jede Hausgemeinschaft hatte einen Brunnen im Hof, der von einer der Familien instand gehalten und gereinigt wurde. Darüber hinaus sorgte sie dafür, dass Leute von außerhalb nicht zu oft kamen, um Wasser zu holen. Wir transportierten das klare, frische Brunnenwasser in Tonkrügen oder Holzkübeln, die wir auf dem Rücken trugen. Es gab auch einen Brunnen mit dem Namen Dummkopf-Brunnen.

Da wir im Zentrum der Stadt wohnten, war die Versorgung mit Lebensmitteln leicht. Verschleierte chinesische Moslemfrauen verkauften Yakfleisch auf dem Fleischmarkt. Es gab Frischfleisch, gekochtes Fleisch, Knochen, Innereien und alle möglichen Fleischstücke. Wir kauften Hammelfleisch in der Klosteranlage Ramoche. Während des Großen Gebetsfestes kamen Händler aus Dampa unweit des Drepung-Klosters nach Lhasa, um Fleisch feilzubieten. Im Winter, nach der Ernte, und um Neujahr hielten sich außerdem viele Nomaden in der Stadt auf, um Fleisch, Butter, Käse, Salz, Droma und Wolle aus den Nomadenregionen zu verkaufen. Unser Gemüse bezogen wir von den Gemüseläden neben dem Fleischmarkt. Die Märkte waren sauber und übersichtlich.

Ich hatte zu der Zeit zwei Schwestern und zwei Brüder und war das mittlere Kind. Als mein Vater aus dem Dienst des Dreizehnten Dalai Lama ausschied, das war am zehnten Tag eines heiligen Monats, fand ein Tsok-Opfer statt. Seine Heiligkeit, der diese Zeremonie durchführte, schickte einen Kammerherrn aus dem Palast mit einem Stück Tsok zu uns. An diesem Tag erblickte ich das Licht der Welt und das Erste, was man mir nach der Geburt in den Mund schob, war ein Krümel des gesegneten Kuchenopfers. Die älteren Familienmitglieder sagten, aus mir würde einmal ein kluges Mädchen werden.

Als ich ungefähr sieben Jahre alt war, brachte mir einer meiner Brüder Lesen, Schreiben (das tibetische Alphabet) und ein einfaches Tara-Gebet bei. Mit neun wurde ich in die Schule geschickt. Ich besuchte die Daghang, die Postamt-Schule, und der Posthalter erteilte den Unterricht. Ich ging mehrere Jahre zur Schule.

Wir Kinder standen gegen sechs oder sieben Uhr morgens auf. Ich verrichtete ein paar einfache Gebete, wie das Dolma-Gebet, und nahm ein Frühmahl aus Tsampa und Tee zu mir. Dann half ich meinen Schwestern beim Ausfegen des Hauses, aber meistens spielte ich den ganzen Tag. Während meiner Schulzeit stand ich noch früher auf und machte mich umgehend auf den Weg. Um neun Uhr morgens kehrte ich zum Frühmahl nach Hause zurück; danach ging ich wieder zur Schule, wo ich bis zwölf Uhr mittags Unterricht hatte.

Meine schönste Kindheitserinnerung war das Zamling-Chasang-Fest, das Rauchopfer-Fest, das alle Bewohner Tibets feierten. Wir verbrachten den Tag mit Verwandten und Freunden in Zelten, die in öffentlichen Grünanlagen, zum Beispiel im Nyi-shul-Park und im She-day-Park aufgestellt waren. Acht bis zehn Tage lang wurde dort ein Picknick veranstaltet, ein herrliches Vergnügen. Wir maßen unsere Kräfte beim Ringen, spielten Boli (wobei man mit kleinen Steinen Münzen treffen musste, die auf dem Boden verstreut oder in einer kleinen Kuhle lagen) und They-Pey mit durchlöcherten Münzen, die auf lange Geierfedern aufgefädelt waren. Das Federbündel war hübsch anzusehen und in unterschiedlichen Schattierungen eingefärbt. Es wurde mit einem Stoß der Fußkante hoch über den Kopf befördert und mit demselben Fuß wieder aufgefangen; wer es am häufigsten auffing, hatte gewonnen. Manchmal wechselten wir dabei auch den Fuß. Überall gab es Wassergräben und Flüsse, die zum Baden einluden. Wir spielten auch oft Schule oder Familie mit Felsbrocken, Kieselsteinen und jedem anderen interessanten Gegenstand, dessen wir habhaft werden konnten.

Losar, das tibetische Neujahrsfest, ist mir ebenfalls lebhaft in Erinnerung geblieben. Es wurde mehrere Tage gefeiert und war eine geschäftige Angelegenheit. Wir wohnten im Bakhor-Viertel, sodass wir uns auf Monlam, das große Gebetsfest in Lhasa vorbereiten mussten und das Losar-Fest auf zwei Tage beschränkten. Die Disziplinarmeister der Klöster kamen um diese Zeit in die Stadt und sie waren sehr streng. Alles musste in Ordnung sein und es gab viele Regeln zu beachten.

An Losar trugen wir neue Kleider und Schmuck und standen in aller Frühe auf. Wir tranken Khodhen, eine schmackhafte heiße Chang-Suppe. Die Familie versammelte sich im Gebetsraum, wo wir dem Alter entsprechend in einer Reihe Platz nahmen. Es gab Tee und Reis mit Droma. Am Morgen ging der Drelkar von Haus zu Haus und sang seine Glück verheißenden Lieder, um das neue Jahr zu begrüßen. Er trug eine mit kleinen Muscheln besetzte Maske und wünschte alles Gute für das kommende Jahr. Wenn sein Besuch genau in die Zeit fiel, in der die Familienzeremonie stattfand, galt das als gutes Omen. Die Mutter des Hauses oder ein älteres weibliches Familienmitglied hieß den Drelkar mit einem zeremoniellen Schal willkommen, überreichte ihm Geld und Neujahrskekse, die eigens für Losar gebacken wurden, und setzte ihm Tee vor. Dem Sänger schien das Gerstenbier indes besser zu munden und er war oft schon leicht angeheitert, wenn er zu uns kam. Am Ende des Tages war er meistens schrecklich betrunken.

Die älteren Familienmitglieder würfelten, tranken Tee und Chang und verbrachten den Tag in fröhlicher Runde. Wir Kinder spielten draußen, ließen Knallfrösche los und hatten viel Spaß. Mittags erhielten wir etwas besonders Gutes zu essen. Am Nachmittag spielten wir weiter.

Am zweiten Tag des Losar-Festes versammelten sich alle Nachbarn auf dem Dach des Hauses, um Räucheropfer darzubringen, Gebetsfahnen aufzuziehen und zu beten, Chinesen, Moslems und Nepalesen eingeschlossen. Dann feierten wir das neue Jahr gemeinsam mit Kartenspielen oder Würfeln; an diesem Tag gab es Chang, Neujahrskekse, Süßigkeiten, getrocknete Früchte und süßen getrockneten Käse. Zum Mittag- oder Abendessen wurden auch Freunde eingeladen.

Ich war elf Jahre alt, als meine Mutter im Kindbett starb. Als ich von der Schule heimkehrte, war sie tot. Kurz darauf erklärten meine beiden älteren Schwestern unserem Vater, dass sie Nonne werden wollten, damit ihnen ein ähnlich leidvolles Schicksal erspart bliebe. Ich war erpicht darauf, ihrem Beispiel zu folgen. Meine beiden älteren Schwestern, meine jüngere Schwester und ich wollten in ein Nonnenkloster eintreten. Doch dazu brauchten wir die Erlaubnis unseres Grundherrn, der Familie Shata. Sie entschied, dass nur drei Mädchen Nonne werden durften, damit die Abstammungslinie erhalten blieb. Wir entrichteten der Familie Shata eine geringfügige Geldabgabe als Ersatz für unsere Arbeitskraft, auf die sie Anspruch hatte, vielleicht drei bis fünf Gormo. Eine meiner älteren Schwestern musste zu Hause bleiben und sich um unseren Vater kümmern.

Mit zwölf wurde ich in das Nonnenkloster Mi-Chung-Ri in Drapchi am Stadtrand von Lhasa geschickt. Es war auf einem Hügel namens Ri-gya erbaut, der einer Muschelschale glich. Ursprünglich befand sich das Nonnenkloster, das im 12. Jahrhundert gegründet worden war, auf dem Anwesen des Klosters Sera, knapp unterhalb des Choe-thing, in dem Je Tsongkhapa lebte. Ramjang Choeji, ein nahestehender Schüler oder Verwandter von Jamyang Choeji, einem der beiden Hauptschüler Tsongkhapas, veranlasste die Umsiedelung des Nonnenklosters, da geplant war, das Kloster Sera an ebendieser Stelle zu errichten. Das Sera-Je-Kloster überließ Mi-Chung-Ri jährlich eine bestimmte Getreidemenge als Ausgleich für das Grundstück, auf dem das Nonnenkloster ursprünglich gestanden hatte.

Einer Legende zufolge suchte Ramjang Choeji nach einer

angemessenen Unterkunft für die Nonnen. Als er mit seinen Gefährten an eine Quelle namens Chaktsel-bangkha gelangte, legte er eine Rast ein; ein weißer Adler stieß herab, entwendete einen religiösen Gegenstand, der dem Lama gehörte, und trug ihn davon. Der Vogel führte ihn zu den Ruinen eines Kagyü-Klosters ganz in der Nähe, in dem früher ausschließlich Mönche gelebt hatten. Statt Nonnenkloster sagen wir auch »Frauenkloster«. Im 15. Jahrhundert entstand ein neues Gebäude für die Nonnen. Adler werden in der Region Kham Nila genannt und der ursprüngliche Name des Nonnenklosters lautete Nela-Chung-Ri. Die Nonnen wechselten von der Kagyü- zur Gelukpa-Sekte über.

Mi-Chung-Ri war ein idyllischer Ort. Als junge Nonne musste ich Reisig und Kuhdung für die Küche sammeln. Wir pflückten auch Rhabarber und Pilze, die im Umkreis wuchsen. Dort gab es überall Gras und viele Bäume. Der höher gelegene Bereich war felsig und baumlos. Auf dem Gipfel des Berges, der als Sitz der Schutzgöttin Lhamo Yudon galt, befand sich ebenfalls eine Felsenregion, Jomosisi genannt.

Das Nonnenkloster war auf dem Berg errichtet. In der Mitte gab es eine große Gebetshalle. In einem angrenzenden Gebäude befanden sich Wohnstätten und rund um die Haupthalle standen mehrere Hütten. In den größeren Zellen waren drei bis vier Nonnen untergebracht. Einige bauten sich eine eigene Unterkunft und nahmen eine oder zwei Nonnen auf.

Unweit des Klosters gab es zwei berühmte Meditationshöhlen. Der Legende zufolge soll der namhafte buddhistische Gelehrte und Übersetzer Ra Lotzawa in einer der Höhlen meditiert haben. Die andere gehörte Jetsun Khachoe Pemo. Es hieß, sie sei in einem früheren Leben Mönch gewesen. Sie gab den anderen Nonnen Unterweisungen und wurde auch von Laien aufgesucht, die um ihren Segen und religiöse Belehrungen baten. Sie lebte dreißig Jahre in unserem Nonnenkloster, bevor sie verschied und den *Regenbogenkörper* erreichte.

Eines Tages trat eine neue Nonne in unser Kloster ein und alle versammelten sich um fünf Uhr morgens in der Haupthalle zum Dolma-Gebet, da Mi-Chung-Ri der Jetsun-Khachoe-Pemo-Linie folgte. Diese berühmte Nonne war die Gründerin des Klosters. Während der Gebetszeit wurde das Haupthaar der Novizin geschoren, mit Ausnahme eines kleinen Büschels auf dem Scheitel, das zu entfernen einem Rinpoche vorbehalten war. Die neue Nonne betrat die Halle gegen neun Uhr morgens. Sie nahm den für sie bereitgehaltenen Platz ein und die Aufnahmezeremonie begann damit, dass Tee und Reis mit Droma gereicht wurde. Sie brachte den Buddhas auf dem Altar Khata und Geldopfer dar und alle anwesenden Nonnen erhielten Schals und einen Geldbetrag. Ein Teil der Spenden wurde für die Nonnen aufgehoben, die in der Küche arbeiteten.

Als meine Schwestern und ich in das Mi-Chung-Ri-Kloster eintraten, schoren uns einige ältere Nonnen die Haare, bis auf ein paar Strähnen am Scheitel. Anschließend zogen wir zum ersten Mal unsere Roben an; die älteren Nonnen zeigten uns, wie man sie anlegt. Danach suchten wir Bhatik Rinpoche auf, einen Verwandten, der früher im Kloster Gomang gelebt hatte, aber infolge irgendwelcher Schwierigkeiten in das Kloster Tsomoling in Lhasa übergewechselt war. Meine Eltern hatten ihn zur Haaropfer-Zeremonie nach Mi-Chung-Ri eingeladen. Rinpoche war im Rabsel untergebracht; diese Räume waren dem *Khenpo* und anderen wichtigen Lehrern vorbehalten, die unser Kloster von Zeit zu Zeit besuchten. Er führte die Zeremonie durch und schnitt die Haarsträhne bis auf halbe Daumenlänge ab und riet uns, das Gey-nying-Gelübde abzulegen; auf diese Weise würden wir weniger schlechtes Karma ansammeln, wenn wir als Nonnen von den Spenden der Förderer des Klosters lebten. Wir mussten fünf Gelübde ablegen, zum Beispiel nicht stehlen, nicht töten, nicht lügen und keinen Alkohol trinken. Wir waren jung und notierten uns die Gelübde auf Zetteln.

Als wir die Unterkunft des Rinpoche verließen, wurden wir von unserer Lehrerin zu den für uns vorgesehenen Plätzen in der Haupthalle gebracht. Meine Familie spendete während der frühmorgendlichen Zufluchts- und Dolma-Gebete eine dicke Getreidesuppe mit tibetischem Buttertee, während man uns die Köpfe schor und einkleidete. Während der Aufnahmezeremonie, die zwei Tage dauerte, wurden alle Nonnen mittags und abends mit Tee, Reis und einer besonderen Mahlzeit verköstigt. Der höchste Sitz in der Halle wurde von einer älteren Nonne, der Äbtissin des Klosters, eingenommen, Lopon genannt. Wenn die Rezitationsmeisterin des Klosters ihre Amtszeit beendet hatte, rückte sie in den Rang der Lopon auf. Meine Schwestern und ich brachten Schals als Opfergabe vor den Bildnissen Buddhas dar und überreichten der Äbtissin, der Rezitationsmeisterin und sämtlichen Nonnen vom höchsten bis zum niedrigsten Rang Glücksschals und Geldspenden. Auch unsere Lehrerin erhielt einen Schal und eine Geldspende.

Die Spenden meiner Familie waren größer, weil wir von der Klosterarbeit befreit werden sollten. Zwei Tage lang wurden bei einem solchen Anlass bestimmte Speisen gereicht. Üblicherweise gab es bei Nonnen, die einer Nomadenfamilie aus dem Norden entstammten, Droma und bei Mädchen aus Lhasa Reis mit Rosinen, während die wohlhabenderen Familien Reis mit Droma und Rosinen anboten. Während Tee ausgeschenkt wurde, erhielten alle Nonnen eine Geldspende und einen Schal. Das Mittagsmahl war aufwendig und traditionell tibetisch mit viel Butter im Tsampa, gekochtem Schafskopf, gekochter Yakzunge und Würsten. Am Abend wurde eine Nudelsuppe aufgetragen. Die Novizinnen, die solche großen Spenden beim Eintritt nicht aufbringen konnten, mussten für das Kloster arbeiten. Sie hackten Holz, sammelten Reisig, Kuh- und Yakdung als Brennmaterial für die Küche und holten Wasser. Diese Dienste mussten einige Jahre verrichtet werden, bevor sie sich den anderen Nonnen anschließen und an den Gebetsversammlungen teilnehmen durften. Dann nahmen andere mittellose Novizinnen ihren Platz ein.

Die Bewohner von Lhasa feierten gerne und so kamen Verwandte und Freunde, um das Ereignis festlich zu begehen und uns anlässlich des Eintritts ins Kloster Glücksschals zu überreichen. Sie blieben einige Tage und veranstalteten ein Picknick auf dem Klostergelände. Sie hatten sogar ein Grammofon mitgebracht und spielten darauf indische und nepalesische Melodien. Beim Abschied erhielten auch sie Khata und die Nonnen sagten ihnen Lebewohl.

Im Kloster gab es verschiedene Ämter. An oberster Stelle stand die Lopon oder Äbtissin, die nach Beendigung der Amtszeit als Rezitationsmeisterin in diese hohe Stellung aufrückte. Als Nächstes kam die Um-tsey oder Rezitationsmeisterin, dann folgten die Choe-Timma oder Disziplinarmeisterin und die Nyer-pa, die Küchenmeisterin. Danach kamen die Jama oder Köchinnen und die Teekocherinnen. Außerdem gab es noch die Verwalterin, die Simka Ani genannt wurde und sich auch um die Wachhunde des Klosters kümmerte.

Die wichtigste Person für die Novizinnen war die Lehrerin. Wenn man eine geeignete Lehrerin im Kloster kannte, bat die Familie sie, die Novizin als Schülerin anzunehmen; ansonsten wurden die älteren Nonnen ersucht, eine geeignete Lehrerin zu benennen. Unsere Cousine Ani Jampa Choedon, die hier bereits Nonne war, wurde unsere Lehrerin und nahm meine Schwestern und mich in ihre Obhut. Eine andere Nonne, ehemals Rezitationsmeisterin unseres Klosters, die nun in der Nähe des Klosters Ganden lebte, unterwies uns in den Schriften.

Wir hatten unsere eigene Küche in unseren Räumen und erhielten keine Verköstigung, mit Ausnahme der Mahlzeiten, die hin und wieder von Förderern des Klosters gestiftet wurden. Wir bereiteten unser Essen selbst aus den Lebensmitteln zu, die unsere Familie schickte. Von Zeit zu Zeit mussten wir in den nahe gelegenen kleinen Ortschaften um Gerste und Tsampa für die Gemeinschaftsküche bitten. Die älteren Nonnen waren von den Bettelgängen ausgenommen. Die ärmeren Nonnen, die keine Vorräte von der Familie erhielten, wurden in der Gemeinschaftsküche verpflegt. Einige Schülerinnen von Khachoe Palmo hatten ihrer Lehrerin Land vermacht, deshalb konnte das Kloster Gerste ernten und Tsampa zubereiten.

Im Kloster lebten etwas mehr als hundert Nonnen. Die jüngste war schätzungsweise acht Jahre alt. Sie war so klein, dass sie während der Gebete von ihrem Kissen rollte. Unsere Lehrerinnen kümmerten sich um unsere Disziplin. Außerdem gab es vier oder fünf Nonnen, die Ämter bekleideten und sich mit den Mädchen befassten, die miteinander stritten, Lebensmittel stahlen oder pflichtvergessen waren. Sie befassten sich mit jedem einzelnen Fall und die Strafe entsprach der Schwere des Vergehens. Die jüngeren Nonnen wurden zur Strafe für einige Stunden mit den Tieren im Stall angebunden oder mussten das ganze Kloster ausfegen. Die älteren Nonnen mussten Wasser und Vorräte vom Fuß des Hügels zum Kloster hinauftragen und sich vor den versammelten Nonnen niederwerfen. Einmal besuchte ich mit

Kusho Namgyal Choedon-la und fünf anderen jungen Nonnen ohne vorherige Absprache ihre Tante, die im Hause Taring lebte. Wir kehrten erst nach fünf Tagen ins Kloster Mi-Chung-Ri zurück. Als Strafe wurden uns zahlreiche Niederwerfungen vor den versammelten Nonnen auferlegt.

Namgyal Choedon-la war unsere Anführerin, lustig und stets zu einem Streich aufgelegt. Sie war groß und hübsch. Sie stammte aus der Familie Tsarong. Sie konnte sehr gut lesen und schreiben und brachte uns tibetische Grammatik und Schönschrift bei. Aus dem Hause Tsarong und Taring wurden ihr ständig Kekse und andere Esswaren zugeschickt. Sie war großzügig und teilte ihre Leckereien mit uns. Sie hatte zahlreiche Freundinnen unter den jungen Nonnen, weil sie uns viele gute Dinge zukommen ließ.

Einige Nonnen wurden dabei ertappt, dass sie Beziehungen zu Männern hatten. Wenn sie gestanden hatten, wurden sie mit einer Strafe für ihre Verfehlungen belegt, zum Beispiel Niederwerfungen vor der Versammlung, eine bestimmte Geldsumme als Spende, Tee für die Nonnen oder eine Garnitur Kleidung für ihre Lehrerin. Manche weigerten sich, ins Kloster zurückzukehren, oder beauftragten Verwandte, die Geldstrafe, den Tee oder die Kleidung zu bringen. Einige verließen Lhasa. Manchmal schickte der Mann, der in die Affäre verwickelt war, die Geldstrafe. Niemand wurde geschlagen oder ungebührlich hart bestraft, aber solche Nonnen mussten das Kloster verlassen.

Wir standen mit dem ersten Vogelgezwitscher auf. Die jungen Nonnen mussten Gebete und Abschnitte aus den heiligen Schriften rezitieren und auswendig lernen, die von ihren Lehrerinnen benannt worden waren. Sie gaben uns Anleitungen und überwachten unsere Fortschritte. Wir hatten einen Gong im Kloster, er wurde jedoch nur betätigt, wenn ein Förderer kam und wir in seinem Auftrag den ganzen Tag lang Gebete verrichteten. Wir mussten unseren eigenen kleinen Beutel mit Tsampa in die Gebetshalle mitnehmen, für den Tee, der in der Gemeinschaftsküche zubereitet wurde. Während der Morgenversammlung wurde zweimal Tee ausgeschenkt. War der Förderer großzügig, wurde zusätzlich eine dicke Getreidesuppe gereicht und der Tee enthielt mehr Butter.

Wenn wir nicht den ganzen Tag Gebete im Auftrag eines Förderers verrichteten, rezitierten wir jeden Morgen Gebete wie die Zuflucht, die Sieben-Gliedmaßen, die Dolma-Gebete usw. Gegen elf Uhr war die Gebetsversammlung zu Ende. Dann gingen wir in unsere Räume, um das Mittagsmahl zuzubereiten und einzunehmen. Die Zeit danach stand zur freien Verfügung. Oft lasen wir Zweige, Gestrüpp und Yakdung als Brennmaterial für unsere eigene Küche auf. Wir mussten uns auch um unser Vieh kümmern – Kühe, Dri und Dzo. Dri-Milch schmeckte köstlich, war sehr dick und beliebt. Einige Tiere gehörten dem Kloster, der Rest einzelnen Nonnen. Alle wurden im Gemeinschaftsstall untergebracht und von einem alten Ehepaar versorgt, das sie morgens zum Grasen den Berg hinauftrieb und am Abend zurückbrachte. Die beiden erhielten die gleichen Essens- und Teerationen aus der Gemeinschaftsküche wie die Nonnen und darüber hinaus Tsampa, Kleidungsstücke und Geldbeträge von den Nonnen, deren Vieh sie hüteten. Einige Mädchen halfen ihnen dabei. Meine Schwestern und ich hielten fünf Tiere, die Milch gaben. Manchmal kamen Nomaden zu uns und verkauften einen Teil ihrer Herde. Wir stellten unsere eigene Sauermilch, Käse und Thue her, einen köstlichen Käsekuchen. Bei bestimmten Festen mussten die Nonnen, die Vieh besaßen, der Gemeinschaft Sauermilch spenden. Da sich unsere Sauermilch bei den Bewohnern von Lhasa großer Beliebtheit erfreute, verkauften wir sie auch. Zu diesem Zweck begaben wir uns zu Fuß nach Lhasa, bisweilen beauftragten wir auch einige jüngere Nonnen mit dem Verkauf.

Manche Nonnen beherrschen ein Handwerk, das ihnen als Lebensunterhalt diente. Eine Nonne fertigte Halsbänder und Edelsteinketten, die sie an die adeligen Damen in Lhasa veräußerte. Sie hatte immer viel zu tun. Einige jüngere Nonnen halfen ihr bei der Arbeit. Meine ältere Schwester verstand sich hervorragend auf Stick- und Flickarbeiten. An den Nachmittagen hatten wir Zeit, um uns solchen Beschäftigungen zu widmen oder das zu tun, was uns Spaß machte. Weben war verboten, nähen war erlaubt. Viele Nonnen fertigten tibetische Frauenstiefel und bestickten sie, eine Handarbeit, die auch mir lag. Am späten Nachmittag machten wir solche Arbeiten, die privaten Interessen dienten und uns ein wenig Geld einbrachten.

Nicht alle Nonnen beherrschen ein Handwerk oder besaßen eigenes Vieh. Manche waren aus ihren Heimatdörfern davongelaufen und völlig mittellos. Sie mussten drei Jahre im Kloster arbeiten, bevor sie wie die anderen an den Gebetsversammlungen teilnehmen konnten. Die bessergestellten Nonnen beauftragten die Ärmeren, Wasser für sie zu holen oder ihre Wäsche zu waschen, und entlohnten ihre Dienste mit Geld, Essen oder Unterricht in Lesen und Schreiben. Meine Schwester und ich hatten eine arme Nonne aus Phenpo, die uns bei der Arbeit half; wir betrachteten sie wie eine Familienangehörige und sie hing ebenfalls an uns. Im Nonnenkloster Mi-Chung-Ri wurden mittellose Nonnen genauso aufgenommen wie Nonnen aus dem Adelsstand oder reichem Hause. Alle wurden gleich behandelt. Wir beteten zusammen, aßen zusammen und saßen während der Gebetsversammlungen zusammen.

Nach sieben Uhr abends gingen die jüngeren Nonnen

auf das Dach hinauf, um die heiligen Schriften für den nächsten Tag auswendig zu lernen. Am nächsten Morgen mussten wir die Passagen im Beisein unserer Lehrer rezitieren. Wir mussten viele Gebete lernen. Normalerweise war es sehr still im Kloster, bis auf die Stimmen der jungen Mädchen, die aus den Schriften rezitierten. Unsere Lehrerin überwachte unsere Fortschritte und manchmal übernahm eine ältere Nonne diese Aufgabe. Die anderen älteren Nonnen blieben in ihren Räumen, beteten und meditierten und wir durften sie nicht stören. Gegen neun oder halb zehn gingen alle schlafen.

Wir hatten keine Prüfungen. Unterricht wie in einer Schule gab es nicht. Unser Khenpo oder ein Bevollmächtigter kam einmal im Jahr, um zu hören, wie gut wir die Gebete beherrschten. Nonnen, die sich die Gebete nicht merken konnten, mussten dem Kloster als Köchin, Teekocherin, Proviantmeisterin, Torwächterin und so weiter dienen. Wir hatten auch Nonnen, die schwer von Begriff waren.

Die Nonnen hielten sich damals nicht so strikt an die Soljong-Zeremonie wie heute, in der sie Bekenntnis ablegen. Jeden Monat nahmen wir am achten, fünfzehnten und dreißigsten Tag an der Thekchen-Soljong-Zeremonie teil. Nonnen unter sechzehn und hochbetagte und kranke Nonnen waren von der Teilnahme befreit. Wir versammelten uns in der Haupthalle und rezitierten unter der Führung der Rezitationsmeisterin von morgens bis abends Gebete und Mantren. Wir durften an diesem Tag weder Fleisch noch Eier, Zwiebeln, Knoblauch, Steckrüben oder Rettich zu uns nehmen. Alkohol war streng verboten, doch als Nonnen verzichteten wir ohnehin darauf. Nach dem Mittagsmahl wurde gefastet. Wir durften jedoch Wasser trinken. Es war verboten, auf einem hohen weichen Sitz Platz zu nehmen, zu singen oder miteinander zu schwatzen.

Die Teilnahme an der Nyungney-Zeremonie, ein besonderes Ritual des Chenrezi, war ebenfalls verbindlich. Das war eine mühevolle buddhistische Praxis, ähnlich Thekchen Soljong, aber noch anstrengender. Am ersten Tag durfte man bis zum Mittag nur Flüssigkeit zu sich nehmen. Beim Mittagsmahl langten wir kräftig zu, weil wir am nachfolgenden Tag strikt fasten mussten. Abends begnügten wir uns mit einem guten Tee. Man konnte zwischen indischem oder tibetischem Tee wählen, aber ohne Milch, es sei denn, sie wurde mit Wasser verdünnt. Eine dicke Suppe oder Fleischbrühe gleich welcher Art war nicht gestattet. Wir durften jedoch eine mit Wasser verdünnte Gemüsebrühe zu uns nehmen. Heutzutage sind Fruchtsäfte nach dem Mittagsmahl nur noch dann erlaubt, wenn sie mit Wasser verdünnt werden. Am Abend waren auch Gemüsesuppen oder Fruchtsäfte verboten, da sie aus fester Nahrung gewonnen wurden. Auf Fleisch musste man während der Nyungney-Zeremonie völlig verzichten. Am zweiten Tag gab es weder feste Nahrung noch einen einzigen Tropfen Wasser. Dieser Fastentag wurde Sung-nga oder Goo genannt. Diese beiden zusammengehörigen Fastentage, Nyungnyi genannt, werden teilweise achtmal im Jahr eingehalten und ich selbst habe sie hundertmal durchgeführt. Ich habe dabei weder unter Hunger noch Schwäche gelitten.

Im Kloster wurden sechzehn Nyungney-Zeremonien im Jahr abgehalten: zwei im ersten Monat, acht im heiligen vierten Monat, vier im sechsten Monat und zwei im neunten Monat des Jahres. Sie fanden an heiligen Tagen statt. Während der Nyungney-Zeremonie versammelten sich die Nonnen in der Haupthalle. Es herrschte Schweigegebot. Die Zeremonie begann mit Niederwerfungen und dem Po-toe. Wer dieses Gebet nicht beherrschte, konnte Thongshak, das Glaubensbekenntnis, oder jedes beliebige

Gebet und OM MANI PADME HUNG rezitieren. Die Mani-Rezitation war sehr wichtig, weil es sich um das Chenrezi-Mantra handelt.

Wir begaben uns auch in Retreats, unter Anleitung unserer Lehrerin. Retreats waren nicht vorgeschrieben. Sie wurden erst dann durchgeführt, wenn wir schon einige Jahre im Kloster lebten. Wir gingen zu einem Lama oder Khenpo, erhielten die Eingangsbelehrungen und zogen uns dann zurück. In der Regel fanden die Retreats im Winter statt. Wir entzündeten ein kleines Feuer im Raum, hüllten uns in Decken und blieben in der Abgeschiedenheit, um Gebete und Mantren zu rezitieren.

Nach Je Tsongkhapas Todestag kam der Khenpo oder sein Stellvertreter ins Kloster und wir mussten alle Gebete und Schriften rezitieren, die wir auswendig gelernt hatten. Zwei Nonnen gingen gemeinsam zum Khenpo; unsere jeweiligen Lehrerinnen standen in der Nähe. Wir waren nervös und besorgt. Wenn uns das Gedächtnis im Stich ließ, mussten wir die Gebete ein weiteres Jahr wiederholen. Versagten wir ein drittes Mal, wurden uns Arbeiten im Kloster zugewiesen. Wir mussten einige Tage Wasser oder Vorräte vom Fuß des Hügels zum Kloster hinauftragen. Harte Strafen oder Schläge gab es nicht.

Wir hatten auch die Gelegenheit, an wichtigen Belehrungen in Lhasa und Umgebung teilzunehmen. Das Kloster gab uns für diese Zeit frei. Die Teilnahme war nicht vorgeschrieben und die Lehrerinnen befanden darüber, ob sie Sinn für uns machte. Die älteren Nonnen trafen die Entscheidung selbst. Ich nahm an der Kalachakra-Initiation Seiner Heiligkeit des Vierzehnten Dalai Lama teil.

Im fünften tibetischen Monat begingen wir Yarsol, den Tag, an dem Lhamo Yudon ihr Amt antrat. Sie gehörte zu den Schutzgottheiten des Klosters Sera. An diesem Tag feierten wir vier Tage lang den Sommer und auch die Förderer unseres Klosters nahmen daran teil. Ein alter Mann diente der Göttin als Medium. Wenn er in Trance war, verwandelte er sich in einen Naga, einen Naturgeist. Zweimal im Jahr verkörperte er einen Naga und dreimal im Jahr Lhamo Yudon und ihren Gesandten. Viele Leute aus Lhasa und den Städten und Dörfern im Umkreis kamen zu diesem Fest in unser Kloster.

Am Morgen des ersten Tages der Yarsol-Feier nahmen die Nonnen Aufstellung und gingen auf dem schmalen Pfad den Hügel hinunter, um das Medium, sein Gefolge, unsere Förderer, Verwandte und Freunde willkommen zu heißen. Wir führten sie in unsere große Halle. Mönche aus dem Kloster Sera, denen die Leitung der Zeremonie oblag, *chanteten* und machten religiöse Musik. Bei anderen Trance-Ritualen hatten die Kinder des Mediums oder die Nonnen die Leitung inne. Während der Yarsol-Feiern fand das Trance-Ritual morgens in unserer Haupthalle statt. Der Geist von Lhamo Yudon erschien nur ganz kurz. Sie war prachtvoll gekleidet, mit einem Haarknoten auf dem Scheitel, und richtete ein paar Worte an die Versammelten, bevor sie den Körper des Mediums verließ. Dann verwandelte sich das Medium in Leychey, einen anderen Geist. Er trug einen Hut. Und zum Schluss tauchte ein Naga-Geist auf. Die Nonnen und die Zuschauer beeilten sich, Schals als Opfergabe darzubringen und den Segen der Göttin und Geister zu erhalten.

Verwandte und Familienmitglieder der Nonnen verbrachten den ganzen Tag in Mi-Chung-Ri und einige schlugen ihr Lager vier Tage lang im Freien auf, wo sie schliefen und aßen. Einige Familienangehörige wurden in den Räumen der Nonnen untergebracht. Ganz in der Nähe gab es einen Fluss mit grasbewachsenen Böschungen, Bäumen, Wildblumen und Heilpflanzen. Wir lebten in einer herrlichen Umgebung. Die

Teilnehmer der Feier zogen Gebetsfahnen auf und brachten Rauchopfer dar, um Götter, Göttinnen und andere Geister gnädig zu stimmen. Der fünfte tibetische Monat war der schönste und angenehmste in Lhasa. Die Leute brachten ihre eigenen Speisen und Chang von zu Hause mit, konnten sich aber auch auf Anfrage vom Kloster verköstigen lassen. Diese Tage waren geprägt von Fröhlichkeit und Ausgelassenheit. Das Kloster bewirtete alle Gäste mit Tee.

Die Nonnen erhielten vier Tage lang ein üppiges Mahl. Anlässlich dieses Festes hatten wir viele Förderer. Außerdem fanden Opernaufführungen statt, dargeboten von dreizehn bis vierzehn jungen Nonnen. Jeden Tag wurde eine andere Oper gegeben. Natürlich waren diese Darbietungen laienhaft und die Sängerinnen nicht ausgebildet, doch sie waren nicht schlecht. Eine der herausragenden Mitwirkenden war Kusho Namgyal Choedon-la. Sie besaß eine sehr gute Stimme. Ich übernahm ebenfalls ein paar kleinere Rollen. Wir trugen selbst gemachte Kostüme, mehr schlecht als recht zusammengestellt. Als Sitzplätze und für die Aufbewahrung des Zubehörs, das wir während der Aufführung brauchten, benutzten wir Holzkisten.

Einige Töchter von Gadong waren dem Vernehmen nach hervorragende Operndarstellerinnen. Gyamo-la, eine der Nonnen von Gadong, erteilte ihnen Unterricht. Wir hatten unsere eigene Lehrerin, eine Nonne namens Choedup Choezin-la. Nach den Opernaufführungen, gekürzten Fassungen der zugrunde liegenden Geschichte, sangen und tanzten die Zuschauer am Nachmittag die in ihrer Region üblichen Gorshey. Dorfbewohner aus Phenpo, Drikung, Lamo und anderen Regionen besuchten unser Fest. Einige Nonnen schlossen sich den Tänzern an. Wir umfassten einander in der Taille, bildeten einen Kreis, sangen und tanzten. Yarsol war immer ein Anlass zur Freude.

An diesen beiden Tagen und an einigen Tagen des tibetischen Neujahrsfestes durften wir Nonnen singen, Flöte spielen und tanzen. Für den Rest des Jahres waren solche Vergnügungen nicht erlaubt. Wenn wir beim Singen ertappt wurden, wurden wir getadelt. Im Allgemeinen herrschte Schweigegebot. Wir durften nur chanten und Gebete rezitieren.

Am letzten Tag von Yarsol überreichten wir unseren Gästen Khata, bevor sie den Heimweg antraten. Wenn wir nicht genug Schals hatten, warfen wir Tsampa in die Luft, um den Besuchern eine gute Reise und viel Glück zu wünschen. Das Gerstenmehl war weiß, ein Glück verheißendes Symbol; schwarzes wurde bei freudigen Anlässen nie verwendet.

Die Nonnen von Mi-Chung-Ri erhielten am ersten Tag des achten tibetischen Monats eine eigens für sie anberaumte Audienz bei Seiner Heiligkeit dem Dalai Lama. Wir hatten großes Glück, denn keinem anderen Nonnenkloster wurde dieses Privileg zuteil. Es ging auf die Zeit Seiner Heiligkeit des Dreizehnten Dalai Lama zurück. Es hieß, der Fünfte Dalai Lama habe unserem Kloster einen geweihten Gegenstand geschenkt und aufgrund dieser besonderen Ehre sei das Vorrecht entstanden. Wir trugen unsere besten und saubersten Roben, stiegen zum Thronsitz empor und Seine Heiligkeit segnete uns mit einer Seidenquaste. Vor uns hatten die Mönche des Klosters Sera eine Audienz und wir folgten ihnen. Wenn Seine Heiligkeit der Dalai Lama vom Potala in seine Sommerresidenz, den Norbulingkha Palast umzog oder im Winter in den Potala zurückkehrte, durften wir uns ebenfalls freinehmen, um einen Blick auf Yeshi Norbu, unseren Schatz der Weisheit, zu erhaschen.

Mi-Chung-Ri, Tsang-gu und Ga-ri waren die bekanntesten Nonnenklöster in der Region Lhasa. Ga-ri, von Pha Dampa Sangye gegründet, war ein altes und sehr gutes Kloster. Unser Kloster war das älteste. Wir Nonnen sahen uns nicht oft, doch zum Yarsol-Sommerfest besuchten uns Nonnen aus anderen Klöstern. Wir trafen uns auch bei Unterweisungen in Lhasa und Umgebung oder wenn die Regierung viele *Tsa Tsas* gleichzeitig in Auftrag gab und Schreine für die Tonbildnisse errichten ließ. Als der neue Palast Seiner Heiligkeit des Vierzehnten Dalai Lama, Thakthen Migyur, erbaut wurde, wurden einige Nonnen aus Tsang-gu und unserem Kloster in den Norbulingkha gebeten, um die Tonbildnisse herzustellen. Ich gehörte ebenfalls dazu, weil ich aus Lhasa stammte. Jede Woche wurden die Nonnen ausgetauscht, sodass viele die Ehre hatten, ihren Beitrag zu leisten. Bei der Herstellung der Tsa Tsas galt es, sowohl am Arbeitsplatz als auch bei uns selbst auf ein Höchstmaß an Sauberkeit zu achten. Wir fertigten auch einige große Tonstatuen. Ich weiß nicht, wo sie aufgestellt wurden. Die Palastwachen brachten uns Tee und ein Mittagsmahl. Sie halfen uns auch, den Ton und die fertigen Bildnisse zu transportieren. Wir gingen frühmorgens in den Norbulingkha und kehrten am Abend in das Haus unserer Familien in Lhasa zurück.

Ein weiterer Dienst für die Allgemeinheit war der Besuch des Jokhang Tempels, wo wir die riesigen Gebetsräder drehten und die Einundzwanzig-Dolma-Hymnen sangen. Sie besaßen einen herrlichen Klang. Es hieß, dass sie die niedergeschriebenen Gebete aus den Gebetsrädern des Königs Songtsen Gampo, seiner chinesischen und nepalesischen Gemahlinnen und seines Ministers Gar enthielten. Es gab ungefähr neun große Räder, die sehr heilig waren. Drei Nonnen aus den Hauptklöstern und einem kleineren Kloster in Lhasa rezitierten hier gemeinsam die Gebete. Dieses Ritual fand das ganze Jahr über statt. Die jüngeren Nonnen waren ungefähr fünfzehn Jahre alt und die älteren unter vierzig. Jede

Nonne nahm einen Monat lang an dieser Gebetszeremonie teil. Danach nahm eine andere ihren Platz ein. Wir trafen frühmorgens ein und gingen in der Mittagszeit, wenn der Jokhang geschlossen war, zum Essen nach Hause. Danach kehrten wir in den Tempel zurück, sangen die Dolma-Hymnen und drehten die Gebetsräder bis Sonnenuntergang. Dann gingen wir wieder nach Hause, übernachteten bei Freunden oder in einer gemieteten Unterkunft. Wir baten die Besucher des Tempels um Spenden, die wir unter uns aufteilten. Das Geld wurde für den Lebensunterhalt oder zur Bezahlung der Unterkunft verwendet. Die Regierung entlohnte uns nach Beendigung unserer Dienste mit Teeziegeln und Butter.

Ich freute mich auf die Besuche bei meiner Familie. Nach Neujahr fand Monlam Chemo statt, das Große Gebetsfest, zu dem Hunderte von Mönchen nach Lhasa kamen, die zeitweilig in der Stadt wohnten. Das war eine aufregende Zeit. Das Haus meiner Familie befand sich in der Nähe des Haupttempels und viele Mönche aus dem Kloster Drepung übernachteten hier. Auch Seine Heiligkeit kam in die Stadt und mit ein wenig Glück konnte man einen Blick auf ihn erhaschen. Ich half meiner Familie bei der Zubereitung der Mahlzeiten für die Lamas und war wohl eine recht annehmbare Köchin. Nach Monlam gab es noch viele weitere Feste in Lhasa und Umgebung, bei denen ich mich gerne mit meinen Schwestern und Freundinnen unter die Zuschauer mischte.

Während Monlam Chemo ging es in Lhasa überaus lebhaft zu; die Stadt war angefüllt mit Mönchen aus den drei Hauptklöstern Drepung, Ganden und Sera und anderen kleinen Klöstern. Während des Festes gab es bisweilen handfeste Auseinandersetzungen. Einmal wurde ein Mönch bei einem solchen Streit sogar von einem anderen Mönch getötet, direkt vor unserem Haus. Der Täter wurde zu den Disziplinarmeistern gebracht, die ihn bestraften. Da sich der unliebsame Zwischenfall ganz in der Nähe ereignet hatte, erhielten wir ebenfalls eine Strafe. Es gab auch Mönche, die Alkohol tranken; sie mussten sich gleichermaßen dem Urteilsspruch der Mönche beugen und wurden bestraft.

Ich erinnere mich, dass in meiner Jugend sogar ein hoher tibetischer Regierungsbeamter für eine Verfehlung zur Rechenschaft gezogen wurde. Er stammte aus der Familie Kyung-ram, mit der mein Vater gut bekannt war, da er Schmuck für sie gefertigt hatte. Meine ältere Schwester weinte, weil sie gesehen hatte, wie der Mann zur Strafe auf einem Ochsenkarren durch die ganze Stadt geführt wurde, statt wie sonst auf seinem prachtvollen Pferd zu sitzen. Er musste seine Seidengewänder gegen ein weißes Wolltuch eintauschen und sein Haupt mit einem Baumwolltaschentuch bedecken. Meine Familie ließ den Mitgliedern der Familie Kyung-ram eine Beileidsbekundung, einen Khata und Geld zukommen, wie es Brauch war.

Ich erinnere mich auch noch an den Sera-Krieg, der mir große Angst einflößte. Ich hielt mich damals gerade zu Hause in Lhasa auf, da eine meiner Schwestern krank war. Wir hörten, dass Reting Rinpoche auf einem Pferd durch die Straßen ritt und vom Kloster Reting aus zum Potala Palast gebracht werden sollte. Ich stieg auf das Dach unseres Hauses, in der Hoffnung, einen Blick auf ihn zu erhaschen. Er war ein hoher Lama und früher einmal unser Regent gewesen; nun sollte er bestraft werden. Viele Menschen weinten, ich auch. Viele Vertraute des Regenten wurden festgenommen. In der Stadt herrschte große Unruhe, die Läden waren geschlossen und die Angst ging um. Die Öffentlichkeit verstand nicht wirklich, was da vor sich ging. Wir erfuhren nur, dass man Reting Rinpoche verhaftet hatte, die Regierung sich in Aufruhr befand und ein Krieg mit dem Kloster Sera entbrannt war.

Ich hatte früher einmal an einer öffentlichen Audienz in Lhasa teilgenommen, bei der Reting Rinpoche uns den Segen erteilte. Sie fand in seinem Sommerpalast statt, bevor er als Regent abdankte und in das Kloster Reting zurückkehrte. Nach der Audienz erhielten die Teilnehmer Tee und Kekse. Es war traurig, mit anzusehen, wie er zum Potala gebracht und bestraft wurde.

Ich habe jedoch auch sehr schöne Kindheitserinnerungen. Im Sommer nahmen meine Freundinnen und ich frei und wanderten vom Kloster zum Ufer des Tsangpo oder zu einem großen Fluss in der Nähe des Klosters Sera, um unsere Wäsche zu waschen und ein Picknick zu veranstalten. Jeder Park in der Nähe des Tsangpo hatte einen Wächter. Wir baten den Wächter, Tee zu kochen und ein Mittagsmahl für uns zu bereiten. Natürlich teilten wir alles mit ihm und entlohnten ihm die Gefälligkeit mit einem kleinen Geldbetrag. Bei solchen Ausflügen nahmen wir unser Essen in Blechdosen mit. Ich war eine gute und fleißige Schülerin, sodass ich oft frei bekam. Ich liebte diese Wasch-Ausflüge. Wir hatten viel Spaß und Kleider und Bettzeug waren danach sauber und frisch – ein angenehmes Gefühl.

Im Kloster waren wir sehr gut aufgehoben. Wenn wir krank wurden, brachten uns Freundinnen zu einem Arzt in Lhasa, der die Traditionelle Tibetische Medizin praktizierte. Bei Verstauchungen oder Brüchen von Hand oder Fuß hatten wir einen Mann ganz in der Nähe, der die Knochen einrichtete, die Gliedmaßen fixierte und auch Arzneien ausgab, Naturheilmittel und Medikamente, die er in Lhasa erstanden hatte. Bei schweren Erkrankungen wurde man auf ein Pferd gesetzt und in Begleitung von Freundinnen zur Behandlung in das Mentsikhang oder Chagpori Institut nach Lhasa gebracht, ein Lehrkrankenhaus für Traditionelle Tibetische Medizin.

Ärzte aus diesen beiden medizinischen Zentren kamen jedes Jahr zum Mi-Chung-Ri hinauf, um Heilpflanzen zu sammeln, und das Kloster bewirtete sie gut. Während ihres Aufenthalts stellten wir ihnen unentgeltlich Kost, Logis und Decken zur Verfügung und halfen ihnen bei der Arbeit. Sie wohnten einige Tage im Rabsel und die Nonnen kochten für sie. Gemüse war selten in unserer Region. Aber wir hatten unseren Gästen viel Milch und Sauermilch zu bieten.

Das Kloster kümmerte sich bis zum Tod um die Nonnen. Es führte die Himmelsbestattung und die Gebete durch. Unsere Begräbnisstätte befand sich in Ri-gya und Männer aus dem benachbarten Dorf Charong trugen den Leichnam dorthin, zerstückelten ihn, wie es dem Brauch entsprach, und überließen ihn den Geiern. Die Nonnen gaben den Toten das letzte Geleit. Wir trugen eine kostbare Glocke und ein Horn, das Jetsun Kachoe Palmo gehörte. Unterwegs ertönten immer wieder die Glocke und das Horn; es hieß, dass den Toten der Aufenthalt in einer der Höllen erspart blieb, wenn sie diese Klänge vernahmen. Die Nonnen rezitierten die Namgyalma- und Phalthoe-Gebete, während der Leichnam zerstückelt wurde. Die Begräbnisstätte wurde auch von anderen Personen genutzt. Nach der Rückkehr ins Kloster brachten wir Rauchopfer dar und sprachen in unserer Haupthalle weitere Gebete für die Verstorbene.

Weiter unten gab es noch eine andere Begräbnisstätte, Lobu genannt, die der Luftbestattung von Kindern vorbehalten war. Einer Legende zufolge war sie im achten Jahrhundert für Lobu errichtet worden, den Sohn der chinesischen Ehefrau des tibetischen Königs Songtsen Gampo.

Das Leben ist wie ein Traum. Ich sitze in meiner kleinen Zelle im Kloster Ganden Choeling in Dharamsala. Ich bin alt geworden und der Tod kann mich jederzeit ereilen. Ich bin froh, zu den Mitbegründerinnen dieses Kloster in der freien Welt zu gehören und erleben zu dürfen, wie viele Nonnen hier lernen und leben.

Zwei Jahre nach diesem Interview wollte ich meine Freundin im Kloster Ganden Choeling besuchen. Zwei ihrer Schülerinnen nahmen mich in Empfang und teilten mir mit, dass Choela Ngawang Choezin verstorben sei. Ihre Schülerin Tenzin Seldon erzählte: »Jeden Winter unternahm Choela zu Fuß eine Pilgerreise nach Bodh Gaya. Bei ihrem letzten Besuch versammelte sie alle unsere Nonnen, die sich zur gleichen Zeit dort aufhielten, zum Gebet. Es waren sechzehn. Choela übernahm die Rolle der Vorbeterin und Rezitationsmeisterin. Sie war ein Mensch, der keine Zeit verschwendet. In ihren Mußestunden pflegte sie zu beten. Sie stand sehr früh auf und brachte Wasser, Räucherwerk und Kerzen oder Butterlampen als Opfergabe auf dem Altar dar. Das tat sie immer, ganz gleich, wo sie sich befand.

In Gaya hielten wir am zehnten Tag des Monats eine Tsok-Zeremonie ab. Wir legten unsere Opfergaben unweit des Bodhi-Baumes nieder, der nach Osten wies. Während der Zeremonie und Gebete näherte sich mit einem Mal eine Schar bettelnder Kinder und stahl einen Teil der Opfergaben. Choela und einige von uns Nonnen vertrieben sie; dann setzten wir unsere Gebete fort, doch Choela war beunruhigt, denn sie hielt das für ein unheilvolles Zeichen. Nach diesem Zwischenfall wurde sie krank. Sie glaubte, es läge an der Leber, doch die indischen Ärzte waren der Ansicht, ein Herzleiden sei die Ursache. Sie wurde zusehends schwächer und erhielt mehrmals Glukose-Infusionen.

Wir blieben etwa zwei Monate in Gaya und am Ende dieser Zeit beharrte Choela mit Nachdruck darauf, nach Dharamsala zurückzukehren. Wir fuhren mit den Zug und kamen wohlbehalten in Dharamsala an. Im Anschluss daran war sie ausgesprochen nachsichtig mit uns. Sie war ein liebevoller Mensch, doch manchmal konnte sie sehr streng gegenüber ihren Schülerinnen sein. Nun war sie ausnehmend geduldig und sanft. Eines Tages rief sie mich zu sich und ich musste schriftlich festhalten, was mit ihrem Geld geschehen sollte; sie bat mich, bei ihr zu bleiben, statt am Monlam-Gebet teilzunehmen, das im Haupttempel stattfand.

Sie bat ihre Schülerinnen, ihre persönliche Habe in der Zelle unter sich aufzuteilen, was wir auch taten; mir gab sie außerdem fünfhundert Rupien und ermahnte mich, fleißig zu lernen. Ihre Schülerinnen waren alle jung und wir fanden ihr Verhalten keineswegs ungewöhnlich, auch wenn sie milder gestimmt schien als sonst. Nach ihrer Erkrankung in Bodh Gaya war sie auch ziemlich abgemagert und schwach.

Am fünfzehnten Tag des ersten tibetischen Monats, einem heiligen Tag, nahm sie an den Monlam-Gebeten im Haupttempel teil und brachte den Mönchen und Nonnen, die sich dort zu Hunderten versammelt hatten, ihre Tee- und Geldspende. Sie legte einen Schal und eine Geldspende vor dem Thronsitz Seiner Heiligkeit nieder und wollte, dass ich sie begleite, doch ich war zu schüchtern, um vor so viele Menschen hinzutreten, und deshalb nahm eine Freundin meinen Platz ein.

Nach der Rückkehr überließ sie dem Kloster am Abend eine große neue, mit Milch gefüllte Flasche, mehrere Becher und einen großen Sack Droma. Sie schloss sich den Nonnen beim Abendgebet an. Da sie hochbetagt war, durfte sie diesen Gebetsversammlungen fernbleiben, was sie in der Regel auch tat, doch an diesem Abend nahm sie daran teil. Normalerweise ließ sie ihren leeren Becher auf dem Tischchen vor ihrem Platz stehen, doch an diesem Tag trank sie ihren Tee, säuberte den Becher und nahm ihn mit in ihre Zelle.

Choela begab sich früh zur Ruhe und am nächsten Abend bereitete sie ihre Mahlzeit zu und lud mich dazu ein. Sie riet mir, im Kloster zu bleiben, statt ins Ausland zu gehen, meine Studien ernst zu nehmen und eine gute Nonne zu werden. Wir aßen gemeinsam und ich erinnere mich nicht, ihr jemals so lange Gesellschaft geleistet zu haben. Ich massierte sie, bevor sie schlafen ging, und ich legte mich ebenfalls schlafen.

Gegen vier Uhr morgens rief sie nach mir. Mein Raum grenzte an ihre Zelle. Sie bat mich, ein wenig Wasser heiß zu machen, um die geweihten Kügelchen aufzulösen, die sie nehmen wollte, und später ging sie zur Toilette. Nach ihrer Rückkehr nahm sie auf dem Meditationskissen Platz und bat mich, die Opferschale mit Wasser zu füllen; sie sagte, dass sie sich nicht gut fühle. Dann betete sie für ein langes Leben Seiner Heiligkeit und bat darum, ihr alle schlechten Taten anzulasten, die andere begangen hatten, und ihnen die guten Taten, die sie selbst begangen hatte, zugute zu halten. Ich rief ihre ältere Schülerin herbei, die sich in einem Raum in der Nähe befand. Choela gab uns die Anweisung, ihre Ersparnisse Seiner Heiligkeit und ihre Tara-Statue dem Kloster zu spenden. Ich brach in Tränen aus, doch sie sagte: ›Weine nicht, so ist das Leben.‹ Wir weckten eine weitere Nonne auf und baten sie, einen Arzt zu holen.

Als ich in den angrenzenden Raum ging, um Tee zu kochen, hörte ich sie dreimal aufstöhnen. Die ältere Schülerin bat mich, die anderen zu holen, doch als ich zurückkehrte, war Choela tot. Die ältere Schülerin hatte ihr geholfen, sich aufzusetzen, und sie saß in aufrechter Stellung da. Wir weinten, aber leise, um sie in diesem wichtigen Augenblick nicht zu stören. Der Leichnam blieb drei Tage lang in der Zelle und wir ließen in dieser Zeit Gebete für sie verrichten. An diesen drei Tagen war es ziemlich kalt, doch am vierten Tag, an dem sie bestattet wurde, hatten wir herrliches Wetter. Als wir ihren Leichnam zur Begräbnisstätte brachten, wo er verbrannt werden sollte, war er seltsamerweise ganz klein und leicht geworden.«

Tashi Dolma – Nomadenfrau aus Woyuk

Ich stamme aus Woyuk, einem kleinen Ort in der Region Tsang, ungefähr sechs bis sieben Tagesmärsche von Shigatse entfernt. Woyuk lag in einem langen Tal, durch das sich ein Fluss schlängelte. Er entsprang hoch droben auf dem Berg und das Wasser war klar und sauber. Auf den Böschungen wuchs Gras und im Tal gab es viele große gelbe Pilze, die wir im Feuer brieten und, mit Butter und Tsampa gefüllt, aßen. Das schmeckte köstlich. Das Tal war von hohen Bergen umgeben. Die Berge waren trocken und staubig; nur wenige Büsche und Bäume wuchsen an seiner Stirnseite.

Wir waren Nomaden und gehörten einer Nomadengemeinschaft an. Sie bestand aus dreizehn Familien, die im Tal verstreut ihr Lager aufgeschlagen hatten. Wir konnten die Zelte der anderen sehen und uns zurufen, wenn wir mit jemandem Verbindung aufnehmen wollten. Wir hatten eine große Viehherde. Meine Familie besaß ungefähr hundert Ziegen, vierhundert Schafe und zahlreiche Yaks, Kühe, Dri und Dzo. Einmal hielten wir vierzig Dri, die Milch gaben. Bessergestellte Familien besaßen mehrere tausend Schafe und Ziegen, Dri, Dzo und Yak. Die Töchter unserer wohlhabenden Nachbarn verbrachten den ganzen Tag damit, sie zu melken. Die Winter waren kalt und es schneite oft. Manchmal zogen Schneestürme auf, was für die Tiere sehr aufreibend war.

Wir führten ein schlichtes, beschauliches Leben. Wir hatten nur selten Besucher und wenn durchreisende Lamas oder Mönche in der Nähe waren, mussten wir uns dorthin begeben, um ihren Segen zu erhalten. Woyuk war so abgeschieden von der Welt, dass wir einen ganzen Tag brauchten, um einen Verstorbenen für die Himmelsbestattung zur nächsten Begräbnisstätte zu bringen.

Ich heiße Tashi Dolma und bin vierundsiebzig Jahre alt (1994). Ich war die Jüngste von fünf Schwestern. Mit achtzehn Jahren wurde ich verheiratet. Ich heiratete in eine Nomadenfamilie unweit des Hauses ein, in dem ich geboren wurde. Die Hochzeitszeremonie war schlicht. Wir waren einfache Nomaden und führten ein bescheidenes Leben. Wir wurden am Hochzeitstag neu eingekleidet, brachten Khata als Opfergabe dar und verließen unser Zuhause. Es fand keine besondere Feier statt, weder in der Familie der Braut noch in der Familie des Bräutigams. Eine jungvermählte Ehefrau half der Schwiegermutter bei der Hausarbeit, aber meistens war sie mit Weben beschäftigt.

Ich brachte einen Sohn und eine Tochter zur Welt. Wenn die Niederkunft nahte, wurde die werdende Mutter dem Brauch entsprechend aus dem Hauptzelt der Familie hinausgebracht, das sie erst nach drei Tagen wieder betreten durfte. Die Schwiegermutter stand ihr bei der Geburt bei. Man schlachtete eine Ziege oder ein Schaf und gab der Wöchnerin mehrere Tage lang Fleischsuppe und geschmolzene Butter zu trinken. Wir glauben, dass die Windenergie während der Entbindung aus dem Gleichgewicht gerät, und deshalb sollten Fleischbrühe und geschmolzene Butter einen Ausgleich schaffen und die Mutter stärken. Darüber hinaus hatten wir einen Tag, an dem eine rituelle Reinigung von Mutter und Kind durchgeführt wurde. Wir ruhten uns einen Monat lang aus, um zu Kräften zu kommen, bevor wir wieder Hausarbeiten gleich welcher Art verrichteten.

Meine älteste Schwester Tseten, die Ärmste, hatte viel zu leiden. Sie wurde sehr jung verheiratet und lebte bei der Familie ihres Mannes in Ja. In ihrem neuen Zuhause wartete eine Menge Arbeit auf sie. Als ihr Mann nach geraumer Zeit starb, wurde sie mit einem Nachbarn verheiratet.

Die zweite Schwester, Dolkar, verließ nach der Heirat ebenfalls die Familie; sie hatte einen Sohn und eine Tochter, die im Alter von einundzwanzig Jahren an Masern erkrankte und starb. Meine Familie holte einen Bräutigam für meine dritte Schwester Chapey ins Haus, sodass beide bei der Arbeit halfen. Chapey suchte oft einen Lama auf, der nicht weit entfernt lebte, Zapuk Lama, und nahm an vielen buddhistischen Unterweisungen teil. Sie war ein tiefreligiöser Mensch und praktizierte ihren Glauben mit großem Eifer. Nach dem Tod ihrer Tochter ging sie oft zur Begräbnisstätte, um dort die Choe-Gebete zu verrichten. Bei diesen Gebeten bot man Teile des Körpers den hungrigen Geistern als Opfergabe dar. Sie hatte auch einen Sohn namens Sonam Thondup, der häufig auf die Jagd ging. Meine Schwester bat ihn inständig, damit aufzuhören, doch er wollte nicht auf sie hören. Auch die Bitte seiner Frau stieß auf taube Ohren. Später wurde meine Schwester Nonne. Die vierte Schwester war bereits Nonne und lebte im Kloster Zara. Sie hatte eine Hasenscharte und keine Aussicht, jemals einen Ehemann zu finden, deshalb traf mein Vater die weise Entscheidung, sie ins Kloster zu schicken. Sie verbrachte drei Jahre und drei Monate im Retreat, wie viele der Nonnen, die dort lebten.

Meine Mutter war ebenfalls eine tiefgläubige Frau. Sie starb mit vierundsiebzig Jahren. Sie konnte sogar die heiligen Schriften lesen, bei Nomadenfrauen eine Seltenheit. Sie hatte immer viel zu tun. Sie musste die Hausarbeit verrichten, die Tiere melken, Milch kochen und Sauermilch und Käse herstellen. Wir Schwestern gingen ihr dabei zur Hand.

Mein Vater war alt und blind. Sein Name war Pema Gyab, doch er wurde nur Apa Mani genannt. Er verlor mit sechzig Jahren sein Augenlicht. Ich erinnere mich, wie er vorher immer das Gebetsrad drehte, das Mani-Mantra rezitierte und Tee trank. Meine Mutter und wir Schwestern verrichteten alle anfallenden Arbeiten, baten ihn nur selten um Hilfe. Ältere Menschen hatten es in Tibet gut. Sie waren hoch angesehen und wurden von den jüngeren Familienmitgliedern betreut. In unserer Region gab es viele Alte, aber an Kranke kann ich mich nicht entsinnen. Es gab weder Ärzte noch Arzneien in unserer unmittelbaren Umgebung zu kaufen, falls jemand erkrankt wäre.

Wir Schwestern hatten viel zu tun in unserem Zelt und ringsum. Als Jüngste in der Familie wurde ich von allen verwöhnt, sodass mir reichlich freie Zeit blieb. Es wurde jedoch erwartet, dass ich meinen Schwestern bei der Hausarbeit half. Unsere wichtigsten Aufgaben bestanden darin, das Vieh zum Weiden zu bringen, in Holzkübeln Wasser zu holen und zu weben. Vor Sonnenaufgang trieben wir die Schafe und Ziegen auf den Berg hinauf und am Abend brachten wir sie wieder zurück. Danach mussten wir unserer Mutter beim Melken helfen. Die Ziegenmilch wurde nicht getrunken, weil sie als gehaltlos galt, sondern zu Butter verarbeitet. Die Butter war weiß und schmeckte köstlich und die Buttermilch erhielt das Vieh. Wir tranken nur die Milch von Kühen, Dzo und Dri.

Wir kannten keine Muße, denn es gab immer irgendetwas zu tun. Wenn wir die Tiere frühmorgens auf die Weiden und abends wieder zu Tal brachten, wechselten wir uns ab. Es gab viele Wölfe in unserer Gegend, die es auf die kleineren Tiere abgesehen hatten. Wir schrien »Wuii Wuii«, um sie abzuschrecken. Manchmal tauchte gleich ein ganzes Rudel auf, vier oder fünf Tiere. Außerdem gab es bei uns zahlreiche Tremore, Yeti, die uns große Angst einjagten. Sie kamen paarweise und sahen aus wie riesige Bären, aber auch wie Menschen. Sie hatten lange Klauen. Sie blickten aus einiger Entfernung zu uns herüber und wir versuchten, sie durch lautes Gebrüll und mit der Schleuder zu vertreiben.

Wir waren einfache Menschen und unsere Kost war ebenfalls einfach. Unser Frühmahl bestand aus Sauermilch. Wenn wir auf den Berg stiegen, um die Herde zum Grasen zu bringen, nahmen wir Sauermilch, Tsampa und ein kleines Stück Butter in einem Beutel mit, der aus einem Schafsmagen gefertigt war. Das war unser Mittagsmahl. Wenn wir zu Hause blieben, gab es Fleisch und Tee, die über einem kleinen Feuer aus Ziegen- und Schafsdung gekocht wurden. Wir hatten keine festen Essenszeiten. Wir aßen, wenn wir hungrig waren, und begnügten uns mit dem, was wir vorfanden. Als Nomaden hatten wir immer ausreichend Fleisch, Butter, Käse, Sauermilch, Tsampa und Thue. Thue ist ein Käsekuchen aus getrocknetem, fein gemahlenem Käse, Butter und Vollrohrzucker. Am Abend kam die ganze Familie zusammen und aß Thukpa. Das war unsere Hauptmahlzeit. Es gab Bhathuk, Tsamthuk und Thukpa aus Weizenkörnern, die in einer Fleischbrühe mit weißen Rüben und Käse gekocht wurden.

Wir hatten genug Fleisch, Käse, Sauermilch und Milch für unseren täglichen Bedarf. Chang war sehr beliebt in der Region Tsang, aber wir Nomaden brauten und tranken kein Gerstenbier, sondern vornehmlich Buttertee. Keine Nomadenfamilie in unserer Umgebung war zu arm, um Butter, Käse, Tiere und Stoffe, die wir aus der Wolle unserer Schafe und Ziegen und aus Yakhaar webten, als Abgabe zu entrichten. Die Abgaben waren für Panchen Rinpoches Kloster Labrang in Shigatse bestimmt.

Wir lebten in Zelten, im Sommer wie im Winter. Einige Zelte waren so groß, dass wir innen drei oder vier Holzpfosten als Stütze brauchten. Rings um die Zelte wurde eine hohe Mauer aus Steinen und Schlamm errichtet, um den Wind abzuhalten, sodass es drinnen wärmer war. Die Zelte waren aus dickem Yakhaar gefertigt und glichen in ihrem Innern einem herkömmlichen Haus. Der Boden bestand aus Lehm und überall hatten wir Lehmöfen, weil den ganzen Tag Tee oder Milch gekocht wurde. In jedem Zelt gab es einen Altar mit Butterlampen und Schalen für das Wasseropfer. Wir hatten weder Teppiche noch Mobiliar, aber Schlaf- und Sitzmatten auf dem Boden und Zudecken aus Wolle, von den Mädchen gewoben. Die Mädchen übernahmen das Weben, halfen bei der Versorgung der Tiere und bei der Hausarbeit. Die Jungen und Männer waren oft unterwegs, um Handdienste für unseren Grundherrn zu leisten oder Handel zu treiben.

Am schlimmsten waren die bewaffneten Banditen. Sie tauchten einmal im Jahr zu Pferde auf und brüllten schon von weitem »Ki Yi Yi«. Sie hatten große, furchterregende Schwerter bei sich und stahlen alles Essbare aus unseren Zelten. Sie töteten ein Yak oder auch zwei und nahmen es mit, wegen des Fleisches. Wenn wir sie kommen hörten, liefen alle davon. Wir hatten keine Möglichkeit, uns gegen sie zur Wehr zu setzen.

Wir besaßen keine Spielsachen. In den wenigen Mußestunden, die wir hatten, spielten wir draußen im Schlamm, warfen winzige Steine in die Luft, zählten die Würfe und sangen. Vom Tanzen verstanden wir Nomaden nichts. Wir freuten uns auf die Feste und Losar, das Neujahrsfest. Es wurde sechs Tage lang gefeiert und war immer ein besonderer Anlass zur Freude.

An Neujahr braute Mutter einen großen Krug Chang.

Normalerweise tranken wir kein Gerstenbier, im Gegensatz zu den anderen Bewohnern der Provinz Tsang. Ein gekochter Schafs- und Ziegenkopf und eine große Schale mit sauberem Wasser wurden als Opfergabe auf dem Altar dargebracht. An Fleisch herrschte kein Mangel und wir hatten einen Schlachter in unserer kleinen Gemeinde, der gerufen wurde, wenn wir unsere Vorräte auffüllen mussten. Das Fleisch wurde in Streifen und Stücke geschnitten und im Zelt aufgehängt, wo es gefror, weil es im Winter sehr kalt war. An Losar gab es auch Kolthen, ein selbst gebrautes Getränk aus heißem Chang und Tsampa, doch kein Gebäck wie in anderen Regionen von Tsang, sondern nur Käsekuchen, Thue genannt, und viel Sauermilch. Unsere nächsten Nachbarn kamen, aber nicht alle Nachbarn besuchten sich gegenseitig, weil die Entfernungen zwischen den dreizehn Familien, die zu unserer Gemeinschaft gehörten, zu groß waren.

Die Jugendlichen aus diesen dreizehn Familien trafen sich an Neujahr auf einem großen freien Feld; wir brachten Thue, Tsampa, Fleisch, Käse und andere Esswaren mit und veranstalteten am ersten Tag von Losar ein Picknick. Es gab viel zu essen und als Hauptmahlzeit bereiteten wir Thukpa zu. Wir machten Spiele, erzählten Geschichten und sangen.

Während des Neujahrsfestes trugen wir neue Schaffellroben. Wir hatten Leute, die zu uns kamen, um das Leder zu walken, und Schneider, die unsere Kleidung nähten. Unsere Festtagsgewänder waren aus Schaffell. Im Sommer trugen wir Wollkleidung und Blusen, die wir in Pena bei Gyantse kauften, und dazu bunte gestreifte Schürzen. An der Schärpe befestigten wir Muscheln und anderen Schmuck. Als Schuhwerk hatten wir Sompa, die von unseren Männern hergestellt wurden. Die Sohlen der Stiefel waren aus Leder.

Auf dem Scheitel hatten wir eine große runde Türkisbrosche, hinter der sich eine weitere, wie ein Kreuz geformte

Türkisbrosche befand, und wir flochten viele Türkise, Korallen und Muscheln ins Haar. Im Gegensatz zu den anderen Frauen in Tsang, die ihr Haar zu einem Zopf oder zwei Zöpfen flochten und den Pago-Kopfputz aufsetzten, hatten wir Nomaden zahlreiche Zöpfchen, an denen Edelsteine aller Art befestigt waren. Einige Frauen aus unserer Gemeinschaft bewiesen großes Geschick bei der Gestaltung dieser Haartracht und wir gingen zu ihnen, wenn wir ihrer Dienste bedurften. Wir hatten nicht viel Zeit zum Haarewaschen oder -flechten, deshalb kam es selten vor, dass wir sie von fremder Hand pflegen und verschönern ließen. Man kann sich kaum noch vorstellen, wie wir damals aussahen. Hier und heute würden wir in diesem Aufzug einen seltsamen Anblick bieten!

Eines Tages beschlossen meine Schwester Ani, die Nonne aus dem Kloster Zara, meine Schwester Chapey, ihre Schwiegertochter und ich, eine Pilgerreise zu unternehmen. Ursprünglich machte ich Ani den Vorschlag, meine älteste Schwester und ihre Schwiegertochter schlossen sich erst später an. Ich hatte schon mehrmals Pilger auf dem Weg zum Berg Kailash oder nach Lhasa getroffen und sie stets beneidet. Ani war früher schon einmal in Lhasa gewesen und ich hatte meine Mutter, gemeinsam mit meiner Schwester Dolkar, auf einer Pilgerreise nach Lhasa und zum Kloster Samye begleitet, als ich ungefähr neun Jahre alt gewesen war. Damals durfte ich das Behältnis mit den heiligen Schriften meiner Mutter auf dem Rücken tragen. Ich freute mich auf eine längere Pilgerreise und bin noch heute sehr froh über diese Entscheidung.

Wir weihten niemanden in unsere Pläne ein. Mein Mann und die Kinder wussten nichts davon. Auch meine Schwester und ihre Schwiegertochter hielten es für besser, den Sohn und Ehemann, der ein Jäger und darüber hinaus ein großer

Sünder war, in Unkenntnis zu lassen. Wir wollten sicher sein, dass niemand etwas von unserem Vorhaben ahnte. Wir nahmen nur ein wenig Butter und Käse als Wegzehrung mit. Wir hatten kein Geld dabei, weil es für dieses Zahlungsmittel in unserer Region keine Verwendung gab. Wir beschlossen, in unserer üblichen Kleidung aufzubrechen. Unseren Schmuck hatten wir in unsere Schürzen eingenäht und wir baten ein Kloster, ihn bis zu unserer Rückkehr aufzubewahren, da man überall entlang den Pilgerwegen mit Banditen rechnen musste.

In aller Frühe trafen wir uns an einer bestimmten Landmarke, wo unsere lange, lange Pilgerreise begann. Wir besuchten viele heilige Stätten in Shigatse, Lhasa und Lo in Südtibet. Die Nächte verbrachten wir in Dörfern, doch bevor wir das Kloster Samye erreichten, mussten wir einen hohen Pass überqueren und die Nacht zuvor im Freien verbringen. Wir hatten großes Glück, dass uns dort keine Wegelagerer auflauerten.

Wir kamen durch Dörfer und Nomadenlager, begegneten zahlreichen Pilgern und Händlern, denen wir uns anschlossen, damit wir auf den einsamen Pfaden nicht allein reisen mussten. Wir legten den ganzen Weg zu Fuß zurück und zündeten nur am Abend ein Feuer an, um Tee oder Thukpa zuzubereiten. Die Landstriche, die wir durchquerten, waren größtenteils trocken, staubig und mit Sand bedeckt. Eines Tages erfuhren wir von Pilgern in der Nähe des Berges Kailash, dass sich ganz in der Nähe zahlreiche Chinesen aufhielten, dass Kämpfe stattfanden und viele Tibeter getötet wurden. Wir beschlossen, den Berg Kailash auszulassen, und pilgerten zu einem anderen Berg in Nepal, von dem es hieß, er sei heilig und ein Vetter des Berges Kailash.

In Nepal angekommen, gelangten wir zuerst nach Mustang und erreichten Kathmandu ungefähr im August. Es war sehr heiß in der Stadt. Wir besuchten zahlreiche heilige buddhistische Stätten im Lande. Da wir mit leichtem Gepäck unterwegs waren, mussten wir in den Dörfern um Nahrung betteln. Meine ältere Schwester war tiefgläubig und kannte viele Gebete und die andere Schwester war Nonne, sodass wir überall, wohin wir kamen, Gebete für die Leute verrichten konnten und großzügig mit Speisen und Getränken entlohnt wurden. Manchmal wurden wir sogar zu ihnen nach Hause eingeladen.

Von Nepal aus pilgerten wir zu den heiligen buddhistischen Stätten in Indien. Meine Schwestern und ich schlossen uns dabei einem Lama und seinen Bediensteten an, den wir an der Grenze zwischen Nepal und Indien getroffen hatten. Er gestattete uns freundlicherweise, den Tross nach Bodh Gaya, Varanasi und viele andere heilige Orte zu begleiten. Unterwegs trafen wir Tibeter, die nach Rewalsar in Nordindien wollten, und sie nahmen uns in diese heilige Stadt mit. Es war schön, mit dieser Gruppe zu reisen, da wir nur Tibetisch sprachen und alles neu und fremd für uns war. Wir hatten noch nie etwas von Indien gehört und nun waren wir da! Die Inder sahen völlig anders aus als wir. Als wir einen Zug pfeifen hörten und den Rauch aus dem seltsamen Gefährt aufsteigen sahen, waren wir wie versteinert und fürchteten uns, auch nur einen Fuß in diesen rollenden Kasten zu setzen. Unsere Angst war so groß, dass wir keinen einzigen Bissen hinunterbrachten. Wir besuchten viele buddhistische Stätten in Indien und reisten in diesem merkwürdigen Haus auf Rädern. Dann trafen wir tibetische Pilger, die nach Nepal zurückkehren wollten, und schlossen uns ihnen an.

In Kathmandu erkrankte meine Schwester Chapey und starb. Wir beiden überlebenden Schwestern waren sehr traurig. Meine Schwester, die Nonne, beschloss, eine Weile zu bleiben und im Retreat zu leben, während ich mit den Pilgern weiterzog, nach Sankhar in Ladakh. Dort gab es eine herrliche Stupa und heiße Quellen zu besichtigen. Danach kehrte ich nach Kathmandu zurück und war froh, wieder mit meiner Schwester vereint zu sein. Wir überlegten, ob wir jetzt nach Hause zurückkehren sollten. Doch dann kam uns zu Ohren, dass sich das Leben in unserer Heimat mit der Ankunft der Chinesen völlig verändert hatte und viele Menschen fluchtartig das Land verließen, weil ein Kampf zwischen Tibetern und Chinesen entbrannt war. Wir beschlossen, nicht nach Tibet zurückzukehren, und deshalb lebe ich heute in Dharamsala.

Ich sah Tashi Dolma, eine hochgewachsene sympathische Frau, Jahr für Jahr bei ihrem rituellen Rundgang auf dem heiligen Pilgerpfad in Dharamsala. Sie war stets in Begleitung ihre Schwester, der Nonne. Die beiden lebten in einem Zelt unweit des Asyls, in dem streunende Hunde auf Kosten des Privatbüros Seiner Heiligkeit aufgenommen und gefüttert wurden. Ich wollte von ihr wissen, ob es nicht schwierig sei, auf den Steilhängen in einem Zelt zu schlafen, wenn es während der Monsunzeit in Strömen goss. Dharamsala hat weltweit die zweithöchste Niederschlagsmenge. Sie antwortete: »Wohin sollten wir sonst? Meine Schwester und ich wollten uns nicht in einer tibetischen Ansiedlung niederlassen. Wir haben Pilgerreisen unternommen, Reden Seiner Heiligkeit gehört und nun möchten wir hier sterben. Die Menschen geben uns hin und wieder eine kleine Spende, sind freundlich und wir fühlen uns wohl in Dharamsala.« Später übersiedelten die beiden in ein Altenheim am Pilgerpfad, wo auch das Interview entstand.

Tashi Dolma war bescheiden, humorvoll und offenherzig. Trotz der Härten in ihrem Leben wirkte sie quicklebendig mit ihren Augen, in denen der Schalk blitzte, und ihrem ansteckenden Lachen. Während einem unserer Gespräche bei mir zu Hause bot ich ihr Tee an. Es war, als hätte sie den Tee zeitlebens aus einer Tasse mit Untertasse getrunken. Sie war ein äußerst würdevoller Mensch, heiter und gelassen. Es machte ihr Freude, mir ihre Geschichte zu erzählen. Wir tranken mehrmals Tee miteinander und es gab viel zu lachen, wenn der Löffel beim Umrühren des Zuckers in der Teetasse klirrte.

Am 11. Mai 1995 erfuhr ich, dass diese sympathische freundliche Nomadenfrau aus Woyuk einige Monate zuvor nach kurzer Krankheit verstorben war; ihre Schwester Ani folgte ihr eine Woche später. Zwei wunderbare Menschen verließen uns und ich hoffe, dass sie am Ende ihres langen Lebens das letztendliche Ziel ihrer Pilgerreise erreicht haben.

Töchter Tibets

Yangmo Gyab aus Amdo

Ich heiße Yangmo Gyab und bin siebenundsiebzig Jahre alt. Ich bin in Tashi Gomang in der Provinz Amdo geboren, habe jedoch in Lhasa gelebt, bevor ich 1959 nach Indien kam.

Ich wohnte dreißig Jahre in Tashi Gomang, unweit des Klosters, aber Frauen war es nicht gestattet, im Kloster zu leben. Ich habe nie eine Schule besucht, sondern musste meiner Mutter bei der Hausarbeit helfen. Wir hatten keine Dienstboten und machten alles allein. Meine Aufgabe bestand darin, zu kochen und die Dzo zu melken. Von Schneidern, die zu uns ins Haus kamen, lernte ich außerdem, Kleidung zu nähen.

Mit achtzehn wurde ich verheiratet. Ich war das einzige Kind in der Familie. Es war eine Liebesheirat. Hochzeiten wurden in meiner Heimatstadt nicht groß gefeiert. Die Zeremonie fand im Haus meines Ehemannes statt. Ich hatte zahlreiche Verwandte und alle sagten, mein Ehemann sei ein guter Mensch. Meine Eltern waren ebenfalls sehr glücklich über die Verbindung. Mein Mann ist inzwischen verstorben.

Meine Tochter hatte in Lhasa einen kleinen Laden, deshalb zog ich zu ihr und ging ihr im Haus und im Geschäft zur Hand. Ich habe dort in vielen Tempeln Gebete verrichtet und den rituellen Rundgang um die Tempel gemacht.

Dolkar aus Shigatse

Mein Name ist Dolkar und ich bin siebenundsechzig Jahre alt. Ich wurde in Sang-gna-ling geboren, in der Nähe von Shigatse in Zentraltibet. Meine Eltern waren Nachbarn, bevor sie heirateten und beschlossen, auszuziehen und ein eigenes Heim zu gründen. Ich hatte drei Brüder und eine jüngere Schwester. Meine jüngere Schwester arbeitete für unseren Grundherrn. Sie musste in einem Holzkübel auf dem Rücken Wasser für die Familie holen, die Kinder hüten und das Haus sauber halten. Sie war noch so jung, dass sie nur einen halb gefüllten Wasserkübel tragen konnte. Sie war von Kindesbeinen an bei der Familie unseres Grundherrn in Diensten.

Meine Familie besaß ein kleines Stück Land. Wir waren Bauern und mussten den Acker bestellen, Wasser holen, Dung sammeln und Tag und Nacht arbeiten. Gerste zu rösten war schwierig. Ich war klein und musste auf Zehenspitzen stehen, um die Körner zu enthülsen. Das Getreide wurde in flachen Körben gesammelt und hoch in die Luft geworfen, sodass der Wind die Spreu davonwehte und die Körner sich auf einer Decke am Boden sammelten. Wasser holten wir am Ende des Tales in Tanag Norchu und wir mussten Gräben anlegen, damit jede Familie ihre Felder ausreichend bewässern konnte. Manchmal dauerte es die ganze Nacht, bis das Wasser verteilt war. Zusätzlich mussten wir noch Handdienste für den Grundherrn und seine Familie verrichten. Aus jeder Familie im Dorf wurden ein männliches und ein weibliches Mitglied bestimmt, die während der Pflanz- und Erntezeit für den Grundherrn arbeiten mussten.

Ich wurde mit acht Jahren zur Feldarbeit geschickt. Ich arbeitete sehr hart und bekam oft nicht genug zu essen. Mit einundzwanzig lief ich fort. Ich brach frühmorgens in aller Heimlichkeit auf und fand Unterschlupf im Hause von Verwandten in Woyuk. Aber dort war das Leben sehr schwierig und deshalb beschloss ich, mein Glück in Lhasa zu versuchen. Ich war immer allein unterwegs. Von Lhasa ging es weiter nach Indien, ebenfalls allein. Unterwegs schloss ich mich hin und wieder Pilgern und Händlern an, die mit Eseln, Maultieren und Pferden unterwegs waren.

Ich besuchte auch Nagchu im Norden von Lhasa. Dort wohnte eine Tante von mir. Um dorthin zu gelangen, musste ich eine weitläufige Hochebene durchqueren, in der es keine Häuser gab, nur Yakhaarzelte, in denen Nomaden lebten. Ich hätte diese Strecke nicht allein bewältigen können und deshalb war ich froh, einer wohlhabenden Familie zu begegnen, die von Sheykar Dzong in Westtibet nach Sheykar Dzong in der Provinz Kham unterwegs war. Das Oberhaupt der Familie stammte aus Chushul in der Nähe von Lhasa. Er gehörte vermutlich der Regierung an und reiste mit seiner Frau und den Kindern. Zum Tross gehörten zahlreiche Pferde und Maultiere, Maultiertreiber und Dienstboten. Die Frau war sehr freundlich und nahm mich nach Nagchu mit. Die Familie verköstigte mich und setzte mich auf ein Maultier, als wir einen Fluss durchqueren mussten. Nach der Ankunft in Nagchu gab mir die Frau eine Bedienstete mit, die mich im Haus meiner Tante ablieferte.

Nach dem Besuch bei meiner Tante beschloss ich, in die Provinz Tsang zurückzukehren, um eine andere Verwandte in Phari zu besuchen. Die Dame, die mir erlaubt hatte, mit ihnen zu reisen, kam mir abermals zu Hilfe und schickte mich mit einem tibetischen Arzt, einer Yakherde und den Hirten nach Shigatse. Als ich Lhogya in der Nähe von Shigatse erreichte, fürchtete ich, mein Grundherr könnte mich finden.

In einem Ort namens Lashar bat mich eine Familie, ihnen beim Mähen des Getreides zu helfen, was ich auch tat. Sie weigerten sich, mich gehen zu lassen, und so blieb ich, bis die Ernte eingebracht war. Danach gelang es mir, mich einer Reisegruppe nach Phari anzuschließen, die mit Eseln unterwegs war. Die Familie, für die ich gearbeitet hatte, war so freundlich, mir Fleisch, Tee und Butter mitzugeben und mich der Obhut der Hirten anzuvertrauen.

In Phari traf ich meine Cousine und von dort kam ich nach Kalimpong, Indien. In Kalimpong begegnete ich einem Verwandten mit Namen Cho Pema, der mich nach Darjeeling mitnahm. Darjeeling war schön, doch der ständige Nebel war unerträglich. Pema wollte mich nicht nach Kalimpong zurückkehren lassen, deshalb lief ich davon und machte mich allein auf den Weg. In Kalimpong angekommen, arbeitete ich drei Monate lang in einem Haushalt, für ein klägliches Taschengeld. Zumindest bekam ich in der Zeit genug zu essen.

Dolma Yangzom aus Porong

Ich heiße Dolma Yangzom und bin neunundsechzig Jahre alt. Ich lebe in einem Altenheim in Dehra Dun, Indien. Ursprünglich stamme ich aus Nang-Goe-Drachen, einer Nomadenregion unterhalb von Porong in Westtibet. Wir besaßen kein Land und waren echte Nomaden. Wir trieben Handel mit den Nomaden von Porong. Wir tauschten unseren Käse gegen Butter und Wolle ein.

Meine Aufgabe bestand darin, die Yak, Dzo, Kühe, Schafe und Ziegen zu hüten. Ich musste sie melken und Butter und Käse machen. Die Herden gehörten uns nicht: Wir hüteten sie und mussten den Besitzern die Butter abliefern, durften aber Käse und Wolle behalten. Wir waren arme Leute.

Ich musste auch beim Krempeln der Wolle, Spinnen und Weben helfen. Ich konnte Stoffe für Zelte, Kleidung und Schürzen weben. Weben habe ich schon in jungen Jahren von meiner Mutter gelernt.

Als ich dreizehn oder vierzehn war, holte mich unser Grundherr aus Gyangtse, der aus der Familie Nyishab stammte, als Kindermädchen ins Haus. Ich arbeitete dort bis zu meinem achtzehnten Lebensjahr. Die Frau des Hauses wurde im hohen Alter Nonne und bat mich, sie zu begleiten und ebenfalls Nonne zu werden. Ich erhielt meinen religiösen Namen Pema Seldom von unserem Hauptlehrer, Keymey Rinpoche, der aus Kham stammte.

Meine Herrin war die Tochter von Sakya Phuntsok Palace. Sie war Nonne in jungen Jahren, doch dann legte sie ihre Robe ab und heiratete den Sohn des Herrn von Nyishab. Bei einem Lama aus Tsang Woyuk legte sie zum zweiten Mal das Gelübde ab. Wir traten nicht in ein Kloster ein, obwohl es in Gyangtse das Rinchen-khang-Nonnenkloster gab, sondern lebten in einer Einsiedelei, wo wir den größten Teil der Zeit in Gebet und Meditation verbrachten. Eine Tochter der Familie Neyshap, die ebenfalls Nonne wurde, gesellte sich zu uns. Sie brachte mir Lesen und verschiedene Gebete bei. Jetzt kann ich die heiligen Schriften lesen.

Ich diente den beiden Frauen und schloss mich ihnen bei den Einführungsübungen an. Bei diesen Übungen sind viele Zuflucht-Gebete, Niederwerfungen und Meditationen über Bodhichitta oder die Entwicklung des Mitgefühls erforderlich. Wir verbrachten viele Jahre in Retreat-Zentren. Wir ließen die gleichen Gebete von den Anhängern von Shungseb Jetsun Rinpoche verrichten, zum Beispiel das Ningthik, ein Nyingma-Gebet. Wir statteten ihr auch einen Besuch ab. Sie ist ein bekannter Lama und eine der wenigen buddhistischen Lehrerinnen in Tibet.

Dank der Familie Nyishab hatte ich die Möglichkeit, in Retreat-Zentren zu leben und mich ganz dem Gebet und der Dharma-Praxis zu widmen. Sie versorgte uns großzügig mit Nahrungsmitteln, die uns aus Gyangtse geschickt wurden.

Wir reisten auch nach Sikkim, um alle Stätten zu besuchen, die Guru Rinpoche aufgesucht hatte. Wir verbrachten drei Jahre in Sikkim. Danach ging es weiter nach Bodh Gaya, Varanasi und zu anderen heiligen buddhistischen Stätten in Indien, bevor wir zu einer Pilgerreise nach Nepal aufbrachen.

Ich hatte nie eine Pilgerreise in Tibet unternommen. Meine Herrin und ich besuchten viele heilige Stätten und lebten im Retreat. Etliche heilige Lamas hatten hier und dort Retreat-Hütten errichtet. In der Pilgerstadt Shang gab es ein kleines Retreat-Zentrum namens Lhundup-ling.

Dort gab es auch eine Jetsun Rinpoche, die im Retreat lebte und Einführungsbelehrungen erteilte.

Ich habe nie Kämpfe oder Konflikte zwischen den Tibetern und den Chinesen in meiner Heimat erlebt, da ich noch vor dem Volksaufstand nach Indien kam. Ich lebte als Flüchtling in Kulu und Shimla und verdingte mich dort als Arbeiterin. Dunjom Rinpoche riet mir, nach Orissa zu gehen, an die Ostküste Indiens, wo es eine tibetische Flüchtlingssiedlung gab. Dort hatte er ein kleines Nyungney-Zentrum errichtet. Ich blieb ungefähr zwanzig Jahre in Orissa. Wir mussten den Wald roden und jede Familie erhielt ein Stück Land, um Getreide anzubauen.

Nun lebe ich mit Dolkar in einem Altenheim in Rajpur.

Tsering Choedon
Die neue Generation tibetischer Frauen

Tsechoe-la ist eine Sar-jor, ein tibetischer Neuankömmling in Indien. Sie war eine der Ersten, die Tibet verlassen konnten, als sich das Land der Außenwelt öffnete, nach dem Besuch der ersten Delegation der tibetischen Exilregierung im Jahre 1979.

Sie gehört zu den modernen jungen tibetischen Frauen, die unter der Herrschaft des kommunistischen China viel zu erdulden hatte, sich jedoch den Herausforderungen eines neuen Lebens in der freien Welt gleichwohl mit Würde und Heiterkeit stellt. Sie hat die schlimmen Erfahrungen hinter sich gelassen und sieht der Zukunft mit Freude entgegen. Sie sagt: »Wir können uns glücklich schätzen, überlebt zu haben, in die freie Welt gelangt zu sein, Essen und Kleidung zu haben.«

Sie führte die Gespräche mit den drei Töchtern Tibets in meinem Auftrag. Ich möchte ihr in diesem Buch namentlich danken.

Im September 1980, bei einem Aufenthalt in Delhi, besuchte ich meine Tante Betty Taring, in deren Haus gerade ihre jüngere Schwester Yangchen Teykhang und deren Tochter Tsering Choedon aus Lhasa eingetroffen waren. Ich kannte Yangchen-la von früher, hatte jedoch meine Cousine Tsechoe-la noch nie getroffen. Es war unsere erste Begegnung.

Sie war ein junges Mädchen mit einem erfrischenden klaren Lachen, das in dem kleinen Raum widerhallte. Sie sang und tanzte für uns und genoss das gemeinsame Mittagessen. Sie schien sehr glücklich in ihrer neuen Umgebung zu sein und man hätte nie für möglich gehalten, welchen Härten sich die beiden jungen Frauen während der chinesischen Okkupation und der von Chaos und Unsicherheit geprägten Kulturrevolution gegenübergesehen hatten.

Ein einziger Blick auf die rauen, knorrigen Hände und das zerfurchte Gesicht ihrer Mutter genügte, um zu erkennen, wie viel sie erlitten hatten. Sie mussten im Straßenbau arbeiten und gehörten einem Bautrupp an. Die mageren Löhne reichten gerade aus, um Tsampa zu kaufen, sodass sie auf Salz und Butter im Tee verzichten mussten. Einen solchen Luxus konnten sie sich nicht leisten. Es gab keine Verwandten, die sie unterstützen konnten, denn Tsering Choedons Vater wurde in Lhasa als Reaktionär angeprangert, weil er aus einer adeligen Familie stammte und dem Dalai Lama nach Indien gefolgt war.

Tsechoe-la wurde in jungen Jahren in Tibet verheiratet; ihr Mann war in Lhasa geblieben, während sie ihre Großeltern und andere Verwandte in Indien besuchte. Sie kehrte nicht nach Tibet zurück, sondern blieb in Indien und kümmerte sich um ihre Großeltern in Dehra Dun. Ihr Mann folgte ihr später nach. Nun leben sie mit ihrem Sohn und ihrer Tochter in den Vereinigten Staaten von Amerika. Ich hoffe, dass sie uns eines Tages ihre Geschichte erzählen wird.

Literatur

Amaadhee, *The Voice that Remembers,* Wisdom Publications, Mausa 1997

Bell, Sir Charles, *The People of Tibet,* Oxford 1928

Choyang, *The Voice of Tibetan Religion and Culture,* Bd. 5, 6 und 7, Norbulingka Institute, P.O. Sidhpur 176057

Craig, Mary: *Kundun,* Lübbe, Bergisch Gladbach 2004

Dalai Lama: *My Land and My People,* New York, Potala 1962

Lhamo Rinchen, *We Tibetans,* Potala Publications, New York 1985

Norbu, Thubten Jigme, und Heinrich Harrer: *Tibet is My Country,* Wisdom Publications, Mausa 1986

Pachen/Donnelly, *Sorrow Mountain,* Doubleday, GB 2000

Rice, Janice, *Feminine Ground-Essays on Women and Tibet,* Snow Lion, N.Y. 1987

Weitere Informationen:

Tibetan Women's Association, P.O. McLeodganj 176215, H.P. India
www.tibetanwomen.org

Glossar

Avalokiteshvara = Der Bodhisattva des Mitgefühls

Barkhor = »Mittlerer Rundweg«; eine der drei konzentrischen Pilgerrouten, die um Tempel und Klöster der Altstadt von Lhasa führen

Bhatukh = Fleischbrühe mit Teigbällchen

Bön = Vorbuddhistische Religion Tibets, von schamanistischen und animistischen Vorstellungen geprägt

Cham-Tänze = Rituelle Maskentänze, von den Mönchen verschiedener Klöster bei bestimmten Anlässen aufgeführt

Chang = Fermentiertes Gerstenbier

Chanten = Lobpreisungen, Singen oder Murmeln heiliger Mantren, eine Form der Meditation

Chenrezi = Buddha des vollkommenen universalen Mitgefühls

Chörten = Tibetische Form des indischen Stupa, ursprünglich Erdhügel, über den Überresten eines toten Heiligen

Dakini = Eine weibliche Gottheit im tibetischen Buddhismus, erleuchtetes Geistwesen, das Schutz gewährt

Dharma = Zentraler Begriff im Buddhismus, der u. a. Sitte, Recht, Gesetz, ethische und religiöse Verpflichtungen bezeichnet

Dhata = Zeremonieller Pfeil, umhüllt mit einem Seidenbanner in den Farben der fünf Elemente und mit verschiedenen Gerätschaften geschmückt

Drei Juwelen, Zuflucht = Buddha, Dharma (Lehre) und Sangha (Gemeinschaft), die Quelle von Segen, Inspiration und Schutz auf dem buddhistischen Weg

Dri = Weibliches Yak

Droma = Kleine Süßkartoffeln

Dzo = Kreuzung aus Yak und Kuh

Dzong = Mächtige buddhistische Klosterfestung im Feudalsystem, religiöses Zentrum und Sitz der Verwaltung

Einweihung = Auch Initiation; Einführung in das Kraftfeld eines Buddhaaspekts

Gelukpa-Sekte = Von Tsongkhapa gegründete »Gelbmützen«-Schule des Buddhismus

Geshe-ma = Frau, die ihr buddhistisches Studium mit einem akademischen Grad abgeschlossen hat

Guru Padmasambhava = Der »Lotusgeborene«, der die buddhistische Lehre nach Tibet brachte

Hari = Ein besticktes und mit kostbaren Steinen, Muscheln und Edelmetallen besetztes Emblem, das in der tibetischen Provinz Amdo von verheirateten Frauen auf dem Rücken getragen wird

Je Tsongkhapa = Gründer der Gelug-Tradition, der den tibetischen Buddhismus neu formulierte

Kagyü, Karma = Eine der großen buddhistischen Schulen des Diamantwegs

Kagyur-Schriften = Tibetische Übersetzung der heiligen Schriften des Buddhismus

Kalachakra-Initiation = Vielschichtige Praxis der tibetischen Buddhisten, die sie verpflichtet, ihrem Leben eine positive Richtung zu geben und nach Erleuchtung zu streben

Khata = Tibetischer Schal mit langer Tradition, der zur Begrüßung, beim Abschied oder bei anderen Anlässen als Geschenk überreicht oder als Opfer dargebracht wird und Glück und Schutz bringen soll

Khen-mo = Äbtissin eines Frauenklosters

Khenpo = Der höchste Ausbilder oder die höchste spirituelle Autorität in einem Kloster

La = Respektvolle Anrede nach jedem Namen

Lama = Meditationslehrer des tibetischen Buddhismus

Losar = Tibetisches Neujahrsfest

Lingkor = Der äußere Pilgerpfad rings um die Stadt Lhasa

Mahjong = Sperlingsspiel, altes chinesisches Spiel mit 144 Spielsteinen

Ngagpa = Laienpriester aus der alten Nyingma-Sekte

Nyungney = Fasten- und Reinigungspraxis, die sich auf den Buddha des Mitgefühls bezieht

Padmasambhava = Guru Rinpoche, kostbarer Meister, der im 8.–9. Jahrhundert erstmals den tantrischen Buddhismus in Tibet einführte

Panchen Rinpoche/Panchen Lama = Einflussreicher spiritueller Lehrer des Gelugpa-Ordens, Vorsteher des Klosters Tashi Lhunpo und eine Autorität im tibetischen Buddhismus

Phowa = Überführung des Bewusstseins in einen befreiten Zustand, zum Zeitpunkt des Todes durchgeführt

Po Po = Großvater

Regenbogenkörper = Meister, die durch die angesammelte Energie während ihrer langjährigen buddhistischen Praxis in einem Lichtblitz verschwinden

Retreat = Meditationspraxis mit bestimmten »Tugendregeln«, zumeist in Abgeschiedenheit; Meditationszentren oder Stätten der inneren Einkehr

Rinpoche = Ehrentitel für einen hohen tibetischen Meister oder Würdenträger

Samye-Orakel/Nechung-Orakel = Wichtigstes Staatsorakel der tibetischen Regierung und des Dalai Lama

Sang = Tibetische Währung

Thangsta = Lange, ärmellose Robe, die bei Zeremonien getragen wird

Thangka = Rollbild mit religiösen Motiven, gestickt oder gemalt

Thukpa = Nudeleintopf mit Gemüse; Fleischbrühe mit Teigbällchen, Bhathuk genannt

Tibetischer Kalender = Auf den buddhistischen Tierkreiszeichen und den fünf Elementen basierend, wird nach Mondphasen berechnet. Der erste Monat dauert bis ca. Mitte März

Tsampa = Vollkornmehl aus gerösteter Gerste, mit Tee angerührt oder in fester Form zum Tee gegessen

Tsa Tsa = Bildnisse verschiedener männlicher und weiblicher Buddhas, mit Stempeln aus Lehm gefertigt

Tsok = Rituelle Gaben

Tulku = Verwirklichter buddhistischer Meister, der Ort und Zeit seiner Wiedergeburt bewusst gewählt hat

Vayrasattva = Diamantgeist, Verkörperung der reinigenden Kraft aller Buddhas

Yak = Asiatisches Hochgebirgsrind

Yidam = Schutzgottheit

Yogini = Weiblicher Yogi, Eremitin

Matthieu Ricard
Die Schneepagode

Ein Weisheitsmärchen

Auf dem Dach der Welt, in Bhutan, lebt ein besonderer Junge: Dechen. Er hat so viel Mitgefühl mit allen Wesen, dass es ihn bald über sein kleines Dorf am Fuße des Himalaya hinaus berühmt macht. Eines Tages wird er von einem Onkel, der Mönch in einem Felsenkloster ist, abgeholt und in die Schneepagode gebracht. An diesem heiligen Ort der Buddhisten wirkt ein großer Meister, der zu Dechens Lehrer wird und ihm den Weg der Erleuchtung zeigt.

Ein Weisheitsmärchen, das ganz nebenbei eine kleine Einführung in den Buddhismus ist – ein liebenswertes Geschenkbuch wie »Der kleine Prinz« und »Monsieur Ibrahim und die Blumen des Koran«.

144 Seiten, ISBN 978-3-485-01084-9
nymphenburger

Lesetipp

BUCHVERLAGE
LANGENMÜLLER HERBIG NYMPHENBURGER
WWW.HERBIG.NET

WWW.LESEJURY.DE

WERDEN SIE LESEJURYMITGLIED!

Lesen Sie unter www.lesejury.de die exklusiven Leseproben ausgewählter Taschenbücher

Bewerten Sie die Bücher anhand der Leseproben

Gewinnen Sie tolle Überraschungen